中华道学和诸子百家

李尚武——著

齊魯書社
·济南·

图书在版编目（CIP）数据

中华道学和诸子百家 / 李尚武著 . -- 济南 : 齐鲁书社 , 2024.1
ISBN 978-7-5333-4847-2

Ⅰ . ①中… Ⅱ . ①李… Ⅲ . ①先秦哲学 Ⅳ . ① B22

中国国家版本馆 CIP 数据核字 (2024) 第 030522 号

责任编辑　李军宏
封面设计　刘羽珂

中华道学和诸子百家
ZHONGHUA DAOXUE HE ZHUZI BAIJIA
李尚武　著

主管单位	山东出版传媒股份有限公司
出版发行	齊魯書社
社　　址	济南市市中区舜耕路517号
邮　　编	250003
网　　址	www.qlss.com.cn
电子邮箱	qilupress@126.com
营销中心	（0531）82098521　82098519　82098517
印　　刷	日照日报印务中心
开　　本	880mm×1230mm　1/32
印　　张	10.5
插　　页	2
字　　数	230千
版　　次	2024年1月第1版
印　　次	2024年1月第1次印刷
标准书号	ISBN 978-7-5333-4847-2
定　　价	68.00元

前　言

2015年5月，齐鲁书社出版了拙著《中华道学论纲》，该书的“理论篇”是对中华民族精神的素描：上悟天道，下明地道，中行人道，可谓究天人之际，通古今之变。笔者曾提出：“这里所谓‘道学’可称之为中国的‘哲学’，只不过中华道学是一个中华学问的大家庭，儒、道、墨、法、兵、阴阳五行等都是这个大家庭中的一员，皆是以道为本，文脉相通。”当年由于笔者学识不足，年事较高，精力有限，中华道学和诸子百家文脉关系究竟如何，未及深入思考探讨。经过几年研习，累积资料，梳理学问，今再出版《中华道学和诸子百家》略有些许底气，自觉补缺救弊时机似已成熟，但是，中华经典浩如烟海，庞大深奥，皓首读经尚不可能，精读细研更是难于上青天，故在浏览诸子百家论著及各类参考书籍中，择其主要几家，即儒、道、墨、法、兵等五家八子，撮其要旨以论之。此是本书第一部分，标题是“思想理论篇”。

第二部分是“切磋商榷心得篇”。这一部分比较庞杂:既有读书心得,交流切磋,又有闲览随笔,朝论夕议;既有学习笔记,附以商榷,又有哲学诘问,光大道学!自笔者提出要为中华文化正本清源、要为有些搞乱了的中华文化拨乱反正、要彻底纠正西方文化霸权占据我国学界的三项任务至今,已经二十年,应该说还是颇有成效的。特别是在党的十八大、十九大、二十大精神指引下,我国思想学术文化界的面貌焕然一新,作为“四个自信”之一的“文化自信”越来越深入人心,中华优秀传统文化的发展势头锐不可当。此其时,笔者出版《中华道学和诸子百家》一书,为民族文化兴盛添砖加瓦,贡献绵薄之力,深感振奋与欣慰,承望与学界同仁和有志于中华文化家园建设的朋友们共勉!请读者诸君不吝赐教!

李尚武

2023 年 12 月 30 日

目　录

思想理论篇

切磋商榷心得篇

思想理论篇

按　语

笔者在《"道学"新解》一文中说过:"中华道学以无为本,有无生变而成百家之学,它们因悟道而生生,因得道而相通,也因悟道之一隅而有别,因此和而不同,相辅相成,互济互补,是有机整体,有心统摄,'合且通'。"又说:"这里所谓'道学'可称之为中国的'哲学',只不过中华道学是一个中华学问的大家庭,儒、道、墨、法、兵、阴阳五行等都是这个大家庭中的一员,皆是以道为本,文脉相通。"但20世纪初以来的相当长的时间里,在西方学者和西化派精英们的误导下,本为生机整体的中华文化被像西学那样随意切割,本是生命本体的中华道学被视之为死去的文化僵尸。为还中华文化本来面貌,再创中华道学之泱泱大体,在《中华道学论纲》(以下简称"《论纲》")的基础上,本篇将对中华道学和诸子百家的关系做进一步梳理、订正,以补《论纲》之不足。王弼曾说过:“圣人体‘无’,‘无’又不可以训,故言必及有;老、庄未免于有,恒训其所不足。”其实,中国古圣先贤皆为体“无”者也,但都因“无”不可以训,故皆是以“有”恒言“无”所不足。试论之。

中华道学与儒、道、墨、法、兵等诸子之学

笔者从百家之学中择取儒、道、墨、法、兵五家论述之。这五家学说有一个共同点:皆是悟道之一隅而生成自家学问,亦因道之相通而成道学大家庭中之重要成员。道本于“无”,五家学问皆是以“有”悟道,成就中华学问“无”中有“有”、“有”中有“无”、“有”“无”生生的生机本体。

(一)儒家学说

这里所谓儒家学说,是从孔子直到近现代儒家的思想学统,代表人物很多,本文只就孔子、孟子、荀子进行论述。

1. 孔子

孔子生于公元前551年9月28日,卒于公元前479年4月11日。子姓,孔氏,名丘,字仲尼,祖籍宋国栗邑(今河南省商丘市夏邑县),出生于春秋时期鲁国陬邑(今山东省曲阜市)。

孔子是儒家学说的创始人,代表作是《论语》。孔子曰:“吾道一以贯之。”说明孔子创立儒家学说,其内里贯穿一个字“道”。

在中华道学体系中，谈天、论地、说人，孔子侧重说人，他的思想核心是人文精神，即崇仁重礼，讲的都是人伦关系：家庭伦理、社会伦理、国家伦理，因此他发明了诸多伦理道德规范，如孝、忠、恕、智、仁、勇、礼、乐……笔者认为，人来到这个宇宙，超越了自然关系，亦超越了“分且隔”的自然之本能，即在“生之性”的万物之性的基础上突变为“合且通”的人之本性，即“天命之性”！由此，人的个体性便创生为人的社会性，由自然性的“同”质变为社会性的“异”，同中有异，异中有同，自然关系升华为社会关系。在众多的社会关系中，最基础的是家庭伦理关系；在家庭关系中，最重要的是夫妇关系，由此生发出父（母）子（女）关系、兄（姐）弟（妹）关系，乃至衍生出君臣（上下级）、亲朋（亲戚、同乡、同学、同事……）等关系。

宇宙自然之生生离不开阴阳两种元气，一阴一阳即为道，和合则生生不息，无历时之先后，而以无（坤元）为本，以有（乾元）为始，故讨论天与地、男与女孰先孰后的问题是毫无意义的伪命题。自中国先民彻悟生生之道而生发得道、行道之自觉，自然男女之关系升华、创生为社会家庭之夫妇关系，并生生出家庭、社会、国家、天下等完整的伦理关系。所谓伦理关系，在个体即角色（有），在全体即关系（无）；在个体是性（有），论关系是情（无）。因此，自古以来，中国先民重伦理道德，尚关系本位，所谓亲疏、上下、老幼、尊卑、友朋等皆有行为规范，即“礼”，它是权利与义务不二之理，故古人云：礼即理也。有人说，中国人只说义务不讲权利，是不明就里的说辞，是无知的表现！

通过如此思辨，可窥见孔子思想讲“有”（角色）是以“无”（关系）为本的。一个人生于家庭，活动于社会、国家，是多种角色（身份）的合一，即多重社会关系的总合。角色是关系中的角色（“有”中有“无”），关系是角色间的关系（“无”中有“有”）。由此，其道德伦理规范，有相对于角色的，如夫义妻贤、父慈子孝、君礼臣忠等；有对角色个体要求的，如温、良、恭、俭、让；有侧重处理各种关系的，如和合、和谐、中庸，有具普遍价值的，如智、仁、勇。这些是孔子思想的概要，笔者从中抽出两大要领：一曰仁，二曰礼。

孔子思想的核心是“仁”，《论语》书中提到“仁”的地方有 109 处，是最多的一个字。当然，哪个字词是思想核心，不能以出现次数为据，而应对其整体思想进行全面、辩证的研究思考，同时还要做历史性考察。从孔子思想产生的时代、创说之本、立说之旨等，皆可见得“仁”既是其创说之本，也是其立说之旨。

从创说之本看，孔子之“仁”本于“道”，道有天道、地道、人道，虽三道合一不可分，但孔子最重人道，他说：“人能弘道，非道弘人。”论天道，最重要的是阴与阳之感；说地道，最重要的是刚与柔之交；讲人道，最重要的是男与女之情，孔子名之曰“仁”。孔子论“仁”，其内涵极其丰富，既含人道，也含天道、地道；论人道，必以天道、地道为本。因此，荀子说：“夫道者，体常而尽变，一隅不足以举之。”接着又说：“孔子仁知且不蔽，故学乱术足以为先王者也。一家得周道,举而用之,不蔽于成积也。故德与周公齐,名与三王并,此不蔽之福也。”(《荀子·解蔽》)这是荀子在对战国百家之学对比后得出的结论。作为孔子的信徒,对孔子的学说作出较高评判应属自然,但从此视角,我们看到,孔子的“仁”从时间维度上相伴相行,在空间维度上,无论三维、四维,还是六维、八维,“仁”与之同体,否则,天地万物不生,人类社会不立!“仁”就是宇宙自然生生之本、生生之源、生生之机,国人谓之天地万物“一体之仁”,斯言甚是!

孔子生逢周代,乱象已现,周礼将崩之春秋末世,他既看不到未来的出路在哪里,也无力回天挽救周礼的崩坏。于是,他在倡导“仁”的同时,呼吁恢复周礼,反对诸侯僭越、争霸。他对“礼”的重视,从《论语》中出现“礼”的地方有74处可见。

“礼”为何?远古时代,人类从母系氏族的无序婚到对偶婚,是“礼”的蒙昧期。进入父系社会以后,中华民族悟道得道,对天地万物的上下远近的位序有了感悟,自然形成的民俗风情渐趋理性。“礼”首先在父系家庭中为“齐家”所用,后随着时间的推移和活动空间的扩大,发展为部落方国、宗法王朝、郡县帝国,“礼”便由部落民俗转变为宗法“礼制”直至郡县“礼治”。这样看来,“礼”是齐家、治国、平天下的制度、方略,它来自先民对天道的感悟,法天道而创造发明。由此可见,宇宙乃“一体之仁”,也便有“仁用之礼”。“仁体礼用”,成就天地万物之位,家国天下之序，人伦相处之规。

孔子论仁与礼的关系处甚多，仅举几例，如："仁者，爱人。""礼之用，和为贵。""一日克己复礼，天下归仁焉。""人而不仁如礼何？人而不仁如乐何？"仁之于礼，仁为亘古不变之体，生生不息之本。

现代物理学告诉我们，大千宇宙，小至原子（中子、质子、电子、量子……），大至太阳系、银河系，以及其他更多的星系，都是对立统一物：正离子与负离子，正电子与负电子，正极与负极，引力与斥力，物质与暗物质，等等。当然，无论什么粒子还可以继续分下去，只是人类进行分离的科学方法和手段是有限的，当科学理性渐趋物质的极限值时，那就是中国人所谓的"无极"状态，西方人理解为"IHV（无）"。这个"无"除了逻辑上是"纯有"的规定外，它自身的存在是荒唐的。因此，物理学、化学等科学理性在现实性上绝造不出生命，甚至连一个细胞也不能。所谓"克隆"技术，无非只是复制生命，这也是在有了当代细胞生物技术以后的事。这就是西方哲学讲"博爱"而没有"仁"和"礼"的观念的原因。西方人讲"爱"，更多是生物学意义上的；而中国人讲"仁""礼"，则是伦理道德意义上的"爱"，是男女之间相对平等基础上的"爱"。所谓阴阳和合万物生矣，说的是有"礼（理）"的"爱"。为什么中国人在反求诸己的体悟中，不重视所谓"奇技淫巧"（有些学者称其为科学技术）？因为生命的诞生不是对立统一，而是三生万物，不仅有阴阳，还要有"虚（气）"，是虚实相生，是"实—

虚—实”的关系。因此，中国人热爱自然，热爱生命，反对戕害一切生命。从这个角度看，西方的“博爱”是个体的、抽象的，而中国人的“仁”是具体的、现实的，并反身而诚推演开去而有宇宙“一体之仁”，在孔子看来，这个“仁”就是天地生生之本。

人生天地间，与自然和谐相处，感悟天地万物各居其位，行而有据，动而有序，生生有故，道为其本。孔子深谙其妙，运思人道之大，以仁为其体，以礼为其用，故礼必与时俱变，与势而易，发明夫妇、父子、君臣、朋友之礼。奈何其身处乱世之端，周礼尚行，濒于崩坏，来世不明，难有新论，所以力行周礼，知其不可为而为之也！

简议孔子

孔子的学说上承尧舜禹汤文武周公，研读六艺，悟道得道，谈天说地，犹重人道，立说《论语》（一些古今学者说，孔子述而不作，《论语》为其弟子编撰——笔者注），创生治国理政之皇皇大论！有学者说，孔子学说逆历史潮流而动，压抑人性自由，力行君主专制，保守倒退，实不然也。这是以无知妄下论断，奉西学以乱中学之谬说也！孔子学说是人伦之纲纪，齐家之箴言，治国之方略，平天下之大要，是中华道学之正统！只是生不逢时，世运乖舛，故昧于未来，向往三世，力主周礼。然其立说之本、教化之言、论世之理，恳恳切切，大道一以贯之！后来之世，修齐治平，从无背离者，以至于今！

2. 孟子

孟子约生于公元前372年,卒于公元前289年。名轲,字子舆,邹(今山东邹城东南)人。

孟子为孔子孙子思的学生,经子思继承发展孔子学说。孟子生处战国中期,整个华夏形势已与孔子时代大不相同,诸侯争雄战争更加频繁,战争的进展开始出现新的大一统趋势。当时的百家争鸣更加活跃,各种学说争奇斗艳,支持大一统的法家炙手可热,西秦国势愈益强大,这些不能不对孟子产生影响。通读精思《孟子》,笔者认为,孟子沿袭孔子重人道的学统,但他并不是照搬模仿师爷的思想,而是创新性地发展了其思想学说:一是补偏救弊,以仁为核心,重视"义"的作用;二是创立"心性"之说,强调人的道德修养的作用和人格养成的重要性,开了中华道学中"心性学派"的先河;三是民本思想的高扬。

孔子讲义的地方有多处,如"见利思义""见得思义""不义而富且贵,于我如浮云""君子喻于义,小人喻于利""君子义以为质,礼以行之,孙以出之,信以成之。君子哉""义者艺之分,而仁之节也"等。义者,宜也,讲的是中庸之道。所以,孔子讲"义"应是针对春秋末期诸侯争霸、见利忘义的僭越行为,是为了"克己复礼,天下归仁"的政治目的。但到了孟子时代,已是战国中期,形势与春秋末期迥然有别,统一大势已露端倪,片面强调"仁礼"已不合时宜;法家、墨家、纵横家等大行其道,各诸侯国变法图强,意图一统,特别是嬴氏西秦觊觎山东六国,依法治国效果显著,远交近攻，合纵连横，战争不断。此其时，孟子提出以“义”补“仁”之不足、“礼”之偏蔽，实是与时俱进、与势俱变之举也！“义”者，羞恶也！仁义并举，仁本义用，扬善抑恶，褒善罚恶，天下之正道也！礼义互补，周礼崩坏，革故鼎新，义当为也！孔子保守，非不为也，势不可也；孟子维新，时移势易，势使之然也！

孟子开“心性学说”之先河。在中华道学思想中，“心”这个观念具有重要的地位和作用，而在战国时期的诸子百家中，孟子无疑起了开创性的作用。据《尚书》记载，大舜帝在禅让帝位给大禹的时候，告诫大禹“人心惟危，道心惟微，惟精惟一，允执厥中”。后来学界有些学者认为此说为后人伪造，这是不正确的！孟子前继孔子，道法心传，对中华道统一脉传承，创心性之学应属自然。孟子的心性之学要之有三：

第一，“心之官则思，思则得之，不思则不得也。”(《孟子·告子上》)古代“官”“管”通训，所以，这句话是讲“心”是人具有的专管思想、智慧、感情等的能力，从“思则得之，不思则不得”可以悟到，“心”就是人的生命活动的高度统一，而非人体的某个器官，后世心性学者正是在此意思继承发展了这一思想。

第二，“尽其心者，知其性也。知其性，则知天矣。存其心，养其性，所以事天也。”这是对心、性、命三者既是思想性又是现实性关系的开创性表述，也是战国时期华夏走向大一统趋势的理论准备。所谓“尽其心”的“心”就是本心，尽本心处即为本性，本性天命，知性则知天，心、性、天三位一体矣！所谓“存心、养性、事天”，何为“天”？《说文》训“一”即太极、道，古人说“敬天祭祖”，讲的是万物所来处和人之所由来合一为二，即道；“事天”讲的是修心养性，参赞化育，以事天下苍生万物。

第三，孟子提出人性本善的思想，他说：“人性之善也，犹水之就下也。”还具体指出：“恻隐之心，人皆有之；羞恶之心，人皆有之；恭敬之心，人皆有之；是非之心，人皆有之。恻隐之心，仁也；羞恶之心，义也；恭敬之心，礼也；是非之心，智也。仁义礼智，非由外铄我也，我固有之也，弗思耳矣。”（《孟子·告子上》）孟子生逢战国争雄的时代，提出人性本善，是体悟道统、超越时代、引领时代的伟大发明，奠定了中国两千多年的心学学统，为中华道学大家庭中儒家正统地位的确立奠定了基石。

战国时代，英雄辈出，学派纷呈，孟子以其心学提出了可担大任的修炼方法：“天将降大任于斯人也，必先苦其心志，劳其筋骨，饿其体肤，空乏其身，行拂乱其所为，所以动心忍性，曾益其所不能。”（《孟子·告子下》）这样的人一定是“富贵不能淫，贫贱不能移，威武不能屈。此之谓大丈夫”（《孟子·滕文公下》）。孟子提出“得道多助，失道寡助”“仁，人心也；义，人路也”，这在乱世之秋起到了指明正道、劝人向善的作用。所谓“我善养吾浩然之气”“穷则独善其身，达则兼济天下”，为士大夫处身立世指明了一条大道。孟子可说是儒家学说承上启下、继往开来的关键人物。

孟子继承弘扬民本思想。《尚书·泰誓中》说:“天视自我民视,天听自我民听。”这里的“天”不是有意志的“上天”,而是“大道”“大一”,落实下来就是“民”,故曰“民惟邦本,本固邦宁”,说明中国传统思想中民本思想已有悠久的历史。孟子继承了这一思想,提出了三条原则:

一是“民为贵,社稷次之,君为轻”(《孟子·尽心下》)的民本原则,具体说是“得天下有道:得其民,斯得天下矣;得其民有道:得其心,斯得民矣;得其心有道:所欲与之聚之,所恶勿施尔也”(《孟子·离娄上》)。

二是“人皆可以为尧舜”(《孟子·告子下》)的平等原则。他说:“乐民之乐者,民亦乐其乐;忧民之忧者,民亦忧其忧。”(《孟子·梁惠王下》)

三是“天时不如地利,地利不如人和”(《孟子·公孙丑下》)的天人合一原则和人文精神。

简议孟子

孟子这些以民为本的原则奠定了中华民族“大道之行,天下为公”的思想基础,也是后世历代治理国家的政略、方略基础,在当时乃至世界政治思想史上都有重要的意义!

此外,孟子秉持“人心惟危,道心惟微,惟精惟一,允执厥中”之十六字箴言,开心学之先河,“求其放心”;他为历代帝王立规矩申警句,曰“民为贵,社稷次之,君为轻”;他为臣民立命,“富贵不能淫,贫贱不能移,威武不能屈”,弘扬高尚人格；他善养己之浩然之气，为大丈夫立威。这些都是孟子弘扬人道精神的政治思想主张，为后世留下了宝贵的精神财富！

3. 荀子

荀子约生于公元前313年，卒于公元前238年。名况，时人尊而号为“卿”，战国末期赵国人。

荀子与孟子同为孔学传人，二人同为战国时期人，荀子晚孟子约半个世纪，政治形势又有变化。如果说孟子生逢战国中期，新旧制度的交替尚不明朗，国家大一统的曙光虽已显露，但仍模糊不清，战事频仍，政局混乱，孟子对国家未来没有明确认识，因此返回内心，崇尚仁道，考究心性，追求内圣，那么到了荀子之时，形势已渐趋明朗，华夏一统已成大势所趋，孟子学说已露弊端。荀子上承孔子仁礼，主张隆礼，废周礼而创荀礼；又补孟子之偏，深究外王之道。荀礼之谓，废周礼之世卿世禄之分封制，即礼制，兴大一统之封建制，即礼治。

仁为亘古不变之道，为儒家各派所共举。礼则不然，礼可内外，内具道德之心，外具礼法之度。礼内则与孟子心论契合，外则与法家思想一致。礼因时势而变，时移势易，礼宜改变，故荀子说：“礼者，法之大分，类之纲纪也……”荀礼有别周礼，其思想理论基础有三：

其一，天人两分、制天命而用之的法则。他说：“天地者，生之始也……故天地生君子。”这就是说，天地之生没有道德意义，君子也是“不见其事而见其功”。天地系自然所生，非天所命，这样的“天人两分”绝非天人对立，而是补“天人合一”之不足，即人之为人，只是自然所生，无此，何谈天人合一？荀子说：“水火有气而无生，草木有生而无知，禽兽有知而无义，人有气、有生、有知，亦且有义，故最为天下贵也。”（《荀子·王制》）这表明荀子已然认识到人与自然的区别与联系：因其有别而有“分”（天人两分），因其联系而有“合”（天人合一），故他提出隆礼、尊师、劝学、严法、重君上之治的外王之说，充实了修齐治平的政治思想。

荀子所谓“制天命而用之”并非人为自然立法，而是践行自然生生法则，他说：“天行有常，不为尧存，不为桀亡。”制天命而用，即仿制自然法则或顺应自然规律的变化而用。荀子深谙“道法自然”之理，如此践行之法，方可有效约制人的行为。

其二，人性恶乃荀子隆礼的法理基础。孟子讲人性本善，心之四端，是从天道生生之至善而来；而荀子说人性恶，是从人为自然所生而来。人有本然之性，故有善之天性（天命之性）；人有自然之性（气质之性），故可为善为恶。人性本善，故应修养心性以光大善性；人性有恶，故要制礼立法以约制人之恶行。二者相辅相成，一而二，二而一，缺一不可。

荀子说“人之性恶，其善者伪也”，这是人性复杂的一面。从人性本善方面说，境之所在，心志所向，为善自然，皆是善因、善果，皆在本心。西方人认为人性本恶，是宗教命定,原罪与生俱来,而道德之光远在天堂上帝之手,其在世间行恶实属必然;而其善者伪也,故厉行法制以治恶行于已然,其所谓法治社会确实乏善可陈,畸形而已矣!中国传统的治国方略,是德治为主、法治为辅。德主法辅的礼治,自秦汉以降,此方略成就中国两千多年的郡县大一统封建社会。

荀子尊师重教,重君劝学,主张建设社会道德,是将孟子的心性修养昭昭然于社会教化,融德于法。孔子说,君子有三畏:"畏天命,畏大人,畏圣人之言。"子思作《中庸》有这样一句话:"天命之谓性,率性之谓道,修道之谓教。"二者都含有教化的社会作用。《荀子》第一篇《劝学》用惟妙惟肖的格言具体讲解了修身治学的工夫,即学而为君子与学而为小人的不同,他说:"君子之学也,入乎耳,箸乎心,布乎四体,形乎动静;端而言,蝡而动,一可以为法则。小人之学也,入乎耳,出乎口。"这里君子与小人之分:"入乎耳,箸乎心……"者,学而成君子;"入乎耳,出乎口"者,学而成小人。君子与小人之分是学而后之别,故社会教化之功须臾不可无也!

其三,礼即理也,荀子开理统之先河。荀子作《礼论》,由礼之起说起,继之礼之本、礼之用、礼之情、礼之文、礼之乐,可说是本于天地、范围人生、通达古今,可谓"礼之理诚深矣"!荀子以理明礼之深义,是一大发明,他说,礼"上事天,下事地,尊先祖而隆君师,是礼之三本也"。荀子以理明礼,更加凸显了礼的教化之功,天道、地道、人道的内在统合之理,礼法的外在约制之势,法理的统制天下之能,可说是集古代法家思想之大义,开后世法家理论之大成,更是秦汉以后两千多年中华理统之肇端。

简议荀子

荀子隆礼,继承发展了孔子之礼,创新荀礼,至此中国彻底告别了周礼,变礼制为礼治。荀子以天人两分、人性恶补孟子天人合一、人性本善之偏,以礼之规范教化功能丰富礼之道德修养工夫,以内圣外王之道光大了中华治统之人道精神,因以理明礼之创建开中华法统之大观。

(二)道家学说

1. 老子

老子约生于公元前 571 年,约卒于公元前 471 年。姓李名耳,字聃,一字伯阳,春秋末期人。

老子是道家学说的创始者,《道德经》是其代表作,洋洋五千言,处处闪耀着中国哲学思想的光辉。道家是中华道学大家庭中的重要流派,与儒家思想在总体上是以道为本、相互为用、和谐共生的两大家。当时和后世的很多学派都是悟道之一隅,吸纳儒道两家学说的思想衍生、创新而来的。但是道家学说从创生之日起就争论不休,特别是新文化运动以来,在“打倒孔家店”的口号中,道家也未幸免。西学传来中国,西方中心主义盛行,在中国学界曾经有过道家思想到底是唯物主义还是唯心主义,抑或是折中主义的长期争论,皆因对中华道学的思想定位有偏而莫衷一是。除了这种争论，还有所谓老子思想是阴谋论、帝王御术等，但都没有成论，因为这些论说都与老子思想精髓毫不搭界，甚至是南辕北辙、郢书燕说！

近代以来，新儒家学派仿西方学问的范式，视中国百家之学为一个个孤立的学问实体，并无内在关系，轻取儒家学问为中华道学之全体，排斥道家，认其为另类，这更是大谬不然！不要说儒道两家早已视道为本体，并相互交流，形成你中有我、我中有你之态势，更是在其后两千年的发展演变中，偕佛家文化一道，历经诸代的切磋融合，渐趋合流，成就中华道统之蔚为大观。仅就老子《道德经》而言，其丰富宝藏至今仍被学者所看重，其影响远播海外，在有的国家和地区，其影响甚至超过儒家，这就不能不使我们深思虑之！笔者提出中华道学，就是要把中国长达五千年的思想学术传统融为一体，构成一个以道为本、生生不息、文脉相通的大家庭，也是要还老子应有的地位！笔者不认为说不了解老子学说就不了解中国文化，而想说，只有了解了、理解了老子，才能了解、理解中华道学！老子学说有四条相互为用的主线，笔者试论之。

老子思想集中在《道德经》中，其第一条主线是天道观，即宇宙观。老子生活在春秋时期，曾做过周守藏室之史，博览群书，应对周以前的中国历史非常通晓。他与孔子生于同时代，长孔子约20岁。老、孔都精通《周易》，深受其影响，故其创说立说皆是以道为本。二者不同处在于：老重史，深究天道自然；孔尚人，着意人生哲理。

有人说老子蔽于天而昧于人，此言差矣！应该说，老子是精于天而用于人。老子创道经，精研天道，生生不息，他说："道生一，一生二，二生三，三生万物。"讲明了道为天地万物生生之本。又说"万物生于有，有生于无"，道生万物，以无为本。可以说，一部《道德经》讲的就是宇宙生生之道，确立的就是宇宙生命本体。如果说老子讲天道，意在人道、世道，那么孔子侧重讲人道、人生，总是以天道为据，二者是相依共生的关系。司马迁在《史记·老子韩非列传》中说："老子修道德，其学以自隐无名为务。居周久之，见周之衰，乃遂去。"此乃顺其天道而已，无力回天，便安之若命。

第二条主线是其方法论，以有喻无。在老子的思想世界中，最深奥、最博大、对后世影响最大的就是深蕴其中的宇宙生命本体辩证法。笔者认为最基本的一对范畴就是"有""无"之辨。老子认为："道可道，非常道；名可名，非常名……"道既不可道，那就只有另辟他法。为此，他发明了反喻之法，即以有喻无之不足，给人们指出一条悟道得道的路子。在这方面，老子有很多著名的格言，如"反者道之动，弱者道之用""故有无相生，难易相成，长短相形，高下相倾，音声相和，前后相随"。所谓"反者道之动，弱者道之用"是指：相反相成，大道生生；刚柔相济，道成万物。老子认为，天地万物，无一不是以道为本，无一不是一分为三，三位一体，创生万物。所谓"弱者道之用"，是老子思想中最为独到的地方，用"弱""柔""虚""无"，正是宇宙生生之道内在之“玄妙”。他说“致虚极，守静笃”，就是要致生之根、守命之本。为此，老子多用“实、有”喻“虚、无”之玄妙，开启悟道之门。

以人生际遇之“有”喻“无”。在这方面，老子举了很多例子。《道德经·五十八章》有“祸兮，福所倚；福兮，祸所伏”之语，婚丧嫁娶，生而自然也；否泰祸福，生而相随也。皆是道法自然，辨证开展。故人生在世，了然于此：不为祸悲，不为福喜；不为否丧，不为泰欢；生而无虞，活则心安。《道德经·三十六章》说：“将欲歙之，必固张之；将欲弱之，必固强之；将欲废之，必固兴之；将欲取之，必固与之。是谓‘微明’。”曾经有学者把老子的这段话说成“阴谋论”，大错而特错矣！应该说，这是对敌斗争中的战略和策略，明白了这些，就悟得了大道之“微明”。因为老子在最后点明“鱼不可脱于渊，国之利器不可以示人”，表明了这是对敌斗争的战略策略，而决非对自己人、对友邦的所谓“阴谋”！

以生活器物之“实、有”喻“虚、无”。《道德经·十一章》说：“三十辐共一毂，当其无，有车之用。埏埴以为器，当其无，有器之用。凿户牖以为室，当其无，有室之用。故有之以为利，无之以为用。”这里用了三个生活器物的例子：车、陶、室，说明有之以为利、无之以为用的道理，从中感悟大道无中有有、有中有无、有无相生、创生万物的辩证思想。

以天地万物之“有”喻“无”。《道德经·十六章》说：

“万物并作，吾以观其复。”“夫物芸芸，各复归其根。”所谓“复”就是反复、变化，有人说是“轮回”，笔者认为不妥。老子是讲生生之道的，生生之道自然复其根，有了根，才有生生。但是，“轮回”或“循环往复”是无“根”可言的，印度宗教讲“轮回”是为了解脱到达梵我一如的彼岸，与老子的生生之道无关。《道德经·三十七章》说“天下万物生于有，有生于无”，表明有无相生、以无为本的道理。

第三条主线是其治道：无为而治。老子讲治道，认为“道常无为，而无不为”，在百家中独树一帜。孔子讲治道，修齐治平，积极入世，知其不可为而为之，确是刚劲有为，应视为对老子无为而治思想的补偏救弊。老子讲无为而治，与其所生存的时代环境不无关系。春秋时期，诸侯争霸，尽人之所欲，逞人之所能，几近狂澜激起，有周大厦将倾之世，老子无可奈何，道法自然，主张无为；孔子意欲力挽周室之将倾，提出仁本礼用，恢复周礼，走中庸之道。当其时，老、孔都看不到未来前途，一个主张道法自然，无为无不为，一个主张克己复礼（周礼），天下归仁。虽然都有保守倾向，但二者恰是以道为本、相反相成、刚柔相济的治国方略，皆为后世治国理政留下了宝贵的精神财富。

从学理和实践结合在一起来看，老子的无为而治并非消极，而是落实在“无不为”上。“无为”非“不做”也，而是“不乱做”也；“无不为”是有原则的，即“人法地，地法天，天法道，道法自然”，就是要以道为本。马克思曾说过，自由是对必然的认识和对世界的改造，这与老子的“生生之谓道”“人法道”确有契合之处。道家学派的庄子讲心自由，他说：“安时而处顺。”“乘物以游心。”心有天地万物之理，它的自由是与现实不分、与万物相通的自由，这正是传承了老子“无为而无不为”的思想。如果作为治国理政思想，无为与有为正是辩证有机统一的方略。合而言之，就是有所为有所不为，有所执有所不执，该收收，该放放，不自以为是，不强人所为。中国历史上几大盛世都很好地诠释了、掌握了这个“度”，走的就是中庸之道！

《道德经·四十九章》说：“圣人常无心，以百姓心为心。”这句话点明了老子对圣人的看法，圣人没有自己的私心私欲，而是装着百姓的心，百姓的心就是圣人的心，这与“天听自我民听，天视自我民视”可谓若合符契。百姓何谓？人道之体，邦之本也！老子的这一思想是治国之真经、理政之大要也！《道德经·五十七章》说道：“故圣人云：‘我无为，而民自化；我好静，而民自正；我无事，而民自富；我无欲，而民自朴。’”这里的“无为、好静、无事、无欲”就是无私心，是做到“以百姓心为心”的具体表现。

第四条主线是修炼之道：守本开新。老子为代表的道家也很讲究修炼之道，注重修炼真性，即精气神，这与儒家注重修养心性相辅相成，其方法是“致虚极，守静笃”。那么，如何做得？《道德经》五千字，可说是句句、字字都与此相关，如《二十五章》说：“人法地，地法天，天法道，道法自然。”这是修炼的总纲。具体来说，笔者归纳了三条：

其一，比水修身，柔中有刚。老子认为，水无形但善利万物而不争，所谓上善若水；水至柔但滴水可穿石，所谓柔可克刚；水是生命之源，在天地万物中，水是最近于道者，故有太一生水。所以人要养生离不开水，修身也要像水那样，有柔、有韧、有静、有动、有变、有化；看似柔弱，实则无坚不摧；看似居下，实则深藏不露。笔者认为，一个人修养身心，也应如此，游刃有余，动静有度，变化有据，可驰骋天下，无为无不为。

其二，以静养神，融圆神通。中华道学各家学说都很重视“静”，因为人在静时，可内外两观，而且“静”与“敬”通，静则涤除杂念私情，敬则玄览天地万物，故本心发现，良知尽显，神思泉涌，天人合一。所以老子更重“静”，儒家更重“敬”。前者静以悟道，道法自然，无为而治；后者敬以养德，惟德是辅，修齐治平。二者相辅相成，融圆神通。

老子静的思想对后世影响很大，如“淡泊明志，宁静致远”“运筹帷幄，决胜千里”，表明“静”非无所作为，而是与天地万物浑然一体，以静制动，洞悉毫厘，神通广大，所以有“守静笃”“静为躁君”的思想。

其三，以正养气，浩然天地。老子很重视养气，以天地之正气养人的真气，这与后来孟子所谓“我善养吾浩然之气”如出一脉，但二者修养正气的方法有所不同。孟子主张以德养气，老子专事悟道养气，他说：“载营魄抱一，能无离乎？”身心合一，则不离大道。“专气致柔，能如婴儿乎？”在老子看来，柔是生之道，要像婴儿那样，“涤除玄览”，无私无欲，聚天地之气，则浩然正气生。其实，我们认真学习老子,他的每一句格言都在告诉我们做人的道理,只要理解正确,就一定有所收获。

简议老子

老子思想是中华民族精神文化的重要组成部分,是中华道学大家庭中的主要成员之一,他的思想是熔铸中华民族民族精神的重要基因,不理解老子就不能全面理解中华道学和中华民族精神。有人说,老子的辩证思想是循环论的,实则非也。老子的辩证法是生机整体性的,他说:“有物混成,先天地生。寂兮寥兮,独立而不改,周行而不殆,可以为天地母。吾不知其名,字之曰道,强为之名曰大。大曰逝,逝曰远,远曰反。”返(反、返通用)而有根,根即生生不息之道,这与西方哲学的循环论绝非一事。又有人说,老子的无为而治是消极论的,笔者不敢苟同,因为老子说无为而无不为,是顺自然而为,这与马克思所说的自由是对必然的认识和对世界的改造很有契合之处。还有人说,老子的人生观是避世的,笔者亦不以为然,因为老子也推崇圣人,讲圣人常以百姓心为心,只是他的做法更加微妙深奥罢了。

老子讲大真,却是以具事、有物感悟大真,追求至真,此乃大道人生之正途也!

2. 庄子

庄子约生于公元前 369 年,卒于公元前 286 年。战国中期哲学家,名周,字子休(一作子沐),宋国蒙(今河南商丘东北)人。

庄子生于战国初年，继承老子学统，与其同者在于，都是生活于旧制度已经崩坏而新秩序尚未出现之时，老子知周礼远逝而不可返，新礼尚未产生而心生迷茫，故留下《道德经》五千言别世而去。庄子亦生逢乱世，孔、老尚不能救世于纷乱，更遑论其他学派，于是他在《庄子·天下》中说："天下大乱，贤圣不明，道德不一。天下多得一察焉以自好。譬如耳目鼻口，皆有所明，不能相通。犹百家众技也，皆有所长，时有所用。虽然，不该不遍，一曲之士也。判天地之美，析万物之理，察古人之全。寡能备于天地之美，称神明之容。是故内圣外王之道，暗而不明，郁而不发，天下之人各为其所欲焉以自为方。悲夫！百家往而不反，必不合矣！后世之学者，不幸不见天地之纯，古人之大体。道术将为天下裂。"但是，他还是对后世抱有些许希望，只是这希望有点渺茫！于是庄子遐思飞扬，追求天地之大美，心意之自由奔放，神游八极，逍遥自在。他运用飘逸豪放之辞藻，神思巧妙之比喻，寓大道生生之美于寓言童话般的想象中。

庄子对后世的影响颇大，主要集中在三个方面：

第一，大道自由。中国人崇尚自由，自古已然。庄子就用形象的文字做了描绘：鲲之于冥海而自由畅游，鹏之抟扶摇直上而自由飞翔，人之乘万物以游心。万物皆是安时而处顺，多是一种自在齐一的状态；唯有人与道齐一，道心与人心相通，是最为自由者。

庄子擅长以寓言悟道，充满了想象力，特别是《内篇》

7篇更是纵横捭阖,恣肆飘洒,如上所举之《逍遥游》以鲲鹏自比,翱翔天地,漂游四海,逍遥自在,最后他说:“若夫乘天地之正,而御六气之辩,以游无穷者,彼且恶乎待哉!故曰:至人无己,神人无功,圣人无名。”这才是中国人追求的自由,即心之自由,它不是抽象的、虚幻的,而是乘天地之正,御六气之辩,以游无穷。这正是大我即无我、大为即无为、大名即无名的崇高境界!

对生命本体辩证法,庄子有深刻的思考,他说:“以指喻指之非指,不若以非指喻指之非指也;以马喻马之非马,不若以非马喻马之非马也。”这比西方人专“以自由喻指之非自由,而不是以非自由喻自由之非自由”不知高明几多也!西方人杜撰了一个“自由”的概念,并以此抽象的自由概念以非实际的自由概念,随意强套在其他国家身上,干涉他国内政,大搞脱离实际的诡辩把戏!有学者说庄子学说是相对主义,应是不着边际的谬论!

第二,大道平等。庄子的《齐物论》讲的是道与天地万物的关系。学者们将之一分为二:齐物之论与齐同物论,而笔者认为,二者是一而二、二而一的,核心在“齐”。“齐”在何处?“道”也。万物生于“道”,行于“道”,归于“道”。庄子深谙道家之生命本体辩证法,这与西方人所推崇的实体辩证法不可同日而语。所谓齐同物论,绝非西方哲学所谓的相对主义,如《齐物论》中说:“物无非彼,物无非是。自彼则不见,自知则知之。故曰:彼出于是,是亦因彼。彼是方生之说也。虽然,方生方死,方死方生;方可方不可,方不可方可；因是因非，因非因是。是以圣人不由而照之于天，亦因是也。是亦彼也，彼亦是也。彼亦一是非，此亦一是非，果且有彼是乎哉？果且无彼是乎哉？彼是莫得其偶，谓之道枢。枢始得其环中，以应无穷。是亦一无穷，非亦一无穷也。故曰：莫若以明。”这一大段话，是人们误解较多的，学者们往往用这段话与西方哲学的相对主义对比，颇有张冠李戴、郢书燕说之嫌。西方人所谓相对主义，是与绝对主义相对的，他们把客观事物和人的认识（类似庄子的物和物论）的绝对性与相对性完全割裂开来，是一种形而上学的唯心论观点；而庄子的思想与之相反，他论述的物与道从未分割开，如果用西方哲学的概念，即万千事物（相对性）与大全的本原（绝对性）从未分割开来，而是物中有道，道中有物，大道生生之果即天地万物之本，天地万物之大全即道，天地万物因道而相通，亦因生性之多少、厚薄而有别，生命本体的宇宙如此，有心统摄的人亦如此，这是由于生命的自洽性使然，故而“天地与我并生，万物与我合一”。所谓“物无非彼，物无非是”“彼出于是，是亦因彼。彼是方生之说也”“彼是莫得其偶，谓之道枢”“故曰：莫若以明”，讲的都是道与物、无与有的关系，也就是西方哲学所谓的绝对性与相对性的内在关系，只是西方人走向了诡辩论，而庄子则张扬了生生说。

第三，大道之美与万物各美其美。世界上有两大原创型文化，其中深蕴各自的审美体系。西方文化的审美建立在真、善、美分立的基础上，无心统摄，“分且隔”；中华文化的审美是真善美三位合一的生机整体。但近一百多年来，国内某些学者深受西方美学的影响，对自己的美学不屑一顾，而专以西方美学观念分析研究中国的美学，致使中国美学体系长期处于依附西方美学的附属地位，这是很可悲的！其实，中国美学体系要比西方美学体系深奥丰富得多，它们深藏在像《乐记》《文赋》《论画》《画品》《文心雕龙》《东坡谭艺录》等经典著作中。

在诸子百家中，孔子说过"知之者不如好之者，好之者不如乐之者"，清楚地说明了"知之者（真）""好之者（善）""乐之者（美）"三者的关系。这不是将真善美分而为三，而是将美作为人的修养的最高境界。美必要有真有善，真善是通向美的境界的必要之路，真善合一方是中国人审美的充要条件。

老子也曾说过"天下皆知美之为美，斯恶已，皆知善之为善，斯不善已"，这是从反面论证孔子的思想。天下皆知美之为美，皆知善之为善，正是把真善美分立为三，认为普世"知美"为美，即恶也；把普世"知善"为善，即不善也！事实上，这样的美、善并不存在，庄子给出了答案。

庄子说："毛嫱丽姬，人之所美也；鱼见之深入，鸟见之高飞。"（《庄子·齐物论》）"天地有大美而不言，四时有明法而不议，万物有成理而不说。"（《庄子·知北游》）庄子讲的意思很明确，天下并无皆知之美，只有差异之美，故呈各美其美、多彩多姿之美，五彩斑斓之美，实则大美即在其中。大美与个美是你中有我、我中有你，兹是大道自然之美！

简议庄子

庄子学说深蕴审美精神，对中国后世艺术发展发挥了巨大的创新作用。大道本于无，故大道之美可悟不可感，其至真至善至美是对万物各美其美的感知而悟道明德，是对现实生活的深刻体验而师心自得。庄子主张遁世而不出世，天地万物生而平等，故乐得逍遥自在。国画大师们感受自然，深入生活，与自然、生活融为一体，深谙有与无、刚与柔、变与化等之众妙、机巧，如国画中黑白、深浅、动静等的巧妙构思、表现与再现的有机融合、大小写意的无间搭配、天地交感之气韵生动与大化生生之流行不已，皆灵动交融，跃然于纸布之上，创作出的大美作品方能流传后世，万世不朽！

（三）墨家学说

墨子

墨子约生于公元前 468 年，卒于公元前 376 年。名翟，春秋战国之际宋国人，一说鲁阳人，一说滕国人。

墨子的主要思想概括说来，有以下几条：

(1)天志。孔子讲天命，重在人道，天行健，君子以自强不息，地势坤，君子以厚德载物；老庄讲天道，主张无为，道法自然；墨子讲天志，弘扬泛爱物。三者均来自《易经》。有学者说，墨子提天志命题，是把上天神秘化，并与西方的"上帝"相提并论，真是误解了墨子！其实，墨子也是悟道得道之人，怎会不知大道生生之理。正如此，墨子才坚信大道生生，不可逆转，一往直前，任何力量也不可阻挡、不可毁灭，犹如志向、胸怀。此乃“志”之所向，在道则为道志，在天则为天志，在人则为意志，而非为西方人所谓抽象“意志”之谓也！孔子讲大道生生是大善，老子讲是大真，庄子讲是大美。作为战国时期的墨子张扬的是大爱，这与近代以来的博爱很相似，但比博爱更深刻、更具体：这种大爱是平等的、无私的、无限的，同时也是落实在每一事物上的。

主张天志的墨子又提出“非命”的思想，这在某些学者看来似乎自相矛盾，但在笔者看来二者并不矛盾，恰恰体现了墨子的辩证思想。前已述及，天志乃天(大)道生生之自然，无可抗拒，而非命正是破除人生际遇之必然。笔者认为，在墨子看来，人生在世虽有祸福吉凶，但那不是“命”，而是自己作为的不同，如桀、纣之所乱，汤、武受而治之。其实，墨子之“非命”正是对孔子天命观的补偏救弊之为：孔子天命观落实在人是讲人性本善，与笔者认为墨子的天志思想一脉同传，所以，墨子的非命并非“非”天命，而是无由头的“命”，是要告诫人们，得道者，天必佑之，失道者，天必灭之！

(2)兼爱、非攻。为了进一步论证自己的天志观，墨子提出了“兼相爱，交相利”的观点。有些学者除对“兼相爱”提出异议外，对“交相利”更是曲解有加，认为墨子主张人与人、家与家、国与国应以利相交，或交之以利，这更是大误解！

墨子提出“兼相爱”除了倡扬大爱精神，更重要的是提倡人与人、家与家、国与国之间,“天下之人皆相爱,强不执弱,众不劫寡,富不侮贫,贵不敖贱,诈不欺愚。凡天下祸篡怨恨,可使毋起者,以相爱生也,是以仁者誉之”。墨子讲兼爱,从不离人世间,这与西方人讲博爱宽泛而抽象不可同日而语;反之,与儒家所倡“己所不欲勿施于人”正相暗合:大爱而不离相,兼爱而必落在实处。

所谓交相利的“利”,当然既非私欲私利,也非物欲势利,而是一种自律利他的精神。墨子说:“夫爱人者,人必从而爱之;利人者,人必从而利之;恶人者,人必从而恶之;害人者,人必从而害之。”此言用于今天,甚是公允!这与儒家倡导的“己所不欲勿施于人”“己欲立而立人,己欲达而达人”正相吻合!

(3)大故、小故;大取、小取。墨子创墨家学说,其最大贡献是创生了中国式的形式逻辑(借用现代汉语词汇,下同——笔者注)。墨家人多是小手工业者,从事木匠、铁匠工作以及制造各种生产生活用具等,所以经常运用数学、几何的计算和物的形状、结构的设计,很多时候,他们都离不开形式逻辑的思维、因果关系的判断!笔者仅从墨子提出的“大故、小故”“大取、小取”两对范畴来论述与道之关系。其实,墨子很清楚,中国的学问是关系本位,其精神活动方式是以悟为本的生命整体辩证思想活动,因此,墨子的精神活动与近现代西方逻辑思维是根本不同的。

笔者认为,墨子说的“大故、小故”并非今天我们学习西方形式逻辑中的原因与结果或充分条件与必要条件,而是宇宙生生不息的“式”（老子曰：“知其白，守其黑，为天下式”）：“大故”讲的就是大道与天地万物的关系，即“有之必然，无之必不然”；“小故”则讲的是万物之间的关系，即“有之不必然，无之必不然”。“大故”“小故”都有“无之必不然”，区别在于“大故”“有之必然”，“小故”则“有之不必然”。这就表明了中国以关系为本位的生命本体辩证法与西方形式逻辑和辩证法的不同之处，在于“故”是生生关系本位的“生”，即“因中有果，果中有因”，用现在逻辑的“充分条件”或“必要条件”抑或“充要条件”都不能说明“生”的本根性。

墨子说“小故”：“有之不必然，无之必不然”，揭示了天地万物生生过程的辩证关系，即人类生活的辩证法，这与儒家的“无可无不可”相通。孔子讲“毋意，毋必，毋固，毋我”，讲的也是在人的现实生活中，没有什么是“固必义”，也没有什么是“期必义”，而都是在刚柔相济、动静变化中生生不息。

“大故”“小故”，前者说的是大道生生创宇宙，后者说的是万物生生化生活，前者讲形而上之“故”曰“大故”，后者说形而下之“故”曰“小故”，实是一而二、二而一，一体流通，永无止息。“大故”“小故”要在一个“故”字，它与今天讲的原因、结果分开而论不同，而是因果合二为一。

墨子还提出“大取”“小取”的范畴。“于所体之中，而权轻重之谓权。权，非为是也，非非为非也，权，正也。断指以存腕，利之中取大，害之中取小也。害之中取小也，非取害也，取利也。”这里饱含着高明的辩证思想。所谓两害相权取其轻，两利相权取其大，正是我们生活中经常碰到的选择问题，要避免非此即彼的极端武断做法，墨子给出了方法论原则。儒家讲中庸之道，墨子讲的是“权，正也”，在此我们可以得见儒墨相通，即大道相通的自然法则。当然，墨子也提出了“辩、类、同、异”等范畴，他说：“夫辩者，将以明是非之分，审治乱之纪，明同异之处，查名实之理，处利害，决嫌疑。焉摹略万物之然，论求群言之比。以名举实，以辞抒意，以说出故。以类取，以类予。有诸己，不非诸人；无诸己，不求诸人。”笔者认为，天地万物有体有形，体者，以道为本，形者，以物为体；有体必有形，故是非、治乱、同异、名实、辞意生矣！墨子生于春秋战国之际，代表手工业者，在现实生产活动中，对中华学问深以为然。他以大故、大取明辨天地万物与大道生生之辨证关系，以小故、小取明察天地万物生生之实体关系。前者取其生命本体辩证法，以悟宇宙自然之大法；后者以“形”遍察万物事体之异同变化，以成自然人化之功。此前笔者曾言，今人称其为形式逻辑者，其实墨辩与之大异其趣，而毋宁说，小故乃大故之衍生，小取实为大取之践履。“大故、小故”“大取、小取”非为二，实则一也！因此，墨辩并未失传、中断，实则融入中华道学大家庭的各学派中。今人继承墨辩而创新发展，实是中华道学大家庭之幸事也！

笔者认为，因与果合则为“故”通解，形与式合则为“道”，所谓“知其白，守其黑，为天下式”，用现代汉语说就是宇宙存在的样式。而“形”,则是“大道”无体无形,天地万物有体有形,用现代汉语说是天地万物有感之状。将“形”与“式”合并一词“形式”,有违墨辩本意!

简议墨子

墨子的思想适春秋战国之时运而生,确是墨子悟道而成说。荀子说过:“昔宾孟之蔽者,乱家是也。墨子蔽于用而不知文……故由用谓之道,尽利矣……”荀子总结说:“夫道者,体常而尽变,一隅不足以举之。”(《荀子·解蔽》)表明墨子“由用谓之道”“一隅不足以举之”确是悟道之一隅而与道相通,比今之学者将墨子学说特别是墨辩单独剥离解说并与西学之形式逻辑类比实在高明。况且秦汉一统后,墨子学说虽然从显学变为隐学,但从未中断,而是融入到中华道学大家庭中来,成为中国劳动者生产生活实践中思想活动、经验技能的有用工具。

墨子的天志、兼爱、非攻、墨辩等,彰显其大爱本色,实有悟道开新之功!其能融入中华道学大家庭中的各个学派,凸显中华民族之民族精神不可或缺的生命整体性和大道生生的强韧动力!

(四)法家学说

韩非子(文中简称“韩子”)

韩子约生于公元前280年,卒于公元前233年。韩国都城新郑(今河南省新郑市)人,战国末期杰出的思想家、哲学家和散文家,被誉为最得老子思想精髓的二人之一

(另一个为庄子)。

中华民族具有依法治国的优良传统,中国的法制体系是世界现存五大法系之一,五大法系分别是英美法系、大陆法系、伊斯兰法系、印度法系与中华法系,而中华法系历史最为悠久且独具特色。中国立法修法有着悠久的历史,据考古文物记载,炎黄时代就有,但不成体系,带有民俗风情习惯的印记,这是法的前身"礼"。自商周伊始,以文字记载的法律条文已经在甲骨文和青铜器上有清晰明确的记录,直到春秋战国,争霸称雄的战争激发了各诸侯变法维新,遂涌现出大批法家代表人物,其中著名者有:管仲(?—前645)、子产(?—前522)、李悝(前455—前395)、商鞅(约前390—前338)、慎到(约前395—约前315)、申不害(约前385—前337)。有了前人的铺垫,到了战国时期,儒家学派的荀子(约前313—前238)提倡隆礼,他的学生韩子集前辈法家之大成,以"荀礼"为统纲,成战国后期法家之宗师。

(1)韩子信奉"人性本恶"而承先师荀子之"礼"。荀礼与周礼不同,周礼是旧的世卿世禄的宗法制度,而荀礼主张大一统封建制的法理制度,但本之于道,彰显于德,汇法治与教化于一体,成外法内德之状。荀子之"礼"主张"人性本恶",是补孔孟"人性本善"之不足。《易传·系辞传上》第五章说,"一阴一阳之谓道",落实在人道上,阳为生之始,阴为生之成,皆本之于道。基于此,荀子提出教化与法理不二的法则,而以律法为主,辅之以教化,即以法治国为主，辅之以德治，此为韩子所继承发展。荀子说："礼者，理也。"从而开了中国历史上理统之先河。理统者何？实际就是法家的法统，而人性本恶则是其哲学思想（笔者名之曰"道学"思想）的基础。

（2）韩子继承其师"人性本恶"之理念和君权、赏罚、刑威三大政略，提出自己的治国方略与理政方策。

人性本恶，故人皆"好利恶害，厚利避害"，治臣民之法，必于君权至尊唯一，厉行严刑峻法，赏罚分明，不失人道，法、德、术、势四位一体，荀子有曰："故由用谓之道，尽利矣。由俗（欲）谓之道，尽嗛矣。由法谓之道，尽数矣。由势谓之道，尽便矣。由辞谓之道，尽论矣。由天谓之道，尽因矣。此数具者，皆道之一隅也。"法、德、术、势四者虽然各因悟道之一隅而有别，但皆因本于道而相通。经韩子与其相互辨识，遂成以法为宗的法家学派。

关于法与德，韩子提出"循法成德"的思想理念，而非"循礼成德"；法者，韩子改革、吸纳商鞅的三个字——法、信、权：法即"任法而治""以法治国"；信讲的是赏罚有信，"赏厚而信，刑重而必"；权就是君主集权，这是治国的根本方针。概而言之，就是"事在四方，要在中央；圣人执要，四方来效"十六字要诀。

关于法与术，韩子比之衣与食，二者不可偏废。"法者，宪令著于官府，刑罚必于民心……此臣之所师也。""术者，因任而授官，循名而责实……此人主之所执也。"在某种意义上说，术是计谋、策略，基本功能是把权力用活。

关于法与势，韩子曰："抱法处势则治，背法去势则乱。"势者，指的是包括赏罚生杀大权在内的权位和威力，它是实行以法治国的政治基础和保证。

以上仅举几例，表明韩子的法家思想仍是以道为本，关系本位，法、德、术、势、刑、名等规则、规范，是你中有我、我中有你，缺一不可，虽有行偏遮蔽之虞，但也是适应战国末期政治形势的需要。其纠当世显学之偏颇、推动中国社会发展起到了重大作用！

韩子与时俱进，与势俱变。韩子曰："是以圣人不期修古，不法常可；论世之事，因为之备。""今欲以先王之政，治当世之民，皆守株之类也。""世异则事异。""事异则备变。""故事因于世，而备适于事。"韩子继承了荀子"法后王"与时、与势俱变的思想，这也与大道生生永不止息，与"苟日新，日日新，又日新"的儒家观点有一致处。大道生生，革故鼎新，长新不慝，韩子做到了。

(3)运用矛盾统一与辨证转化，创新发展了老子的辩证思想。韩子在《韩非子·主道》中说："道者，万物之始，是非之纪也。是以明君守始以知万物之源，治纪以知善败之端。"这就把他的法家思想落在了本于道、知其源的根基上了。

韩子著《解老》篇，对老子的思想做了很多辩解。例如，他认为：道者，非为虚无缥缈的实体，而是万事万物存在的本原、依据，落实在万事万物中的发展变化就是"理"，"理"就是落实在万事万物中的"道"曰"道理"。老子讲过，不敢为天下先，这是在春秋末期讲的话，到了战国末期，韩子则说“上德不德，是以有德”，何哉？“所以贵‘无为无思’为虚者，谓其意无所制也。”“虚则德盛，德盛之为上德，故曰‘上德无为而无不为也’。”老子不敢为天下先，是制于为虚也，韩非子的“虚”则是“无所制也”。

韩子行法理之学，以荀子人性恶为始基，以礼治为依规，吸纳儒家“仁、义、礼、智”之心论，创新道家以有喻无之运思，遂成法家之大成。韩子的《解老》篇是对老子思想的深刻理解和辩证思考的感悟。笔者认为，其经典在两个字上：“道”与“理”。悟道成理有三：“虚（致虚极）”“静（守静笃）”“无（无为而无不为）”。《道德经·十六章》曰：“致虚极，守静笃。万物并作，吾以观复。夫物芸芸，各复归其根。归根曰静，静曰复命。”老子讲的这三点带有些许消极，持静观万物变化而不参赞的态度，这与其所活动的时代背景有关。韩子悟道明理，提出：“道者，万物之所然也，万理之所稽也。理者，成物之文也；道者，万物之所以成也。故曰：‘道，理之者也。’”道者，万事万物存在之本；理者，万物万事变动之则。道以理显，动静相随，变化生生；理以道明，刚柔相济，方圆互用，有规有矩。故人与事交、与物接，必要“毋意、毋必、毋固、毋我”，这为韩子行法、术、势之理论与实践奠定了思想基础。

韩子变老子消极无为的辩证思想为积极进取的辩证思想。韩子著《喻老》篇，展示了他力行法家思想之高明处，其中有三点最为重要：一是传统实事求是思想的萌芽。

《解老》篇曰:"所谓'大丈夫'者,谓其智之大也。所谓'处其厚不处其薄'者,行情实而去礼貌也。所谓'处其实不处其华'者,必缘理,不径绝也。所谓'去彼取此'者,去貌径绝而取缘理好情实也,故曰'去彼取此'。"此言"厚""薄",即厚"情实"薄"礼貌";"处其实不处其华"必缘理,确有"实事求是"之光彩。东汉班固《汉书·景十三王传》曰:"河间献王德以孝景前二年立,修学好古,实事求是。"而在《改造我们的学习》中,毛泽东对实事求是作了经典阐述:"'实事'就是客观存在着的一切事物,'是'就是客观事物的内部联系,即规律性,'求'就是我们去研究。"说明"实事求是"思想是中华民族一以贯之的传统,是在不断发展创新的优良作风。二是因势利导的矛盾转化之思想与实践。《喻老》篇中有言:"夫物有常容,因乘以导之。因随物之容,故静则建乎德,动则顺乎道。"万物有体有形,有形则有形势,用今天的话语说,如世界大势、国际形势等;万事有情有实,有情则有情势,如政治局势、经济走势、战略态势等;天地有阴阳,有阴阳则有时势、地势。势有常有变,"大丈夫"善于因势利导,静则随物之常容以建德,动则顺物之发展规律,动静相随,可建功立业。若如此,则离不开"中有心主"。所以,三是中有心主,乘物游心。《喻老》篇曰:"空窍者,神明之户牖也。耳目竭于声色,精神竭于外貌,故中无主。中无主,则祸福虽如丘山,无从识之。故曰'不出于户,可以知天下;不窥于牖,可以知天道'。此言神明之不离其实也。"前两者乃人心"缘道理以从事者"。孟子说过："心之官则思。""尽心，知性，知天；存心，养性，事天。"庄子则说过："安时而处顺。""乘物以游心。"他们讲的都是"中有心主"的意思，即人的主体性。韩子集孔、老、孟、庄等春秋战国时代的思想大家关于"心"的观念而成就自己的"心主"思想，其中既有其继承弘扬之功德，又有其发展创新之伟业，完成了战国末期华夏一统之思想理论的奠基！

简议韩子

韩子生在战国末期，中国大一统封建制国家已露出曙光，诸子百家学说已成统系。韩子以法家学说为宗，兼容并蓄，融合百家，提出以道为本、以德立国、封土建政、以法治国的方略，兹与儒家以道为本、以德治国、德主法辅、一统封建的方略适成补偏救弊、相反相成的格局。

在中国历史上，法家功绩虽然大成彰显，但是多遭非议，及至某些西化公知全盘否定中华文化，法家首当其冲。而在中国漫长的历史时期，曾有过若干次政权割据时期，平复分裂割据，恢复大一统格局，法家思想在其中都发挥了重大作用，所以法家作为中华道学大家庭中的重要成员，应该秉持改革与发展的方针，与同样迈向时代化的儒、道、墨、兵等相辅相成，使之适应当代形势发展的需求，为实现人类命运共同体的宏伟蓝图服务！

（五）兵家学说

孙武子（文中简称"孙子"）

孙子约生于公元前545年，约卒于公元前470年。字长卿，齐国乐安（今山东省北部）人，著名军事家、政治家，其著有巨作《孙子兵法》十三篇，为后世兵法家所推崇。

自20世纪初，世界经历了第一次世界大战、第二次世界大战、美苏冷战，直至今天，国际形势非常不稳定，局部冲突、战争时有发生，加之分裂、极端、恐怖三股势力作乱，局势更加不得安稳。在此背景之下，在中国拥有悠久历史的《孙子兵法》得以在世界范围广泛传播，甚至被西方许多国家作为军事教材，而《孙子兵法》是我们自家的宝藏，我们当然要继承之、发展之。笔者没有从军的经历，论《孙子兵法》只能是"纸上谈兵"，所以，此文仅就《孙子兵法》与"道体"的关系略叙一二。

第一，孙子与老子生活的时间有交集，老子著《道德经》，孙子应悉其详，《道德经·三十章》有言："以道佐人主者，不以兵强天下。其事好还。师之所处，荆棘生焉。大军之后，必有凶年。"《道德经·三十一章》又曰："夫佳兵者，不祥之器，物或恶之，故有道者不处。"受老子影响，《孙子兵法》云："兵者，国之大事，死生之地，存亡之道，不可不察也。"此乃对兵法之定位，为此，孙子提出了自己的思想主张。

第二，研读《孙子兵法》主旨有二：谋道与治术。谋道者，要在战略；治术者，重在战术。二者你中有我我中有你，浑然一体，是为"庙算"，即"运筹帷幄之中，决胜千里之外"。但《孙子兵法》不同于近两千年之后的意大利政治军事家马基雅维利，"马基亚维利在书中的阐述使政治的理论观点摆脱了道德，而把权力作为法的基础，从而将政治学的基础由道德转向了权力”(卡尔·马克思语)。这当然也包含了其军事理论。从当今现实来看,西方人从未改变这一军事思想。而我国古代的《孙子兵法》与之不同,不仅包含了道德,而且主张“以战去战,以德攻心”,显然把大道明德作为用兵之灵魂。孙子说:“凡用兵之法,全国为上,破国次之;全军为上,破军次之……是故百战百胜,非善之善者也;不战而屈人之兵,善之善者也。”“故上兵伐谋,其次伐交,其次伐兵,其下攻城。攻城之法,为不得已。”类似的说法还有很多,都强调兵凶战危,非不得已,决不为之。由此可见,《孙子兵法》以道为本、生命为上、生生为要的主旨。

第三,至于治术者,即战术考量,其概要指:“兵者,诡道也。故能而示之不能,用而示之不用,近而示之远,远而示之近。利而诱之,乱而取之,实而备之,强而避之,怒而挠之,卑而骄之,佚而劳之,亲而离之。攻其无备,出其不意。”计备而详,高明而不失精明,深邃而不失旷达,正复为奇,奇复为正,妙算无穷矣!概而言之,“故经之以五事,校之以计,而索其情:一曰道,二曰天,三曰地,四曰将,五曰法”。经之以五事,校之以计,而索其情,必要“知己知彼,百战不殆”方可:一曰道,应是师出有名,凝聚人心;二曰天,指天时;三曰地,指地利;四曰将,指将士智仁勇,即人和;五曰法,指用兵之理术。可见,《孙子兵法》形上本于道,形下不离道,用兵如神,张弛有度,体究践履于一也。

概而言之,《孙子兵法》治兵本于道,用兵不失德,兴战礼在先，强调以战去战，珍惜生命，是以不战而屈人之兵，故家有绝技不可泄露，有利器不可示于人，战略威慑是也！

简议孙子

《孙子兵法》创说于距今 2500 多年的春秋战国时代，至今仍被广泛传述，影响了整个世界的军事理论，其缘由就在于孙子将中国以道为本的传统思想精神贯通于自己的兵法之中，集道（天道、地道、人道统合庙算的治兵战略）、德（以战止战、以战去战的用兵方略）、仁（攻心为上、珍重生命、不战而屈人之兵的用兵精神）、义（上兵伐谋、其次伐交、其次伐兵、其下攻城的用兵之宜）、礼（先礼后兵、出师有名的用兵艺术）、智（知己知彼，百战不殆；排兵布阵，顺势而为；运筹帷幄，巧设计谋等）于一体。总括起来看，《孙子兵法》在世界军事思想史上独树一帜，远高于当时世界其他国家的军事理论，甚至比近两千年后意大利政治理论家马基雅维利的《君主论》中的军事理论要高明许多！中国传统兵法（自孙子以下还有孙膑、曹操、诸葛亮、李世民等诸多兵法家）的高明之处就在于处处彰显人文精神，充满了至善仁义、爱好和平、尊重生命的情愫，因此，中国传统兵法至今赢得了世界上一切爱好和平的人们的敬仰和钦佩！近百年以来，在中国人民反抗世界列强的战争和破解西方打压中国的斗争中，以《孙子兵法》为代表的中国传统兵法仍发挥着极其重大的作用。我们要在改革和发展中好好保护、珍惜这份宝贵的军事思想遗产！

结　语

笔者在本篇中列举了孔、孟、荀、老、庄、墨、韩、孙等诸位春秋战国时代具有代表性的思想、政治、军事大家的创说之本源，立学之宗旨，演变之趋向，从中探究与中华道学之生机关系，体悟中华道学大家庭之博大精深、勃勃生气，感悟中华宇宙观之高迈无比，中华文化之强韧雄浑，中华道学之至尊至善！当然，百家之中未胪列其中的还有邹衍、宋钘、伊尹、惠施、公孙龙、杨朱、管仲、李悝、商鞅、李斯、苏秦、张仪等，如果浏览一下他们的思想学说，不难发现皆为中华道学这棵参天大树上的艳丽花朵！

中华文化源远流长，《易·系辞传下》说："古者包羲氏之王天下也，仰则观象于天，俯则观法于地，观鸟兽之文与地之宜，近取诸身，远取诸物，于是始作八卦，以通神明之德，以类万物之情。"史称伏羲氏"一画开天，始作八卦"，这是中华民族以文化成天下之始，即大道化成天下之始。传说中国古代流传下来的两幅神秘图案，即《易·系辞传上》所说的"河出图，洛出书"。伏羲氏从中感悟宇宙星象之理，阴阳五行术数之源，遂始作八卦。有学者认为，此是传说，不是信史，但近年来出土的大量文物可证明此绝非伪史，凿凿可信，说明中华文化创生伊始就已相信宇宙是生命本体。

自伏羲氏以降，历经后人补充完善，经夏之《连山》、商之《归藏》,接续传承,有损有益,至西周遂成《易经》天道、地道、人道三位合一之道体,呈既可究天人之际又可通古今之变的宏大气象!春秋战国,诸子百家各悟大道之一隅而创自家之学,中华道学大家庭蔚为大观。秦汉一统,儒家包容汇通阴阳五行、黄老刑名、法、墨等诸家学说,内分六艺之学,成经今古文学,儒学尊崇;魏晋南北朝,玄儒释三学相互碰撞,“弼注《老子》,为之指略,致有理统”。竺道生也说:“彻悟实相,以理为宗。”理统、理宗二者是一个意思,都在指出儒家学说之本,从而将儒学建立在难以撼动的中华文化的正统地位上,此时的释学也攀儒附道,开始了中国化的进程。隋唐大一统,韩愈提出“道统”,中华文化统序更加强韧。经几百年之碰撞磨合,释学中国化业已完成,较彻底者有禅宗、净土宗等,其思想教义均融入中华道学大家庭中,而不合中国国情的法相宗、景教(基督教)则逐渐淡出。到了宋元明,儒道释三学合流成就中华道统,程朱理学、陆王心学、张载气学构成了宋元明道学的主流。至此,中华道学完成了“道体、理统、心本”的融圆神通,达到了当时世界思想学术的巅峰。明晚期至1840年鸦片战争前,经世致用风靡社会,汉学、宋学相互为用,亦呈合流之势,生态文明的中华道学与机械文明的西方哲学比翼齐飞,虽然从实质、格局、境界上中学远高西学,但是在物质层面上西学强于中学。新中国诞生后,中学逐渐复兴,但仍受西学打压。直到新时代,中华道学以其无所不包、无所不通、无所不融的精神走向世界。在可以预见的未来,笔者认为,基督教文明(以科学技术为核心的工业文明)、伊斯兰文明(亚欧两大洲的商贸纽带),甚至早已融入拉丁美洲文明中的印加玛雅文明,都会在中华道学大家庭中找到适合自己价值的位置。世界新文明的曙光已经出现在地平线上!

总之,中华道学是大全的、包容的,无所不通的。诸子百家以其悟道之一隅而成一家之言,也因大道相通而成文脉相通之大家庭:孔子感悟天地一体之仁;孟子以普遍之宜济之并发明善端之心;荀子以“礼即理也”行教化之功;老子以有体无,感悟天地自然之大真;庄子以万物各美其美感悟宇宙之大美;墨子生逢乱世,关心世上人生,主张兼爱、非攻,高扬大美;韩子隆礼尚法,提倡大一统封建制;孙子治兵以德,开先礼后兵之先河。此大善、大真、大美、大爱之大学问,分而论即百家,合且通即大道。笔者从中真切体悟到中华道学之博大精深且博大无界,精深无限耳!

我们的祖先留给我们如此丰厚瑰丽的文化遗产和数不清的生态文明成果,这些就是我们的根脉与灵魂,我们作为这些宝藏的继承者、受惠者,应继续让其发扬光大,丰富创新,造福人类社会!我们研读诸子百家及其后世学问,必要以道为本,像爱护自己的生命一样呵护它、捍卫它,决不可背道而驰,支离破碎,乱道毁道,或照搬西学之某一学派,编造“中面西魂”的所谓中国哲学(史)!笔者前述历史的真相是,诸子百家各自悟道之一隅而自成一家之言,也因悟道而相通互补,呈现中华文化生生不息之宏大气象！这符合笔者创说立论之初衷,即力求对中华文化从本原上做一番正本清源的工作,也是对学界某些误读误解中华文化之现象做一番拨乱反正的工作。只有这样,中华文化和中华文明才能站在世界文化史和文明史之中,共同走向光明的未来！

切磋商榷心得篇

再论中西马哲学

一

自19世纪40年代，西方列强依仗坚船利炮打开中国大门，自然科学、社会科学和哲学等西学便大量涌入。而伴随着鸦片战争、太平天国、洋务运动、戊戌变法、义和团运动的接连失利乃至失败，孙中山领导的辛亥革命的胜利果实被窃取，激发了20世纪初中国知识分子对整体中华文化的深刻反思及至走向全盘否定。当时，以胡适为代表的启蒙派学者提出"全盘西化"的路线。胡适提出了"多研究些问题，少谈些主义"的纲领，拟定了"研究问题，输入学理，整理国故，再造文明"的方法论原则。由此，他留下了两条影响中国学界百年的不成文的信条：一是中国传统文化已经死了,留下的不过是一些碎石乱瓦的“国故”;二是构建近现代中国哲学必须要运用西方哲学之范式和中国思想之史料。按照他的这两条,中国学人苦心孤诣地撰写了大量的中国哲学(史)、中国思想(通)史,但都缺少中国气派和中国风格,不成中国体统。

马克思列宁主义传入中国后,也经历了一个由“全盘西(俄)化”到中国化的过程,并在中国共产党的领导下,取得了民族独立和人民解放、建立新中国的历史性胜利!中国革命的胜利,马克思主义中国化的成功,使得马克思主义哲学占据了学界主导地位。但人们看到的是,对马克思主义哲学的研究不是如何使其进一步中国化,而是从“俄化”又走向了“西化”,在仍然没有中国哲学位置或在虚无了中国哲学的前提下,开展”中西哲学与马克思主义哲学交流”,提出“‘中西马’哲学会通”的所谓“逻辑”,即指“马克思主义中国化、中国传统哲学现代化和西方哲学处境化之间良性互动的辩证关系”。笔者认为,在中西马哲学会通的“三化”中,什么是西方哲学和马克思主义哲学,已经在学界耳熟能详,研究著作、文章汗牛充栋,现在的关键是中国哲学是什么?是国故、史料即僵尸、碎片,还是传承至今的、活生生的中华学问整体?

2015 年 5 月,齐鲁书社出版了笔者撰写的《中华道学论纲》一书。该书“通过详细阐述譬如‘中庸之道’‘天人合一’‘道法自然’‘有无之辨’以及其他‘心’‘性’‘理’等富含辩证圆融意味的中国古代哲学范畴,建立了一个比较明晰的中华道学思想体系”。笔者认为,该书是完整的中国自有哲学的论纲,即中华道学思想体系,是中华民族之民族精神的理论化。它有三个特质:一是生命本体的,天地人三才一体之仁;二是以道心为本、天理为统、人心为主(用);三是大化流行、生生不已,无容间息。所谓中国传统哲学(即中华道学)的“传统”,作为中华民族之民族精神的“外化”,不是按照西方人界定的已经成为“历史”了,而是“仍然活着”“继续活着”“永远活着”,将与中华民族共始终!因此,笔者认为,中华道学就是中国自己的哲学,它已经有了五千多年的成长发展史,是中华文化的核心!

中国亘古已然的自有哲学,当然会与世界其他哲学发生接触、碰撞,互相交流,互相影响。历史上,印度的佛教哲学、西方的基督教(唐代的景教)、中东阿拉伯的伊斯兰教都曾来到中国,但它们的命运是不同的:印佛哲学到了宋代就已经中国化了;景教未出唐代就消失了;宋明时期,伊斯兰教东来,与中华道学互相参照、借鉴、吸收,包容共生,也早已融化为中华文化的有机组成部分。如此看来,在长达五千多年的漫漫历史长河中,中华文明(中华道学是其核心)不断迎接外来文化的进入,也不断将自己的文化输出到世界各地。在这一来一往的过程中,世界上其他文明并未延续下来,唯独中华文明生生不息,越来越强韧,即使遭遇了西方近现代文明的强势侵入,也未能中断它不断发展壮大的态势,而是在与时俱进、与势俱变中改造自己,创新自己,复兴自己!

二

所谓“中西马”哲学会通逻辑的“三化”中，必须搞清楚中国传统哲学是什么样式的。如果连这个问题都没搞清楚，就讲“会通”，“会”在何处？“通”由何来？至于说金岳霖、冯友兰、贺麟、牟宗三等学者创造的中国传统哲学的新范畴，并借鉴了西方哲学的方法，建构了自己的哲学学说，在笔者看来，冯友兰的以西法为“正”为“主”，中“法”为“负”为“辅”的“学术发展的良性互动”，不正是胡适提出的“十六字方针”的运用吗？牟宗三说，西方哲学与中国（东方）哲学之会通，只有通过康德的现象和物自体这个架构才有可能，其他都是不相干的……其实，笔者认为，牟宗三并未搞清中国哲学之本，他创造的“心体”“性体”等范畴（笔者认为“心体”“性体”等范畴非牟所创，而是其师熊十力，只不过为牟所用），是用中国传统词汇填上西方哲学概念而已，用金岳霖的话说，是旧瓶装新酒而已，即中国传统哲学的旧瓶装上西方哲学的新酒。旧瓶空无生命，新酒新而强大，又何来中国传统哲学现代化?!

在新文化运动以后涌现出来的中国学者中，梁漱溟、马一浮、熊十力三位是被称为保守派的学者。他们勇于坚守中国传统文化，但是在当时启蒙派当道、西学炙手可热的大气候下，他们也不得不向西学做出妥协，吸纳一些西方的学理，以使自己的学说看上去能够跟上时代的脚步。

正因如此，他们的哲学思想染上了西学"分且隔"的色彩。比如，梁漱溟在他的《人心与人生》一书中，就运用西方哲学中的感觉、理智、理性等概念范畴，并且认为，在人的生命活动中还有"本能"存在，否定了人的生命的高度统一性，即高度统一的"人心"的存在，不经意间违背了自己的论学宗旨。当然，令笔者欣慰的是，熊十力的《新唯识论》试图在道德形而上学中开出知识论建构，以便移植西方现代文明，即科学与民主，但终因与其"体用不二""境不离心""天人不二"的哲学理念不合，遂知其不可为而不为之。虽然自认为留下了"量论未作"的遗憾，但是守住了自己的哲学良知！他的学生牟宗三则知其不可为而为之，试图通过康德现象和物自体这个架构会通中西方哲学，似乎成功了，却"自我坎陷"到西哲那边去了！当然，这既谈不上中国传统哲学现代化，也谈不上西方哲学处境化！

马克思主义中国化问题已经不是问题了。如果回顾一下中国共产党发展史，可以清楚地看到，马克思主义在中国的命运就是经历了一个由本本主义向本土化的转变过程，马克思主义哲学也在这个过程中走上了中国化的道路，开辟这条道路的是以毛泽东为代表的中国共产党人。100 多年来，马克思主义中国化的进程从未停止过，这是因为马克思主义哲学原理是最贴近中国传统哲学的，其辩证唯物主义和历史唯物主义与中国生命整体辩证思想多有契合。毛泽东把马克思主义看作是中国革命的"望远镜"和"显微镜"，因为它有大用；中国共产党从建党之初就把马克思主义作为党的指导思想，并一直延续到今天。因为百年历史证明，除了其他主要原因外，中国革命和建设的成功也是马克思主义中国化的成功！毛泽东思想、邓小平理论、“三个代表”重要思想、科学发展观和习近平新时代中国特色社会主义思想，就是马克思主义中国化的重大成果，是中国化的马克思主义！

三

这里笔者思考一个问题，“中西马”哲学会通的逻辑成立吗？“中西马”哲学的辩证统一在于“三化”吗？笔者认为值得商榷！如前述，马克思主义中国化已经成功且硕果累累；而中国传统哲学现代化，这个“中国传统哲学”是个什么样子？学界至今未有统一答案，“现代化”所指为何？何为参照？学界也未说明。西方哲学处境化，在中国就应是中国化，而非其他处境化，但笔者看到的“处境化”是只借国故以充塞西哲之理，而未见西哲之脱胎以为中用。可见“三化”之间存在很大的时空偏差和难以自圆其说的逻辑悖论。那么，如何辩证统一？以笔者之见，“中西马”哲学的辩证统一在于确立中国哲学（即中华道学，下同——笔者注）的主体地位，并以此为基础开出马克思主义哲学和西方哲学的中国化。笔者在此提出四点看法：

第一，在“中西马”哲学的交流会通中，三者并非平起平坐的哲学流派，而是体与用的关系，即中国哲学是本体、主体,西马哲学是工具、客体,如何将西马哲学由工具、客体转化为中国哲学之本体,以为中国人所用,就需要西马哲学的中国化。这是一个历史实践的过程,从而逐渐实现中国传统哲学自身的创造性转化和创新性发展。笔者的认识是以在世界多元哲学思想中,只有中国哲学和西方哲学(从原初形态看,马克思主义哲学应是西方哲学的组成部分)是两大原创性哲学作为基础和前提的。中国哲学是宇宙生命本体论的,有心统摄“合且通”;西方哲学是机械整体论的,无心统摄“分且隔”。近百年来,马克思主义中国化最为成功,无论是作为“望远镜”和“显微镜”,还是作为党的指导思想,已经硕果累累,而西方哲学的中国化仍步履维艰,这是值得深思的!

第二,马克思主义中国化之所以成功,是因为以毛泽东为代表的中国共产党人立足于中国国情、中国历史、中国革命实际,深深扎根于中国人民大众之中,坚守文化自信从不动摇,把马克思主义科学原理与中国革命实际相结合。但西方哲学中国化(或曰处境化)就没有这么幸运了。在学界,治西方哲学(史)的学者不在少数,在如何使之“处境化”时也提出很多想法,如“学理+国故”“中国文化早熟论”“自我坎陷说”“儒学宗教论”“西体中用说”“马魂、中体、西用说”“哲学对话说”“基因重组论”等,还有“用中国人的眼光解读西方哲学”,可说是多种多样。但这些说法有一个共同点:只见西学之理,不识中学之体!西学流派众多,中国学者各执一派,挑选国故之碎片,打造中国近现代哲学，于是便完成了西方哲学的处境化，但笔者看到的是“西方学理之支离+中国史料之碎片”的拼装。

第三，中国哲学尚不尽了了，再谈世界哲学，如何谈？一句“‘三化’与世界哲学发展融通之间，是特殊与普遍的辩证关系”就可以解决了吗？笔者认为，并不存在一个超然各国哲学之上的“世界哲学”。若说有，那么只有在生命本体论宇宙观与机械整体论世界观两者居其一，当今世界上任何一种哲学思想都或偏向前者或偏向后者，中国哲学属于前者，西方哲学属于后者。作为世界哲学，是这两种哲学观的有机统一，即“体用不二”的本体论、“翕辟成变”的宇宙观、“境不离心”的认识论和“天人合一”的人生观（借用熊十力的说法）。其中，中国哲学为“体”，即人本精神，西方哲学扮演着工具理性（“用”）的角色（经过人本伦理的改造）。笔者认为，马克思预言的“必然会出现这样的时代……那时，哲学不再是同其他各特定体系相对的特定体系，而变成面对世界的一般哲学，变成当代世界的哲学”这句话也应做如此解。

第四，笔者不赞成谈哲学或曰“大哲学”就一定要撇开中国哲学而在西方哲学中绕来绕去，甚至从古希腊哲学说起。笔者赞成中国学者研究西方哲学，从古希腊到中世纪，再到近代、现代、当代，研究得越深越细越好，甚至超过西方人更好，但最好不要漠视中国哲学。如果是一个中国学者，内在的中国文化作为生命之根与魂是不可能分割掉的，中华文明生生不息的传承发展从未中断，决不要做“抛却自家无尽藏，沿门持钵效贫儿”的事来。哲学离不开科学技术，这正是西方哲学的立学之本。源于西方的科学技术并由此发生的工业革命当然给人类带来了巨大福祉，同时也给人类生存的星球带来了巨大的戕害，而且这种戕害越来越严重！人类呼唤哲学的介入，对科学的发展指明方向，而这件事只有中国哲学能够办到、办好！笔者认为，西方文明（哲学是其核心）难当此重任，只有以道为本的中华文明才能引领人类走向更高的生态文明，这已是当今世界哲学界和科学界的普遍共识！

（写于2021年7月25日）

生生不息的文明与生死有隔的文明

世界上有两大原创型文化，即中华文化与西方文化，它们分别代表着中华生态文明与西方机械文明。中华文化崇尚关系本位、生命本体，西方文化主张实体本位、机械整体。

一、生生不息的中华文明

世界上为什么只有中华文明能够绵延五千多年而从未中断，并继续生生不息，笔者认为原因有三：

第一，中华文明从迈入文明门槛的第一步开始，就是以家庭为本位、农工商牧渔诸业协调发展、天文历算理工农医诸术不断创新的生态文明。这一生态文明在东亚大陆上扎根并逐渐向外扩展，创生了至今仍然朝气勃勃的生态文明圈。创造这一伟大生态文明的是伟大的中华民族，历史上，这个民族发祥于炎黄氏族部落联盟，随后又经历了尧舜禹部落联盟—夏商周创生的华夏族—秦汉唐宋形成发展的汉民族—明清时代的中华民族等阶段。

第二，中华民族是地球上最早且唯一一个悟道得道的民族，并以道为本创造了生命本体宇宙观，由此生发出儒、道、墨、法、兵、阴阳五行、名、纵横等诸子百家之学。它们因悟道之一隅而有别，因大道生生而相通，故有以儒为宗、诸子百家互补互济，补偏救弊、翕辟生变、生生不息的大文化气象。中华道统历经三皇时期的中华道学—夏商西周三世的中华道学—春秋战国时代的中华道学—秦汉时代的中华道学—三国两晋南北朝时代的中华道学—隋唐五代时代的中华道学—宋元明时代的中华道学—清代的中华道学—民国时代的中华道学……

第三，中华民族过着以道为本的生活样式，其制度的创生具有自然内生的特质，即以情为本（道由情生）、关系本位、有心统摄、"合且通"的国家形制与政治体制。五千多年前，炎黄联盟经过千年的演化，发展至夏商周的华夏一统，吸纳周边的部落、方国、族群，总是先要辨风察俗，再入乡随俗，最后移风易俗，合为一体。中国传统的国家形制是大一统封建制和与势俱变的治理方略的结合，如氏族一统封建制+部族首领禅让制—宗法一统封建制+世卿世禄分封制—郡县一统封建制+中央集权制……

归纳上述三条，笔者认为，由远古多元共生的高级元文明(炎黄部落联盟),经过华夏生态文明,发展到中华民族今天的原创型生态文明,其族统、道统、治统三位一体。三者的关系是:族统不亡,道统、治统永生;道统不断,族统、治统永续;治统不衰,族统、道统长存。这三者是一个完整的有机整体,一存俱存,一损俱损,一亡俱亡。如果承认这一点,那么伟大的中华民族历经亘古未有之变局和百多年的磨难,终得凤凰涅槃、浴火重生,如今正昂首阔步,走在中国特色社会主义的康庄大道上!

二、生死有隔的西方文明

西方文明源于古希腊时代,先后经过古希腊、古罗马的奴隶制社会、中世纪的封建领主社会、近现代资本主义社会三种阶级对立的社会。它们是一个社会形态消亡了,另一个社会形态取而代之,其社会变革的根源在于生产工具的革命带来的生产方式的改变,生产方式构成的经济基础改变了,就会推动政治的和法律的上层建筑及其意识形态发生变革。正因为如此,西方社会历史的发展呈现出突变性的、否定之否定的阶段性态势。与中华文化一样,西方文化也是原创型文化。前面笔者粗略地论述了中华原创型文化的主要特征,那么,西方原创型文化又有哪些特征呢?

第一,生活在西方世界的人们,历史学家和民族学家称其为西方民族,但这种称谓只是统称。他们是居住在乌拉尔山脉以西的那片土地上的众多民族的统称。但从历史学和现代地缘政治学的角度，人们往往把除俄罗斯民族以外的其他欧洲民族称之为西方民族，包括西欧、北欧、南欧、中欧等众多民族，如安格鲁-撒克逊、法兰西、日耳曼、斯拉夫、玛尔扎、罗马尼亚、意大利、希腊、马耳他、拉丁(西班牙、葡萄牙、安道尔)等。自古希腊、古罗马时代伊始，经中世纪封建时代，以至近现代资本主义时代，西方世界的宗教战争、民族斗争、大国的侵略和支配，屡屡见诸历史，曾出现过频繁的分裂、重组、合并、再分化、再重组……疆域屡经变动，基本未形成一个统一的大民族、统一的国家，甚至组成联邦都困难重重。这就与中国很早就创生了一个华夏族并在此基础上创生了一体多元、血脉相连的中华民族不同。中华民族拥有自己生生不息的族统，而西方民族没有！

说到此，不能不提到语言文字的作用。世界上所有的语言文字都是人类思想的外化和物质载体，中国的汉语言文字和西方的拼音文字也是如此。所不同的是，中国的汉语言文字承载的是中华民族之民族精神。中国先民创造的方块字，从表形、表象、表意、形声到转注、会意，随着民族的发展壮大而不断扩展、繁荣，成为五千多年中华民族精神交流、心灵会通不可替代的根基，也是大一统民族国家愈发稳固的强大纽带。而西方的拼音文字则是他们表达思想的工具，正因此，历史上发生在西方的语言文字变化与其民族国家频繁的分裂、重组、合并、再分化同步，十分频繁,每一个民族国家都可以根据自己的语言语音,利用现有的字母、词根、结构,制造出自己国家的语言,这无疑强固了民族国家的独立性和趋异性。

第二,虽然西方民族是众多民族的统称,但是西方文化是自成一体的。笔者认为,从哲学上论,古希腊的本原论哲学、中世纪的宗教哲学、近代的认识论哲学和现代哲学,也是遵循着否定之否定的规律。虽然各个时代的哲学理念有别,但其思维方式、方法是一以贯之的,即以实体为本位的分析方法,笔者界定其为"分且隔"的思维定势。无论是以思想实体(Being)出发形成的唯心主义阵营(客观唯心主义和主观唯心主义),还是以物质实体(Ontology)为立足点的唯物主义阵营,都是建立在逻辑实证主义或逻辑分析主义思维方式上的,即使是现代人本主义哲学、科学哲学、宗教哲学,亦是如此。

像西方民族国家众多一样,西方的哲学流派也非常庞杂,有理性主义、经验主义、可知论、不可知论、逻辑实证主义、实用主义、存在主义、科学主义、人本主义、新宗教主义、现象主义、生命哲学等,还有以哲学家、城市命名的哲学流派。这些哲学流派虽有交流、互鉴,或批判、争论,但它们之间只有外在的关联,没有内在的灵魂相通。哲学是"爱知"之学,是西方众多哲学流派的统称。可以说,除了逻辑(形式逻辑、科学逻辑和辩证逻辑)可资借鉴外,他们研究的内容非过即亡,成为历史陈迹。笔者认为,中国学问是以道为本的大家庭,文脉相通,既有以儒家为宗的正统,又有生生不息的道统,可容能融,长生常新,西方哲学则无!

第三,当刚刚割断了氏族血缘纽带的希腊人孤零零地面对自然界、面对爱琴海上一个个孤立的小岛、面对纷杂的社会、面对世界众多民族时,他们看到的是一个个孤独的自然现象、物质实体。作为公民个体、城邦国家的一员,他们在意的是自己的权利、公民的权利、城邦的法律,即使众多的城邦结为联邦,也是以法律为纽带。到了中世纪封建领主的领地、采邑,也都是以法律为依据的。14 世纪左右,随着意大利文艺复兴的发起,西方社会挣脱了中世纪教会的精神统治,进入了近代民族国家时期,但历史流传下来的传统并未改变,一种反映他们实体本位意识形态的观念如自由、民主、人权、博爱写入了宪法,这是他们受尽了中世纪封建专制统治后的一种精神解脱!但是,资本鼓吹的抽象观念仍旧掩盖不住阶级矛盾、社会矛盾、民族矛盾、宗教矛盾的尖锐存在。发自古希腊的自由与奴役、民主与专制、人权与压迫、博爱与仇恨仍在延续,只是转变为新时代资本争取利润最大化的两面手法。随后发生的资本对外扩张、殖民统治的残暴、争夺殖民地的战争及至两次世界大战的爆发,彻底撕去了自由、民主、人权、博爱的外衣,露出了赤裸裸的专制、奴役、杀戮的狰狞面目!

笔者从整个西方社会历史发展脉络中看到,其观念形态的否定之否定规律也是历史发展的规律:氏族社会消亡了，代之而起的是奴隶与奴隶主两大阶级的对立；奴隶社会消亡了，是中世纪封建领主与农奴两大阶级的对立；封建社会消亡了，是近现代资本主义社会资本家与工人两大阶级的对立。为了使压迫剥削奴隶、农奴、工人正当合理合法，奴隶主、领主、资本家创建了国家，设计了制度和法律：民主与专制运用于统治阶级的股掌之中，法理是解释其合理性的工具。这与我们中国大相径庭，中国由家庭而内生演进为国家，不是为阶级压迫而设计，而是以民为本、以情为依据的历史过程，正如孔子所说："夫礼者，先王以承天之道，以治人之情。"所以，历史上中国人治国理政本于天道，行之人道（道由情生），虽施政之方策与时俱进、与势俱变，但大一统封建制国家形制和民本官用之方略一以贯之，此为治统。反观西方社会历史，小国寡民，治乱无常，生死相隔，并无治统可言！

三、几点看法

一是与中国历史比较，西方历史既无族统，又无道统，也无治统，因此从来不是三位一体的生态文明，而是一种机械性的僵化文明。

二是西方人主张的主客两分、灵肉两分、天人两分的观念，让他们认为面对的是没有灵魂的世界，思想要为尘世立法，探索现象世界的本质，留下的是只具有相对真理价值的自然科学知识体系和社会科学知识体系，是系统的死知识，但经过伦理改造，可以成为人类文明发展可资利用的工具。

三是中华文明从来就是族统、道统、治统三位一体的生态文明，它不断与时俱进、与势俱变，永远是人类生生不息的现实生活，其精髓中华道学在转变与发展中与民族精神命脉共生共存。

四是中国学人应该好好研究、创新、传承、发展中华文化、中华文明，不要钻进西方哲学文化的古堡中津津乐道，“言必称希腊”“学必论西哲”“行必走西化”，而置自己鲜活的民族文化于不顾，成为西方僵死文明的奴仆。这是没有出路的！

五是科学技术（形式逻辑、科学理性、辩证逻辑）是建设中国特色社会主义强国的有用工具，中国人不仅要学习、转化、创造、利用它，而且要发挥中华民族创造性发明的特长，使科学技术在中国人手上发扬光大，让中国成为世界科创强国！

（写于2021年8月14日）

当代中国的创造性发明得益于对世界新科学技术的经验感悟

笔者曾经说过，世界上有两种发明，即中国人擅长的创造性发明和西方人擅长的发现性发明。前者曾在前近代的约15个世纪创造发明了那个时代全世界95%左右的生活经验技能技术和生活器物，推动了世界文明的发展繁荣；后者则在近代500多年来，在引进以中国经验技术技能为主的世界各国生活经验常识的基础上，以其逻辑思维和实证方法，发现发明了近现代科学技术并完成了工业革命。人们看到，近现代以来，世界上的科学发现和技术发明绝大多数是西方人发现的。这给人一种西方人才是世界文明的推动者的错觉，实际上，世界文明的发展是全人类共同努力奋斗的结果，是人类智慧的结晶。其中，在不同时期，中西方两大文明分别做出了原创性贡献和主动轮的推动作用。

人类进入21世纪以来，中国在科学技术领域开始了飞速发展，这得益于两个方面的有机结合：近百年来中国人学习西方的科学技术，掌握了其发现发明的真谛，同时获得独立和解放的中国人民再次迸发了创造发明的伟力，二者的结合共同推动了中国当代科学技术特别是高科技的快速持续发展。而且，当西方科学理性的局限性越来越陷入困境之时，中国的创造性想象力发挥了无限的生机和活力，以西方人难以置信的发展展现在世人面前。发生在中国的这一“发现+创造”的宏大历史现象，西方人看在眼里，疑在心里，不知所以。今日，笔者在美国《赫芬顿邮报》上看到一篇文章，其中有一段很有意思，摘录如下：“中国高速铁路之所以能够后来居上，仅用5年时间便完成了发达国家使用30年才走完的高铁研发之路，主要就是利用后发优势，通过引进、消化和吸收最新技术，再融合、创新出一套新的系统。包括法国的阿尔斯通、日本的川崎重工、加拿大的庞巴迪、德国的西门子等世界最先进的高速铁路技术，都成了中国引进消化、吸收和再创新的对象，因此中国高铁技术不仅是世界的集大成，也是大一统的产物，更是智慧的结晶。中国不仅付了高昂的知识版权费，还做出加倍努力研发才有今天成就的，它不仅已转化为中国的软实力，还具备了中国制造的特点，就是达到价廉物美的境界，因此才能具备技术再出口的条件，让世界对中国出口的高铁刮目相看。”

当今有些国人总是说，我们发明了什么？看看当今我们使用的几乎一切，还不都是西方人发明的吗？其实，这些人忘记了历史，忘记了中华民族曾经做出的伟大贡献！有些人更是叫嚣，西方人的发明如此之多，是其制度优势使然。他们认为中国只有学习西方的制度，才能有西方社会那样的文明。但事实证明，他们是睁着眼睛说瞎话。当今世界上有多少国家学习、模仿西方的所谓多党民主制度，却仍然落后、贫穷、挨打、受欺。这些人昧着良心、良知，既不正视也不承认，中国在世界的崛起正是得益于中国具有独特优势的制度使然，中国人走的是中国特色社会主义道路，才有了今天世界各国有目共睹的斐然成就。就连有良知的西方人都表示赞叹，因为只有中国的制度优势才激发了中国人民大众的创造精神和善于创新源自西方的科学方法的巨大潜能。事实是，世界文明的发展越来越成为一个整体。当年西方人搞启蒙运动、工业革命，没有离开中国人的创造发明；今天，中国的发展、民族的复兴离不开世界其他文明的优秀成果也是理所当然。况且，今后世界文明发展繁荣的主动轮正转向中国，这也是历史的必然！

（写于 2021 年 8 月 19 日）

中西发明方法论考(提纲)

笔者曾经说过,作为世界上仅有的两大原创型文明,中华文明与西方文明在构建自身文明生活方式上,各自走向了不同的发明方法:前者擅长创造性发明,后者优于发现性发明。所谓“擅长”“优于”并非唯一,而是二者兼而有之,各取其长而已!

一、何谓创造发明,何谓发现发明?

其一,什么是发明?

笔者理解(下同),人类在与自然、社会、异质文化的互动中产生的新经验、新知识、新技术、新方法。

其二,什么是创造?

人类在不断积累生产、生活经验的基础上,感悟新想法、新方法，制造出前人没有制造过的、自然中原本并不存在的生活器物、生产技术技能等。

其三，什么是发现？

人类运用新经验、新认识、新思维、新方法，探索出自然现象的内在本质及其因果规律性的知识。

其四，何谓创造性发明？何谓发现性发明？

“无中生有”的发明是创造性发明，如中国古代的四大发明。这个“无”说的是人的精神活动“悟”，“有”是人的创造结果，不是自然界本已存在的东西。

由有生有的发明，如牛顿三大定律、爱因斯坦相对论、科学定律、公式、公理等。“有”是自然界之现象、物，本已有之，那些定律、规律、公式、公理是隐藏在事物现象内部或后面的东西，是人们通过观察、猜想、设想、实证发现的，犹如考古发现。

其五，从人类文明的全部历史看，中国多创造性发明，西方多发现性发明。

二、两种发明各自的特点

其一，发明的动力不同。

创造性发明的推动力是人的生活生产本身的需要，而发现性发明的推动力是生产工具革命的需要。

创造性发明与社会生产力发展水平的关系不大，发现性发明与社会生产力发展水平直接相关。

创造性发明具有横向平面性无限拓展的经验理性合一(会众合一)的特点,发现性发明具有横向经验、纵向理性两分的线性特点。

其二,发明活动的出发点与归宿点不同。

创造性发明的前提是生命观照,出发点是满足人的生存与发展的需要;发现性发明的前提是实体现象,是改造征服自然界、社会等客体的需要。

创造性发明的归宿点是人类生活质量的提升,发现性发明的归宿点是寻找人的精神家园即世界的本原。

创造性发明追求人的至真至善至美三合一的崇高价值,发现性发明则是追求所谓永恒的终极真理。

其三,两种发明活动的精神活动方式有别。

创造性发明主要是一种创造的想象力的活动,发现性发明则主要是一种联想性的活动。

创造性发明的精神活动方式是以“悟”为本、“悟、思、虑、行”有机合一的生机整体辩证过程,发现性发明则是以因果逻辑为主、感性—知性—理性辩证统一的思维过程。

创造性发明是主客合一、知情意整体参化的过程,发现性发明则是主客分立、分析—实证—综合的逻辑思维过程。

在教育方法方面,中国主张有教无类、因材施教、点播启发、温故知新、学思并用、循序渐进、教学相长、由博返约、言传身教、长善救失、实事求是、真善合一的个性培养,培养的目标是学会做人、会做学问、独立办事的能力;西方则是规范化、标准化、批量化、实验性的一般性培养，培养的人才要善于质疑、勤于交流、独立思考。

中国的汉语言文字有利于创造性发明，西方的拼音文字有利于发现性发明。

创造性发明具有灵感性、唯一性、艺术性、独创性，因而无规律可循；发现性发明具有重复性、模式性、线性、系统性，因而有规律可循。

三、两种发明的未来前景

世界文明发展至今，创造性发明与发现性发明正在走向综合，已经接受和吸纳了西方科学理性和方法的中国人将承担"创造—发现"的天职。因为中国人早已学习、掌握了西方的科学发现方法的真髓，但西方人难以理解中国人以"悟"为本的创造智慧。因为西方哲学不承认"无"的存在的合理性，认为"无"就是错误，是荒唐的，所以他们认为中国人的精神活动具有神秘性，他们在面对中国人无比强大的创造能力和创新成果时，总是感到莫名其妙，难以理解。

当然，西方人在科学的探索中也是需要创造性想象力的，在出现科学或哲学的逻辑悖论时，他们需要一种"构架"的想象，也就是需要猜想，找出新方法，发现新理论、新规律，这是中国人应该努力训练的。因此，献身于科学事业的中国人，应该熟练掌握自己的母语，参透其精髓，也应该掌握好英语（或法语、德语、西班牙语等），认识其对科学发现的重要性。

今天,西方的发现发明的局限性已经显现,创造发明的无限性已经将其500多年发现的科学技术成果纳入自己的精神活动的范畴,而中国人的创造发明优势正在凸显,不久的将来,世界新的发明高潮必将由中国人引领!

(写于2021年8月24日)

“道”与中华民族的处事方式

一

中国人和西方人都认为，天地万物无不相互关联，但处事方式为何有差异？就在于中国人以关系为原则，或曰“关系本位”。这个关系非西方人所说的实体之间的关系，即“关系外在”，而是“关系内在”，或曰“生机关系”。西方人所说的社会“实体”，在中国人看来就是“角色”，譬如家庭的角色、社会的角色、政治的角色。实体关系遵循同一律，实体的名称是不变的；而角色关系遵循矛盾律，其名分随时空变化是可以转换的。中国人重名分伦理，其处事方式是以关系本位为原则。

如权利与义务的关系，有人说中国人不重视权利，只重视义务，是义务型社会，认为西方社会重视人权，是权利型社会。此说大谬不然！以关系本位言之，权利与义务，不存在孰轻孰重的问题。谈权利，义务已在其中；讲义务，权利亦在其中。这是你中有我、我中有你的生机关系。例如，父与子，儒家讲父慈子孝，“慈与孝”讲的都是义务，但是在现实家庭生活中，父亲与儿子不也同时享受到应有的权利了吗？父亲拥有决定家庭重要事务的权利和抚育子女的义务，子女则有听从父母指导、教育的义务，同时享受了快乐成长、接受教育培养的权利；反之，父母老了，丧失了生活能力，则有接受子女赡养的权利，子女则有赡养父母的义务。在中国，无论是在传统社会还是现代社会，都是如此。在传统社会的“国”，讲“君礼臣忠”。所谓“君礼”，就是国君有制定国策、管理国家、以礼使臣的权利；臣有尽忠效力、勤政为民、报效国家的义务。但礼有内外，内则以修德，外则以明法，故国君行礼，必要同时修身以养德，尽奉公守法、以身作则的义务；忠亦有内外，外则有享受俸禄、秉公执法、事功升擢、致仕养老等权利。这里仅举上述两例说明。另外还有夫妻、朋友、师生、同乡、官民等关系，都是你中有我、我中有你的伦理关系，而有相应的伦理规范。

二

上文讲的是“关系本位”。事实上，“关系本位”即“生机整体”。以生命本体宇宙观来看，没有脱离整体生命而存在的个体或实体，所谓个体、局部、部分都要服从和服务于整体的生机活动，而生机整体的活动正是建立在个体、局部、部分的和谐平衡、全面协调的运行中。笔者认为，中国自古就是一个生态型社会，“整体至上”是中华民族处理个人与家庭、个体与集体、个体与社会、个体与国家关系的基本原则之一。正如一个生物体，正常情况下，从每一个细胞到各个组织、器官、系统，各司其职，相互协同，保持整个生命体的健康活动，但当某一个器官或组织受到伤害时，整个生命体的各组成部分就要齐心协力，帮助它修复创伤或病痛直到恢复健康，使整个生命体重新活跃起来。

马克思、恩格斯在《共产党宣言》中说过：“代替那存在着阶级和阶级对立的资产阶级旧社会的，将是这样一个联合体，在那里，每个人的自由发展是一切人的自由发展的条件。”显然，世人在运用这句话的时候，忽略了马克思、恩格斯是针对当时西方社会的现状和未来发展前景的表述，对于从来就不具备西方在社会分工基础上形成的阶级和阶级对立的中国社会，则应做如下表述：“现阶段，整个国家的全面、协调、可持续发展是每一个民族、每一个家庭、每一个人全面而自由发展的前提和条件，从而为实现共产主义世界创造条件。”这样的表述既符合中华民族“整体至上”的原则，也符合追求国家兴盛、民族振兴的“中国梦”的奋斗目标，同时体现了构建人类命运共同体的深刻内涵。

在“整体至上”的原则下，社会和谐既高于社会公正，也包含社会公正。和谐是生命整体的内部存在、运行状态，着眼于各方面关系并使之在利弊得失或是非曲直的权衡中达到社会的公平正义。公正是对个体存在状态的比较和判断，单纯强调个人权利而追求社会公正，就会损害整体的和谐。西方人主张以公正求和谐，把个人的自由、人权放在集体、国家利益之上，遵循的是个体本位原则，是以牺牲社会和谐为代价的，结果造成了政党恶斗、族群撕裂，即使暂时达成和解，也是外在的机械性平衡。中国人崇尚整体和谐状态下的社会公正，实质上追求的是社会普遍公正下的个人自由、人权，如中国已经完成的全面建成小康社会和正在实行的全面建设社会主义现代化国家的新征程，就是中国的人权观的重要表征。

这里绝非像有些人说的，是中西方人格成长程度孰高孰低的问题，而是几千年来形成的生活方式和价值观念的不同。中国人讲“智”为是非之心，说的就是公正；“义”为羞恶之心，说的也是公正；“礼”为辞让之心，说的还是公正。但其核心是“仁”，即宇宙万物一体之仁，讲的就是普遍和谐，这是最大的公正！是西方国家建立在个人本位基础上的“公正”和多党民主制度下的“平衡”所不可比拟的！

三

“中庸之道”，儒家界定为“过犹不及”，孔子曰：“中庸之为德也，其至矣乎！”儒家的中庸讲的是自然、家庭、社会、国家的生命辩证法，因此也是中华民族的处事原则之一。它有以下四层意思：

（1）中庸之道是在事物内部的有机关系中保持动态的平衡与和谐的原则。在中国人的观念中，任何事物都是其各种关系的存在。老子说："道生一，一生二，二生三，三生万物。"这"一"即太极，"二"即阴阳，阴阳和合而生万物。故于事上言之，皆有是非、曲直、真假、美丑、善恶、利弊等；言于物，则有动静、刚柔、有无、冷热、质量等。从宇宙生命本体言之，前述各范畴浑然一体，交互为用，使天地万物成一和而不同、生生不息之和谐性状。古代圣贤体悟天地自然、人生世事之变化而提出中庸之道，并推己及人、论事理物、保合大和、协和万邦，实是用中惠生、以德保民之道！处理人世间的事务，世人最忌走极端，采取非此即彼的对立方式，所以中庸之道也可称为会通之道。

（2）中庸之道是追求事物内部生命整体的动态平衡与和谐发展的原则。所以，中华民族研究和处理任何事情都首先重视"整体至上"的原则或大道理。在此原则下，高屋建瓴，统筹兼顾，总体推进，兼顾局部，辨证处理，而单纯就具事论具事、就个案论个案的方式方法是不可取的，因为这样做不符合关系本位、会通两端而道中庸的原则。纵观中华民族五千多年的文明历史，和多战少、治长乱短、大一统成为主流，这与体悟中庸之道以修身、齐家、治国、平天下息息相关。与西方文明以个体自由、多党民主为制度原则，经常陷于阶级斗争、社会革命、专制独裁的崇力之法、强权之术、霸凌之势、死亡之道不同，中华文明崇尚的中庸之道是和合之道、生活之道、自强之道、生生之道，它是刚中有柔、柔中有刚、刚柔相济的宇宙之道、自然之道、天地之道、永生之道！

(3)笔者认为，宇宙是生命本体，故中庸之道具有普遍价值。它是宇宙万物“如来—如此—如往”活动之内在根源，其本质是实践性的。如何行中庸之道？它不是僵化、固化之道，是因人、因事、因时、因地而有不同的感悟，是对“有中之无”的细思明辨。正因其“可悟不可感”，因此孔子称其为“至德”，即“至善之德”，所以行中庸之道要用心，做到体究践履、实地用功。此心非他，即祛除私欲之人心，达到性情一统，随处可见人欲，随处可见天理，此合天理之人欲情态即合用中之道。古人所谓“惟精惟一，允执厥中”，就是治人事、家事、国事、天下事之奥妙所在！

(4)中庸之道既非调和主义，也非折中主义，不可与二者混为一谈。调和主义、折中主义都是西方哲学用语，为近世之舶来品，与中庸之道不可比附、混用。调和主义乃取实体本位而提出，用在思想观点上则是牺牲原则，以妥协退让而达成不同立场、观点的和解；而折中主义以机械整体世界观为原则，把互相对立的思想观点拼凑整合在一起，像两部机器拆开以后再重新组合在一起，貌似新观点，实则无进步。中庸之道是以生命整体的和谐、发展为原则，其有心统摄、“合且通”的本质是不会改变的，以无原则或丧失原则去寻求妥协、退让绝无可能，而调和主义、折中主义遵循的是无心统摄、“分且隔”的思想路线。此“心”即原则,“合且通”即相互尊重、平等相待、合作共赢;反之,“分且隔”即无原则地在强权或虚伪、霸凌或欺骗、机谋或说谎、自由与独裁、民主与专制中搞双重标准、实用主义,这是二者的根本区别!

(写于 2021 年 10 月 15 日)

“道”与中华民族之生活方式

序

就地球上居住的人类来说，地球不过是无限宇宙中的一个点，人是地球自然生生不息的最高智慧成果。可以这样说，在地球人类并未发现宇宙还存在着另一个类地球存在的前提下，宇宙无限统一的生生活动创生了地球，而地球生生不息的活动创生了人，那么，地球人就是无限宇宙生生不息的最高成果。此外，一部分地球人凭借其智慧及发明的各种工具对无限宇宙的探索已经有三千年的历史，成果最为丰硕的是近五百年，更是上天入地、拜星河、察黑洞，提出大爆炸、超弦、多层宇宙论说等，若干理论结出了具体成果，成了科学知识体系，但有些成了无法结果的猜想，因为这些猜想总是难以自圆其说，在无限宇宙面前败下阵来,陷入了一个无法解释的悖论:以有限的手段和方法是不可能为无限宇宙找到可以理解的本原的,有限是无限中的有限。另有一部分地球人,从其诞生的那时起,长期定居在一个相对稳定的区域,祖祖辈辈生息繁衍,大自然就是他们的家园,其他民族、种族是他们的邻居。他们“仰则观象于天,俯则观法于地,观鸟兽之文与地之宜,近取诸身,远取诸物”,始悟天地生生、万物化生之宇宙气象。后世学者名之曰“道”,感悟天地人三位一体之理,并顺其自然地创生了自己的生活方式。

一

老子《道德经》中有言:“人法地,地法天,天法道,道法自然。”这里的“法”,笔者认为有二意:一为效法、循法,此乃前者对后者言之;二是章法、法则、规则,是后者对前者言之。二意非二,实则为一。法之最高者为“自然”,此乃天地万物存在性状总和之谓,既指亦非指日月星空、山河湖海、鸟兽鱼虫、花草树木等个体事物,有自然而然,从来而然,当下而然,由去而然,实为自然生生之过程,非为某外力所为之意,“自然”实为可感悟之宇宙生命活动!

老子说“道法自然”,当然是说给人听的,其前提是中国人已然悟道、得道。老子是要告诫人们,创造历史的实践活动应以道为本,尊重自然。“自然与道”,并非自然与道两分，而是“一”，故“自然即道，道即自然”。自从人从自然母体中创生以后，特别是中华民族悟道、得道以后，认为自然以及自然创生的万事万物皆是平等的，各正性命，民吾同胞，物吾与也！中华民族热爱大自然，视其为自己的家园；与邻为善，尊重平等待我之民族；重视生态，努力创造和谐的人化自然；高扬人文，惟德是辅，以化成天下！中华民族始终坚持以道为本，泱泱乎上下五千年，开创了世界上独一无二的生态型生活方式。

二

在中华道学大家庭中，儒家与道家是一而二、二而一的两家，皆是悟道之一隅而成，亦因得道而相通。老子创道家，论天道以为人道立法；孔子创儒家，论人道以天道为理据。道从何来？《郭店楚简》说，道始于情。情为何物？笔者认为，情即关系本体，是天地生生之机，阴阳和合之妙，男女恩爱之节。天地、阴阳、男女缺少一个，情何以存？生生何以成？所以，儒家说古人仰观俯察，反求诸己，由情悟道，正是看中了一个“情”字。

情乃宇宙自然之生机活力，道由情生，悟道成文，文以化成天下。孔子曰“郁郁乎文哉，吾从周”，即从《周易》中来。《周易·序卦》说：“有天地然后有万物，有万物然后有男女，有男女然后有夫妇，有夫妇然后有父子，有父子然后有君臣，有君臣然后有上下，有上下然后礼义有所错。”这既是时空关系，也是伦理关系，涵盖了由天地到家国的一以贯之的关系。《孟子·滕文公上》说：“父子有亲，君臣有义，夫妇有别，长幼有叙，朋友有信。”为家国伦理立下规矩，从中衍生出以“仁”为核心、以“礼”为方略的道德规范，至汉武帝时，儒家思想成为正统，将一整套完整的“格、致、正、诚、修、齐、治、平”伦理道德体系和治国方略付诸政治实践和现实生活。

笔者曾说过，中国人的主体性是在关系本位中自觉其主体存在，即角色。儒家伦理道德规范的每一个范畴都是二而一的关系范畴，如“仁”这个范畴由“二人”构成，它可训为人与人（男女、夫妇、父子、君臣、朋友等关系），也可泛化为人与自然（山川湖泊、草木鱼虫、飞禽走兽、江河湖海等关系），从爱人到热爱大自然，从而提出宇宙万物“一体之仁”的哲学思想（即道学思想——笔者注）。笔者曾有言，“礼”有内外，内则从心，外则即理。孟子说，礼者，辞让之心，为心之四端之一，为与生俱来之德，故修“礼”之德方可有行礼之自觉；荀子说，礼者，理也，故有法理之立！人性本善，欲则有善有恶，法理立则可制私欲之恶以扬人性之善。其他诸道德范畴，如忠、孝、节、义、恕、温、良、恭、俭、让、诚、明、智、信、廉、耻等，均是一字多用，随角色改变而有新意，其中深蕴中华民族关系本位辩证法或生命本体辩证法，成就了数千年礼仪之邦、文明之邦！

三

中华民族创生了生态文明，创造了礼仪之邦，是说在中国这块广袤的东亚大陆上，东西南北中上下大道一以贯之。在漫长的历史中，中国人自始就过着以义制利、以德节欲的生活，上至帝王将相，下及平民百姓，必要约行以德、齐家以礼；普天之下，大小民族，各正性命，一律平等。这些造就了中华民族五千多年常态化的生活习惯与生活方式。

人们常说，生活就是吃喝拉撒睡、衣食住行做、柴米油盐酱醋茶、婚丧嫁娶、生儿育女，等等。不错，这些都是生活，但准确点说，这些只是生活的部分或曰主要部分，而非生活的全部，即使它们相加在一起也不能说是“生活”。自从地球上创生了人，宇宙便由混沌未开而变得分明有序。中国先哲认为，人为宇宙中有气、有情、有知亦且有义之最为高贵者，并称之为宇宙之心，而这个宇宙之心正是人心的反身而诚。人是自然的产儿，自觉于人心与宇宙之心不二，故参赞化育是人的天职，要继天地自然而生生，使自然人化，其成果是人化的自然，即生态型的生活方式。这是一个历史与逻辑合一的过程：道法自然，自然成道—道由情生，悟道成文—文化天下，道即生活。

所以，中华民族与世界上其他民族有别就在于道即生活、生活即道，此即合而言之。若分而言之，则有修身之道、齐家之道、治国之道、平天下之道；细分还有夫道、妇道、医道、茶道、剑道、书道、师道……还有为官之道、祭祀之道、经商之道、带兵之道、用人之道、聚财之道、交友之道……总之，在中华民族现实生活的方方面面，都有规则、秩序、章法、方法，很多还有具体的仪式、仪规。这些“道”与自然生生之大道既相通又有别，其外在形式看得见、学得会，可谓悟道之门，其内在的东西则需要感悟、体悟，由此渐悟而彻悟天地生生之大道，通过悟道而深解生活之真谛。大多时候，中国人生活在恬淡、祥和、内心充实而现实丰富多彩的家园中！很多西方人看到这些很不解，认为很神秘很繁琐，其实他们不懂中华生态文明，即道本文化的实质。中国人生活于其中，与天地万物和谐共生、创造发明，曾经为自身社会发展和全人类文明的进步做出过重大贡献！

四

大凡世界上有宗教信仰的民族都是以天人两分为其预设，由此出发，认定宇宙是一个有限的实体，在这个宇宙之外必有一个全能的造物主创造了它。唯独中华民族站在天人合一的立场上，体悟宇宙是生生不息的生命本体，从而排除了产生宗教的土壤，使中国人对生活有一种乐感向上的审美情趣。与西方民族信奉的“罪感文化”不同，中华文化可界定为“乐感文化”，如果从“道即生活”角度说，中华民族的生活就是“乐道生活”。

在中华民族的观念中，道就是生活的艺术，前文中举出的诸种“道”组成了一幅幅多姿多彩、丰富深沉的人文画卷。中国人生于斯、长于斯、乐于斯，从中感悟大道生生之善，体悟天人合一之乐。在漫长的历史中，中国人创造发明了不计其数的器物工具、技能技巧、知识经验，它们无不服务于中国人的艺术性的生活。仅就四大发明来说，指南针服务于人们的居住行止；火药用于欢庆节日、婚嫁吉日、除旧迎新；造纸术和印刷术丰富了文化艺术的交流和文化典籍的传承。

中华民族最重亲人的团聚、家庭的团圆、远方的乡音，即使今天行走世界的游子、侨居海外的同胞，他们总是不忘乡愁，怀恋故国之情。读古典、近现代小说，看戏剧，其中的人物，无论经历多么曲折，经受多少困苦，结局总会是善有善报、恶有恶报，以大团圆结局；吟诗诵词、赏画品字、游览山川……从中感受的是其情趣、神韵、风骨、浩然正气等与自己内心情感合一的生命之歌；欣赏农妇剪纸、村民作画、贩夫作俑、玉匠雕刻、泥匠捏像……从中感受的是从心所欲、巧夺天工的创造性想象力的无限！

如果上溯到远古先人的生活，我们可以从古老的英雄传说中窥其与自然和谐共生的乐道精神：燧人氏钻木取火开启民智，神农氏尝百草教授农耕，轩辕氏制舟车以利通行，仓颉造字利传万代……都是服务于人世生活；即便是盘古开天辟地、女娲补天造人、夸父追日、羿射九日……也都是传说生在人间、立于百姓中的“英雄”；更何况像大禹治水之类的具有真实性的故事，他们从不是盗天火的“英雄”，不是那种洪水滔天时坐上“诺亚方舟”逃离的“英雄”，不是侵略别人的家园据为己有的“英雄”，更不是因偷吃苹果而被逐出天堂的亚当、夏娃……而那些“英雄”都是高高在上、可想而不可及的“神”。笔者觉得，这些就是遥远时代东西方文化的差异吧！

（写于2021年10月18日）

“道”与中华民族之精神活动

一

(一)命题之论

在人类创造的不同质的文化中,面对同样的大自然,基本持有两种态度:肯定的态度与否定的态度。仅以中、西、印三大地域为例,中西两域对自然持基本肯定的态度,而印度则持否定的态度。在持基本肯定态度的中西两大民族中,中华民族则持亲近共生和谐的立场和观点,用笔者的话说,即有心统摄、“合且通”的理念,而西方则持对立、分隔的立场,即“分且隔”的理念。正因此,不像西方那样,以主客两分为认识的前提,以因果律为逻辑关系,从感性到知性、理性,分为若干认识阶段,中华民族则以主客合一为前提,以感悟、体悟即格物致知与致知格物的有机统一为自己的精神活动样式。基于此,西方认知活动与情感活动是分开的,他们既有纯理性或纯逻辑思维,也有非理性的狂欢;既有情感性的情爱,也有本能性的性娱;既有忘我性的痴迷探索,也有自我中心性的偏执……而我们中华民族自古以来就是一个知情意合一的重实践的民族,宋明哲人提出的"心统性情"可以了然:心即一点灵明(王阳明语),人心秉道心之落实,即本心良知;性有本然之性(善)与气质之性(有善有恶);气质之性直与情接,有善有恶,情而合于天理则善,本心良知昭昭;情而敝于私欲则恶,本心良知泯灭,物欲横流。如何可知人为之善恶?实践检验!中华民族重实践,即全身心的生活!仅从二千多年中国思想史来看,有过百家争鸣,魏晋南北朝的玄、儒、释争鸣,直至唐宋明儒、道、佛三学合流,但从未有过纯学术、纯概念、纯理论的思想活动。即使是魏晋清谈、明末清议,也从未脱离经世济民的实际。所以,本文讲的中华民族之"精神"活动,就是知情意三位一体的生活实践而非其他。

(二)格致与致格之有机统一

古人讲格物致知(即"格致"),那么"格物"与"致知"是什么意思?二者又是什么关系呢?笔者认为,"格物"即主客合一的状况,中国先哲认为自然为生命本体,任何一物,大到天地、山川、湖海,小到花鸟鱼虫、草木尘埃,都是大道生生链条中的一环,自身又是生生链条中的一个个体

（物物一太极），不可分解剖析，只能观、审、察、切，感悟其自然之状态，体悟其存在之价值。这就是“致知”即“悟”——吾心中之天理与事物之理之合一境界。王阳明曾到树林中格物，一无所获，还大病一场，这是他龙场悟道前的事；及至悟道后，则全为改观，发明“心即理”“致良知”“知行合一”的完整心学体系，成就其“立功、立德、立言”的圣人境界！

所谓“致知格物”（“致格”）即“致良知”：致吾心之天理于事事物物，即知即行，达到知行合一，强调的是另一面。其实，“致格”是离不开“格致”的，二者是有机统一的关系。毛泽东提出的实事求是，理论联系实际，从群众中来到群众中去，这三大理论路线正是对二者的创造性继承和发展：实事求是即格物致知，理论联系实际即致知格物，从群众中来到群众中去即“格致”与“致格”的有机统一。这些大道理是万古不变、颠扑不破的，今人理应好好继承，做到知行合一。

（三）中华民族精神活动的长与短

中华民族悟道、得道，与自然万物和谐相处，呵护它、保护它，对今天世界保护生态环境具有极大的启示意义。但这恰恰限制了中华民族对自然的认识开发，致使近代以来，中国科学技术的落后和工业革命的迟至，以致造成落后挨打，险些亡国灭种，这是必须要汲取的教训。我们要在继承发展先人阔达高明思想的同时，学习吸收世界上一切先进的文明成果，格物致知，以明其优，同时致知格物，认清其消极面，致其合天理，为中国的强盛、人民的幸福和世界文明的繁荣服务！

二

(一)以“悟”为本的精神活动

有学者将西方哲学思想中的“知性”翻译成“悟性”，实在有些南辕北辙了。近代西方哲学讲感性、知性是认识的两个阶段，它们如何联系起来？康德想出了一个办法，他说：“把一个经验概念置于一个范畴下，似乎是内容上不同种类的东西的从属，这在逻辑上是矛盾的，如果没有任何中介的话。”于是他发明了“构架”。何谓“构架”？他说：“如果一个中介概念，就可能把一个经验概念置于知性纯粹概念之下，这就是由主体内感觉表象综合出某物概念，作为这样的表象，与时间条件相一致，表现出是依照一个普遍规律先天综合出来的某物。它们所表现的与综合一般的概念(即任一范畴)同类，从而依照它的综合统一就可能把现象从属在知性纯粹概念之下。我们就把这种从属叫作构架。”“先验构架”何来？他说：“它来自一种先验的‘创造的想象力’的综合活动。”这种构架的能力，康德认为，它是“潜藏在人类心灵深处的一种艺术，其活动本质的真实状态很难让我们去发现和打开在我们眼前”。从引述康德的话可以得见,悟性与知性并非同一概念,毋宁说悟性与“创造的想象力”更相契合。但由此可以说,康德所谓“潜藏在人类心灵深处的一种艺术”的“创造的想象力”,中华民族称之为“悟”!自中华民族悟道、得道伊始就发现了它,由潜藏在心灵深处彰显到创造历史的实践活动中。如果还借用西方近代哲学中“感性”和“知性”两个概念,那么,中华道学中的“悟”就是对“感性经验”与“知性纯粹概念”之间“关系”的粹然明了!这种对二者关系的“悟”,产生的不是实体性的概念,而是活生生的创造活动:在这种活动中,无数个别的感性经验升华为心智活动的“通验”道理,原来有隔的一个个感性经验一下子贯通了。这就是“悟”,同时它又激发了新的创造冲动——“思”。

(二)运思之“悟”与顿悟之“思”

“悟”是一个连续不断的精神活动过程。笔者认为,渐悟与顿悟并非截然两分,而是“悟”过程不断深化和升华的活动过程。在中华道学中,“思”不是西方哲学中对思想的“思想”。如果说“格物致知”既是渐悟的积累,也是顿悟之成,那么“致良知”就是“顿悟”之“思”,即灵光一现,这是对充满创生机制的“通验”的辩证整体思考,类似康德所说的“创造的想象力”勃发的高级精神活动,它是中华民族独有的一种至真、至善、至美三位一体的创造活动。正是这种“渐悟”“顿悟”的精神活动,才能将“潜藏在人类心灵深处的一种艺术”发现和打开在中华民族眼前。笔者在拙文

《试论人的精神心理结构》(详见《天中学刊》2001 年第 3 期)一文中提出"无我之我"的"纯我活动",这种"纯我活动"就是"思",是"无我之我"的"悟",是纯粹的创造的想象活动。之所以"纯粹",是说"我"在"思",但"我"完全融于"思"的高峰体验中,这是"创造""创作""创新"成功的喜悦,像古今从事小说、散文、诗歌、音乐、舞蹈、戏剧、绘画、雕塑、建筑等艺术创作的大家,还有那些献身于攻克数学尖端课题,从事科学技术创造、创新的科学家们,都有这种体验。与西方民族对纯概念、纯理论、纯逻辑的"纯真"知识探索有所不同的是,中华民族的创造活动是真善美合一的"新事物"的创生。这也就是说,中华民族是一个善于创造发明但不是一个善于发现发明的民族,是与以"悟"为本的精神活动特点不无关系的。

(三)"虑"之悟

"思"作为人的生生不息的创造活动,是以从自然生命向"人化自然"创生发展为目的的,它的成果要落实下来,需要一种"虑"之悟的功夫。"虑",《说文》训为"谋思"也,本意为"谋划",讲的是知行合一。王阳明说过:"知者行之始,行者知之成。"这是"悟、思、虑"的融圆神通。孔子说过为学之要,即"博学之、审问之、慎思之、明辨之、笃行之"。前两条为"悟"(渐悟)之功夫;"慎思"为"顿悟"(致良知)之功夫;后两条为"虑"之功夫,即"格致"和"致格"有机统一。

以“悟”为本，悟、思、虑有机合一的精神生命活动，是中华民族感悟天道、反求诸己所成，具有永恒常新的创造活力，至今已受益五千多年。但近代以来，西学东进而受其“分且隔”的思维之荼毒，虽学到了抗击西方列强之能力，却淡化了中华民族精神文化之特色，弱化了民族创造发明之天赋。所以，应该牢记学习他人之长以补己之短，但不要抛弃自家无尽藏；反之，弘扬自家文化、复兴民族精神，也不要拒他人之长！要弘扬大道，具有包容通达、真善合一的大气魄，吸纳世界上一切先进有用的文明，再次激发中华民族无限创新之勃勃生机！

（写于 2021 年 10 月 26 日）

红山文化考察随想

偶翻日记发现2011年的一篇随想,内容是记载去辽宁朝阳参观考察红山文化的往事,时间虽已过去10年,但笔者觉得仍有参考价值,今天整理出来,以飨读者朋友。

2011年9月7日至9日,笔者与“秦皇岛碣石暨徐福研究会”诸同仁赴辽宁葫芦岛、朝阳二市参观考察,从源头上对秦皇岛上古文化的发展、演变有了一个大概的了解,似可为史学界对位于秦皇岛市的孤竹文化有一个比较清楚的定位。

我国史学界比较一致地认为,孤竹文化属于殷商文化范畴,而殷商文化是继有夏文化之后的又一个王朝文化,时间大约在公元前16世纪至公元前11世纪。殷商文化发祥于距今4500—4000年的山东、河北一带的龙山文化,而龙山文化则是由更早的百越文化(如浙江发现的良渚文化等，距今约5300—4000年）沿东海、黄海之滨北上与沿渤海之滨南下的红山文化（辽宁发现的红山文化，距今约5500—4000年）接触、碰撞、融合而成，并遍布于黄河中下游地域。

我国史学界一般认为，红山文化为通古斯族所创。通古斯族与蒙古高原的蒙古族和西域一带的突厥族同属小冰河晚期（距今约40000—12000年）沿内陆东迁、说阿尔泰语的欧亚人群分化而成。红山文化遍布我国东北地区，其中心在朝阳地区，应属通古斯文化变种。从出土文物看，从旧石器到细石器再到新石器遗存都有，带有明显的农牧结合型的定居文化，它对后来的女真——满族、高句丽、肃慎、乌桓、鲜卑等文化均有影响，形成渊源关系，后来这些民族的文化都演变为以游牧为主的文化了。日本文化也受到红山文化的影响，日本民族的血液中也包含着通古斯族的基因。日本人崇拜太阳神，而在红山文化考古资料中就出现了石质太阳图腾遗物，说明二者具有渊源关系。如果用路线图来描述，那么红山文化大概通过三条主要路线向外扩散、发展：一条是沿辽河、大凌河及渤海湾通道进入内地，与北上之百越文化在今山东、河北、江苏一带相遇，创生龙山文化；与炎黄、蚩尤文化相遇，创生河洛文化（距今5300年左右）。另一条仍留在我国东北地区，向东向北拓展，是后来东北各少数民族文化的主要来源。第三条沿辽东南下抵朝鲜半岛，并越过对马海峡到达日本与日本的当地居民和沿台湾、琉球岛链不断北上的马来族以及后来的中国大陆居民,共同创造了日本文明。应该指出,日本民族的主体是通古斯族与马来族混血而成(请参阅拙文《徐福东渡与日本文明》),秦汉时期中国大陆文化输入日本(有组织成建制的徐福集团东渡日本是其关键)是日本文明创生的始因。

不可否认,高句丽人虽以通古斯族为主体,但其史前文化深受红山文化影响,而在其以后的发展中从未离开过华夏文化的影响,直至近现代。吕思勉先生曾说过,商周时期,中国大陆东部沿海地区就有过人群沿渤海经辽东到达朝鲜,也有少量人渡海到朝鲜、日本,直到秦汉时期,燕齐之方士们便经常活跃在渤海、黄海、东海、燕、齐、辽东一带,甚至朝鲜。因此,徐福东渡绝非偶然,是当时以中华文化为主体的东亚文明交流的必然结果。而以高句丽人为主体的朝鲜半岛,其文化便成为中华文化圈内的重要组成部分,从古代以至近代以前,朝鲜半岛一直使用汉语言文字系统应是证明。

毋庸置疑,中华民族的主体——汉民族是历史上多民族混血而成。距今大约10000年,蒙古高原上居住的游牧民族蒙古人多次南下至今河北、北京、山西、陕西一带,与经今云南、贵州、四川北上抵达甘肃、陕西、山西、河北的苗族等相遇,创生了仰韶文化(距今约6300—5700年)。此时正是传说中的燧人氏、神农氏、轩辕氏以及九黎、东夷族首领蚩尤活动的时期。经过涿鹿之战,炎黄借助红山人的力量战胜了蚩尤,创生了炎黄文化(笔者认为,近期发现的河洛古国应是炎黄部落所创建)。经过上千年的文化交流、碰撞,距今4000多年与龙山文化相碰撞、相叠加,创生了二里头文化,即夏文化(公元前21世纪至公元前16世纪)。公元前16世纪,商灭夏,公元前11世纪,周灭商,华夏民族与华夏文化基本定型。基于上述描述,我们不难发现,东亚区域的原初文化呈南北交融为主的态势,如仰韶文化、龙山文化的形成;随后则成东西碰撞交融为主的态势,如二里头文化、小屯文化的形成。在这一漫长过程中,仰韶文化、良渚文化、红山文化、屈家岭文化、龙山文化等都对中华史前文化的创生发展做出了贡献。在汉民族的血液中,不仅流淌着蒙古族的血液,还流淌着百越族、通古斯族、突厥族、苗族等的血液。在中华民族大家庭中,汉、满、蒙、藏、回等56个民族在漫长的历史交往中,早已形成了一个血脉相通、牢不可破的民族整体。

笔者很赞成谭其骧先生的如下观点:"我们是现代的中国人,我们不能拿古人心目中的'中国'作为中国的范围。""也不能拿今天的中国范围来限定我们历史上的中国范围。我们应该采用整个历史时期,整个几千年来历史发展所自然形成的中国为历史上的中国。我们认为18世纪中叶以后,1840年以前的中国范围是我们几千年来历史发展所自然形成的中国,这就是我们历史上的中国。至于现在的中国疆域,已经不是历史上自然形成的那个范围了,而是这一百多年来资本主义列强、帝国主义侵略宰割了我们的部分领土的结果。"(谭其骧《历史上的中国和中国历代疆域》，载《长水集续编》，人民出版社 1994 年版）我们研究红山文化、孤竹文化等，以及历史上的中国文化演进、发展，也应取这样的立场和态度。

（写于 2021 年 10 月 26 日）

精读细品行成慧

打开电脑，一部书稿映入眼帘，题目是《论语撷慧》，作者是秦皇岛日报社记者、秦皇岛市国学研究会理事、吾之同仁李赞歌女士（以下简称“作者”）。作者倾心中华优秀传统文化，独钟《论语》，工作之余，潜心钻研，颇有心得。她发来书稿，意求帮助批阅评点，并希望代为写序。书稿不长，共20篇，吾愈读愈兴，便愉快地应承下来。《论语》是儒家经典，自古及今，为其注释者甚众，著述如山，近年来，更是汗牛充栋。但以吾之视界，此类著作虽多，但多是偏重学术，而如《论语撷慧》者寥寥，它不仅具有学术价值，更有普惠大众、直接地气的特点。归纳起来，其特色有四：

第一，“体例”别开生面。20篇文稿，取之《论语》，每篇都由“引语”“原文”“注释”“译文”“评析”“煮妇笔记”等构成。“引语”耳熟能详，注明出处，助读者了明其本意；

"注释""译文"循传统,蕴新意,深入理解,别有一番滋味;"评析"引用朱熹、钱穆、杨伯峻、南怀瑾、爱新觉罗·毓鋆、傅佩荣、李零等大家、名人的评语佳句,对照读来,妙不可言;最是"煮妇笔记"是作者研读《论语》的心得体会,细细品味,深得心缘。

第二,"运思"深入浅出。《论语》博大精深,是中华传统百家学之正统,学重人文,以"仁"为核心,以"礼"为方略,以"道"一以贯之。作者经多年探究,体悟其本,深谙其理。20 篇文论,各篇学理有本,注评有据,运思缜密,自成一格;又能整体观照,体用不二,文脉相通,深入浅出。精读,则启人心智;细品,则蕴味无穷;践履,则行成以慧。

第三,"文风"清新典雅。作者是新闻记者,常年深入社会,了解社会,知百姓之喜闻乐见,晓世间之风俗民情,故写文章、发新闻,文风清新而入人心,典雅而不做作。在本书中,"煮妇笔记"最能反映这一特色。从"煮妇"一词的使用可见作者的良苦用心,这些文字情理交融,娓娓道来,主要是写给那些每天与锅碗瓢盆打交道的家庭主妇们的。马克思曾经说过,妇女解放的程度往往是社会解放程度的标志。也可以说,妇女文明的程度,往往是社会文明程度的标志!加强修养,提高全社会"煮妇们"的文明程度,以助推全社会文明水平之提高,应该是作者写作此书的初衷之一吧!

第四,"语言"朴实无华。摆事实,讲道理,求真务实是一个有良知的记者的基本素质。中华学问讲天理必要"真且善”，纯真不能，无善之真即盗；纯善不可，无真之善即伪。作者把她的这些素质自然运用到本书的叙述中，深刻挖掘《论语》蕴藏的大智慧，力明其本义，求索其“真且善”之道义。《论语撷慧》做到了，其用语因朴实而昭明其“真”，因无华而凸显其“善”，因朴拙大气而展现其“真且善”。

以上从四个方面谈了该书的特色，并不全面。书面世后，读者尽可以从中获得各自新的感受。吾有幸成为第一读者，感慨良多！真希望《论语撷慧》尽早出版，以飨读者！

（写于2021年11月6日）

学习札记

近来读了一篇文章,是有关中国哲学史的学科属性与方法的。文章分为五部分,分别是:“中国哲学史”正名、学科的发生与发展、哲学史与哲学观以及学习中国哲学史的方法,最后是结论。研读了这篇文章,有所得也有所疑,现将自己学习的心得体会和困惑疑点,写成札记五条,以与学界师友交流切磋。

一、为“中国哲学史”正名

这部分的论述是从文章提出的两个学科名称开始,即“中国哲学”和“中国哲学史”,以及相应的“西方哲学”和“西方哲学史”。文章指出,“中国哲学”和“西方哲学”是教育部现在颁布的学科目录中的称谓,其理由认为“中国哲学”这个名称涵盖得更宽一些,它不仅限于中国哲学史的研究,还包括中国哲学体系本身的研究和发展。但在哲学史与哲学体系二者中,文章认为基础性的学习和研究在“中国哲学史”,而哲学体系的创造工作似应放在毕业以后有条件时再进行。而无论是本科阶段,还是硕士、博士阶段,基本的培养方式就是学习怎么做“中国哲学史”的研究,打好哲学史基础。文章强调,事实上在国外大学哲学系,对博士生的培养也是一样。

从上引的一些主要观点,笔者产生了两个疑问:

第一,西方人在哲学学科的属性与方法的运用上是分析性的,所以“西方哲学”和“西方哲学史”完全可以分开来讲,但要把这种范式套在中国身上,则不免有张冠李戴之嫌。因为“中国哲学”与“西方哲学”分别是两大原创型文化的“核心”,“中国哲学”和“中国哲学史”是有心统摄、“合且通”的生命本体,这与“西方哲学”与“西方哲学史”无心统摄、“分且隔”的机械整体是不同的。

第二,中国人自古就养成了“主客合一”的“悟”本精神活动方式,西方人则养成了“主客两分”的逻辑分析思维方式,把哲学与哲学史分割开来,先打好哲学史基础,毕业后再去创造哲学体系,是西方思维方式。以笔者看来,“中国哲学”与“中国哲学史”是不可分割的,它们是你中有我、我中有你的有机体。在“悟”本精神活动中,“中国哲学史”的研究就包含着“中国哲学体系”的创造与构建,而“中国哲学体系”的思索和创造也离不开“中国哲学史”的学习和研究。这二者的学习和研究，既不能在空间上横向分离，也不可在时间上前后两分。如按照文章说的那样，仿照国外大学哲学系的办法培养中国哲学人才，是不会有结果的！

笔者认为，文章是要为"中国哲学史"正名，但正名不能与"中国哲学"分开，要强调"心"的统摄，现时性的"合且通"与历时性的"通且合"有机结合起来，创造出具有中国特质、中国风格、中国气派的"中国哲学（史）"，笔者名之曰"中华道学（史）"。

二、哲学与哲学史

关于学科的发生与发展，文章认为中国哲学史是近代以来东亚国家学者参考比照西方（欧洲）学科的名义、体系来建构的。也就是说，它不是原创的，是仿造的！

在这部分的论述中，文章提出中国哲学史发生的两个源头及其发展历史：一是日本；二是美西方。也就是说，中国哲学史的发生不在中国而在外国。这里，笔者产生了两点看法：

一是哲学作为一个民族文化的核心，具有鲜明的民族特性，日本大和民族和西方民族是没有学问基础和能力撰写真正的中国哲学史的，况且，日本于 1868 年明治维新后，脱亚入欧，全面学习西方文明，自诩其文化与美西方文化成为一体。19 世纪末，日本人从中国典籍《说文》中找到"哲"字的意思是"哲，知也"，认为"哲"与西方的"philosophy"可以比照，提出“哲学”和“中国哲学史”学科，并先后撰写出不同版本的“中国哲学史”（文章用《支那哲学史》）。笔者没有读过日文版的《支那哲学史》，无权点评意见，只从文章的简介来看，日本学者参照“西方哲学史”进行分期论述：先是“创作的时代”“训诂的时代”“扩张的时代”（松本文三郎版本，1898年），接着是“宇宙论”“伦理学”“功夫论”“心性论”（远藤隆吉版本，1900年），然后是“上世”“中世”“近世”（高濑武次郎版本，1910年）。日本人为什么不眼睛向内，好好研究自己的哲学和哲学史，反而下那么大力气研究中国的呢？笔者认为，原因可能有二：(1)日本是无根文化，或者说它的文化都是学习模仿外来的文化，明治维新以前，主要是学习模仿中国文化，之后又学习模仿西方文化。(2)日本对中国哲学不明其体，西方哲学有体有史，故比照“西方哲学史”杜撰出所谓“支那哲学史”，所以，所谓“支那哲学史”本质上是日本化的“中皮西瓤”的仿品。

这个时期，中国学人求学日本，受其哲学分期的影响，撰写了自己的“中国哲学史”，但无论是王国维设计的哲学学科讲授的“哲学概论”“中国哲学史”，还是其后陈黻宸的“中国哲学史”、谢无量的“中国哲学史”，除有个别改动外，基本沿袭了日本人撰写的《支那哲学史》，特别是高濑武次郎的内容和范式，并无中国自己的特色。文章所谓这一时期日本哲学研究的每一次进步、东亚文明从古代到近代的进步，实际是以日本以及以日本为代表的东亚文明进步的写照，而中国则正深陷在半封建半殖民地的深渊之中，所谓“中国哲学史”学科的设立应是中国国难进一步深重的表现！因为这个学科的设立正是日本人以哲学文化征服中国人精神图谋的一部分，是将中国引向“全盘西（日）化”阴谋的一部分；正像在同一时期，日本国内掀起了疑古思潮那样，试图虚无、歪曲中国历史，其目的是一样的。

二是与王、陈、谢以日本《支那哲学史》为范式，间接仿照西方哲学学理和范式不同，胡适和冯友兰留美回国后，则直接将美西方的哲学学理和范式引进中国学界。但是，与学习日本相同的是，胡、冯二位学者并未从西方哲学学到构建“中国哲学”体系的方法，而是干脆宣布“中国传统文化已经死了”（胡适语），所以用不着再去构建中国哲学的体系，只要按照“研究问题，输入学理，整理国故，再造文明”这四句话，用西方哲学范式，添加中国思想史料，就可以构建“中国哲学史”了。胡适率先垂范，自己撰写了《中国哲学史大纲（上卷）》。冯友兰在20世纪30年代出版了《中国哲学史》（两卷本），仍遵循胡适的“四句箴言”。所以，胡、冯的《中国哲学史》并未突破西方哲学范式，甚至与日本学人高濑武次郎的范式无大区别。冯友兰也主张要研究好中国哲学，一定要学好西洋哲学。看到这，笔者想，中国哲学有体有用，体之不存，用从何来？中国哲学已死，中国哲学史如何得来？1943年冯友兰“接著”宋明以来的理学，讲他的《新理学》，似乎要打破中国无哲学体系的尴尬，但他运用的方法：一是采用共同的科学研究方法；二是把问题孤立起来，一个挨一个地进行研究分析。显然，他运用的方法与胡适无异,还是杜威实在主义方法,可见他接著宋明以来的理学,是接到实在主义哲学那里去了!正像任继愈先生说的:“比如说冯先生讲课一定要讲得出说得清才算。但是中国哲学有个直观的体悟的东西,可以意会不可言传,这一部分也是核心部分。……可冯先生不承认这个。”这表明,“中国的”中国哲学并未创生!

文章说20世纪30年代,胡适开始反哲学,转移到“中国思想史”的研究,国内“中国哲学史”研究的领先地位便由北京大学转移到清华大学。事实上,胡适反哲学也是追随当时西方哲学思潮的变化而形成的。无论他之前的“中国哲学史”还是之后的“中国思想史”研究,都是以西方学理和范式为依据的。至于哲学学科研究的领先地位转移到清华大学,也没有改变这一学科学习模仿西方的性质。笔者认为,自20世纪初直到今天,在大陆(内地)仍未产生原创性的“中国哲学(史)”,包括中国的台湾、香港、澳门都是如此!

最后,笔者还是要为“中华道学(史)说句话。笔者不是学院派,但近三四十年来一直关注中国学界的动态,所以文章所描述的“学科的发生与发展”只是中国学界学习日本和西方的历史概况,不是中国哲学(史)发生发展的历史。当代中国需要的是自己原创性的中国哲学体系和中国哲学史。中国学者向比自己早20多年的日本和哲学发生地西方学习虽很自然,但绝非一直跟着学下去,而是要超越他们,创造自己的哲学和哲学史。笔者提出中西文化是世界上仅有的两大原创型文化，自然就会有各自的原创型哲学和哲学史。笔者2003年出版的《心论集》、2012年出版的《心论集“续”》和2015年出版的《中华道学论纲》，就是构建原创型中国哲学和中国哲学史的尝试。它们现在虽然还很稚嫩、原始，但终会成长为参天大树的！

三、哲学、哲学史与哲学观

文章讲的第三个问题是“哲学史与哲学观”。这部分内容中，笔者有所收获，也有些不同看法。

（一）笔者的收获

一是张岱年先生对“哲学”这个词的定义。他说把现今的诸子学、魏晋的玄学、宋明的理学、清代的义理学合起来，是不是可以称为中国的哲学呢？这要看我们对哲学这个词怎么定义。如果你了解的哲学的定义是专指西方哲学那个类型的学问，认为西洋哲学才是哲学所以为哲学的唯一的标准，那因为中国哲学在态度、在体系等方面与之不一样，就很难叫“哲学”了。张先生主张我们可以把哲学看作一个类型，而不是专指西洋哲学形态的那种体系。在这个类型里，西洋哲学是一个特例。中国、印度等古代关于宇宙人生的那些思想，都是这个总名称下的特例，都可称为哲学，即哲学是共相，其他如西、中、印哲学等则是殊相。张先生的这个看法是很高明的。笔者在谈到西方哲学与中华道学时也曾做过比较，说如果哲学专指西方哲学（philosophy），那么中华道学就不是“哲学”；如果只是一种学问类型，并不专指西方哲学，那么中华道学就是中国哲学。不过中华道学在哲学类型中独树一帜，它的形态是以道为本的生命本体，这才是宇宙存在的真相！

二是解构西方中心主义的立场。自20世纪初以来，中国学界在构建现当代中国哲学方面一直遵循西方中心主义原则，从胡适的“四句箴言”到冯友兰的“最哲学底哲学”的“第三条道路”，都是西方中心主义的注脚。近几十年来，学界在构建中国现代哲学（史）方面也是付出了巨大的精力，提出了“儒学宗教说”“中国文化早熟论”“马魂、中体、西用的学术研究新范式”“基因重组论”“西体中用论”等方案，但仍未挣脱西方中心主义的框架！这篇文章对西方中心主义提出质疑，是进步，笔者为之非常高兴！

（二）不同看法

文章中有些观点、提法，笔者有不同看法，提出来商榷。

一是对冯友兰先生两个学术选择：一种是严格地按照西方所谓的哲学内容去找古代的那些相关的思想资料素材；另一种写法是以中国自己的义理之学的体系本身，成体系地来论述义理学史。冯先生选择的是前一种，即用西洋哲学的名义来取材，看看中国文化里面是否有与之相当者。笔者对这两种选择都不敢苟同:冯先生选择的前者就是胡适“四句箴言”的具体化落实;而后一种,所谓“义理之学”,难以概括中国传统哲学思想体系,而笔者提出的“中华道学”不仅与西方哲学比肩,而且在宇宙观、人生观和价值观上超过了西方哲学。况且,这两种写法都不可能创造出具有中国特质、中国风格和中国气派的中国哲学,近一百多年的哲学思想史证明了这一点。

二是从整体上看,世界文化史是由世界各民族文化发展史构成的,其繁荣发展进步是所有民族共同参与创造的,特别是离不开中国文化的参与、促进和引领作用,所以西方中心主义从其产生伊始,就是西方资本推行强权、殖民的工具!20世纪初,中国学界部分知识分子主动接受这一原则,是为了推行其“全盘西化”的政治诉求,也是在中国文化教育舞台上演出的历史悲剧!可是文章在对西方中心论提出质疑和解构的同时,强调说:“从历史的现实来看,西方哲学是人类智慧中理性分析和建构的代表,西方哲学的形态虽然是‘特殊’,但是其中不少问题的讨论是具有普遍性的。”如果在这个五彩缤纷的哲学思想世界中,总是把西方哲学单提出来,说“学习西方哲学可以为研究其他哲学提供具有普遍意义的重要研究方法和参考视野”,那么今天的世界就不可能存在相互尊重、平等互进的哲学对话和交流借鉴。在现实性上,就还是没有真正摆脱西方中心主义的框架与束缚!

四、学习中国哲学史的方法

文章的第四个问题说的是学习中国哲学史的方法。文章在这个问题上提出了冯友兰先生和张岱年先生的方法：一是冯先生的“照着讲”和“接着讲”；二是张先生的“八字真经”，即“好学深思，心知其意”。笔者对这两种方法与文章中的理解并非完全相同。

（一）关于冯友兰先生的方法

先说“照着讲”。这是冯先生在20世纪30年代提出的。他将哲学史的工作和哲学创造工作区别开来，强调哲学史的重点是要说明以前的人对某一个哲学问题是怎么说的，哲学史就要把这个说清楚：他到底怎么说的。不能人家说的是西，你在讲的时候说成是东，这就不是“照着讲”。所以哲学史一定要“照着讲”，说西就是西，说东就是东。看来，冯先生是在重复说他的“最哲学底哲学”，即“一定要讲得出说得清才算”（任继愈语）。笔者认为，冯先生的“最哲学底哲学”就是讲究用概念明晰、判断明确、逻辑严谨的科学研究方法打造的“哲学史”，这样的“哲学史”只有西方才会有，中国是不会有的，如果非要学好西方哲学，“照着讲”中国哲学史，那就不是“中国哲学史”了。至于“哲学的创造”，在国内学院派中，至今除了冯先生的《新理学》自成一家之言外，尚无其他学者有所创造，况且就这一家之言一出生就已失去中国魂了。

再说“接着讲”。所谓“接着讲”，冯先生的《新理学》既是他采用共同的科学研究方法，把问题一个挨一个地进行研究分析，“照着讲”出来的，又是他接著宋明以来的理学讲出来的。在笔者看来，冯先生所谓“照着讲”难以讲清中国古代哲学思想，只是运用西方哲学，主要是美国实在主义的纯粹逻辑式的概念游戏，“接着讲”宋明以来的“新理学”，所以我们看到的《新理学》就是“中皮西瓤”的著作。文章说，“接着讲”就是传承创新，创新要有所本，有它的基础，接续前辈学者和同时代已有成果，“据本开新”，发人之所未发，要比前人有所创造、有所前进。这些原则看法，笔者都很赞同，关键是立场站在哪里，立场站在西方哲学方面传承创新，“接着讲”就会是冯先生《新理学》的结果！既然“中国传统文化已经死了”，创新之本已无，无论是中国哲学的创新还是哲学史的创新皆无从谈起，这才是问题的关键所在。

（二）关于张岱年先生的方法

张岱年先生反复提的“好学深思，心知其意”八个字，文章称其为八字真经，并反复解释张先生的八字真经的深刻意涵，称其为中国哲学史研究最重要的方法和态度。但从根本上说，文章还是歪曲了张先生这八个字的真髓。这八个字出自司马迁著《史记·五帝本纪》，原文为：“《书》缺有间矣，其轶乃时时见于他说。非好学深思，心知其意，固难为浅见寡闻道也。”这八个字出自《史记》，纯为中国人的精神活动方式，若真心运用其为中国哲学史学习研究的根本方法和态度，应该说，中国学界的哲学和哲学史的创新不会是现在这个样子——论说纷纭，莫衷一是，建树不多！为什么是这个样子呢？就在于学界诸位奋斗一百多年脱离了中国哲学思想史活生生的实际，脱离了中华民族五千多年奋斗史的实际，脱离了一百多年来中国革命和建设的实际。而这八个字，正是要求中国人要创造自己的哲学和哲学史，绝不能脱离开中国几千年的现实生活，即创造历史的实践活动，而不仅仅是对文献的正确的解读，也不仅仅练习解读文献的内功！对此，笔者想说明两点：

(1)张岱年先生提出的“八字真经”与孔子所说的“博学之、审问之、慎思之、明辨之，笃行之”精神一致。司马迁是西汉历史学家，距孔子时代不过四个多世纪，距孟子时代仅仅两个多世纪，与提出“罢黜百家，尊崇儒术”的汉代大儒董仲舒同时代，应受儒家思想熏陶影响较大，他在《五帝本纪》中说的那段话，传承了孔子的“博、审、慎、明、笃”一以贯之的思想，应是可信的。明代大学者王阳明提出“知行合一”，也是对这一思想的传承创新。笔者认为，张岱年先生提出“好学深思，心知其意”应深谙其故，赋予新意，古为今用，意欲以中国人的精神活动方法解决创造中国哲学和中国哲学史的历史课题。这分明已与新文化运动以来用西方哲学范式填充中国思想史料，或用科学严谨的研究方法追求“最哲学底哲学”的路子，分道扬镳了！

(2)笔者理解，张岱年先生的“好学深思，心知其意”是中华民族以悟为本的精神活动的具体落实。“好学深思”是渐悟过程，而“心知其意”则是顿悟的结果，它取之于古代中国人的智慧，用之于现代中国人的实际。孟子曰：“尽其心者，知其性也。知其性，则知天矣。存其心，养其性，所以事天也。”张先生“八字真经”的前四个字的意涵与孟子的“尽心、知性、知天”契合，而后四个字则与“存心、养性、事天”齐意。这表明张先生努力按照中国人的精神活动方式解决中国哲学思想上的重大问题。1936年，张先生在《国闻周报》第13卷第20期上发表《哲学上一个可能的综合》，提出“宇宙论”注重三事：历程与事物、理或物则、一本多级；“人生论”注重五事：天与人之统一、群与己之统一、生与理之统一、义与命之统一、战斗与和谐之统一。1988年，齐鲁书社出版了张先生的《真与善的探索》，在第五篇《天人简论(人与自然)》中提出了天人本至、物统事理、物原心流、永恒两一、大化三级、知通内外等中国人的哲学思想。1990年7月，张先生提出中外文化“综合创新”的方法。1995年9月14日，张先生给笔者回信，指出“前几年李泽厚同志提出‘西体中用论’，愚不以为然”。这些充满中国智慧的思想和评判，笔者深以为然！这些哲学思想正是对“好学深思，心知其意”八字真经的具体展现，此与文章中的理解相左。

五、几点看法

文章的第五部分“结语”说：“20 世纪 30 年代的清华已经是中国哲学学科发展最重要的大学。”由于胡适在 20 年代末开始反哲学，北大哲学学科的中心地位让位给清华。笔者对哪所大学执哲学学科之牛耳不感兴趣，对中国是否有哲学的讨论兴趣也不大，只关心中国哲学（史）的构建！笔者认为，像中国哲学这样的学科应该摒弃唯我独尊的门户之见，而是立足以我为主，本着自由思想、开放包容之精神。为此，笔者提出几点看法：

第一，学院与民间、学者与大众，在中国哲学（史）的创新发展上都有平等的权利，中国哲学（史）本质上是重实践的，称其为实践哲学也不为过。因此哲学的创新应是民族的、大众的，而非关在象牙塔里的精英们；应是历史实践的，而非从概念到概念的纯逻辑游戏。笔者很赞成中国人民大学哲学院教授陈先达先生的看法，他说：“在中外哲学史上，有名的哲学家并不是专业哲学家，更不是学院派的哲学家。孔孟老庄、二程陆王、黄宗羲、王夫之，以及康有为、梁启超，等等……都是文史兼通、能言能行，对社会、政治、人情、世情、国情有深切理解，有理想有抱负。而不是寻章摘句、皓首穷经、老死书斋的所谓专业哲学家。”“在西方同样是如此。……18 世纪以后出现的一些大哲学家，洛克、休谟、笛卡尔、斯宾诺莎、莱布尼茨都不是教会或大学哲学系培养的，他们都具有精深的科学素养，与自然科学群体联系反而紧密。德国古典哲学家包括康德、费希特、谢林、黑格尔、费尔巴哈都出自大学，但他们不单纯是学院派哲学家，他们都从哲学角度关注德国的社会现实或重大的哲学问题……”（详见2017年2月13日《光明日报》）陈先生列举了那么多中外哲学家，大多不是专业哲学家和学院派哲学家，即使是学院派哲学家，他们也和非学院派哲学家一样，关注社会现实、时代主题，故他们的哲学才能成为时代精神的精华，政治变革的先导。笔者认为，文章主张的“读文献，打好基本功，不能在文献上出错”的导向与上述引言的精神是完全相悖的，甚至与张岱年先生的“好学深思，心知其意”的八字真经也是不相符合的！

第二，关于世界哲学，应是世界各民族各国家哲学的大家庭，它们虽然没有血脉相通的关系，但都是其中的重要成员，都为世界哲学的繁荣发展贡献了自己的智慧。文章说某一特殊的哲学可以为研究其他哲学提供具有普遍意义的重要研究方法和参考视野，这是新文化运动以来在西方中心主义遭到质疑后的中国部分哲学精英的新说法和新态度，但这种说法和态度，印度学者承认吗？阿拉伯学者承认吗？认识和处理中国哲学（史）与西方哲学（史）的关系，前提是要搞清二者的根本区别。笔者认为，根本区别在于宇宙观：一是宇宙是有限的还是无限的，或是有限与无限的统一？二是宇宙是生机勃勃的还是死气沉沉的或者是生生不息的？所有中西哲学思想的发生、发展皆源于此,可是时至今日,国内学界未有过明确答案。回避这个根本问题,是学界百多年来建构中国哲学(史)离不开西方哲学(史)样式而只能照葫芦画瓢的主要原因。笔者认为,中国哲学(笔者称其为"中华道学")的宇宙观是以道为本的生命本体,宇宙是有限(太极)与无限(无极)的统一,天地人是生生不息的三才,《易经》中的"元、亨、利、贞"四个字及其内涵就是这个宇宙观的真相。西方哲学的宇宙观(西方人称为"世界观")是以实体为本位的机械整体,视世界为实体(物质实体和思想实体)的组合,天人两分、灵肉两分、逻辑与自然界两分,也就是说,人的精神、灵魂、逻辑与人的肉体、自然界(万物)分割开来。中国人创造了以人文精神为核心的生态文明,西方人发明了以"逻辑+实证"为范式的科学文明。仅就这两大文明的本根上看,科学文明是生态文明的克星,而生态文明是科学文明的价值规范;没有科学文明,生态文明只能处于原生形态,所以需要借助科学文明不断提升生态文明的层次;而没有生态文明的价值导向,科学文明将对人类生活带来灾难!以人类福祉为价值导向,以科学技术为工具,创建全方位的崇高生态文明,正是中华民族从事的伟大工程,也是创造中国哲学(史)、实现民族文化复兴的时代召唤和历史责任!离开现实,钻进象牙塔,在文献堆里折腾,是绝不可能创造出真正的中国哲学(史)来的!

第三,中国哲学(史)的创生不同于西方哲学(史)的构建。中国哲学(史)的创生是以"无"为本,以"有"体悟

“无”的不足；西方哲学(史)的构建以“有”开始，通过逻辑推演而成。中华民族在生活本体的历史实践中，悟“道”得“道”，从未躲进与世隔绝的书斋中谈经论道，而是紧密联系社会国家、经世济民的现实，究天人之际，通古今之变，故代有大政治家、军事家出，他们同时也是大思想家、哲学家、诗人、史家。远的不说，唐宋以来，就有六祖慧能悟道而创中国禅，王阳明龙场悟道而创心学。这样的例子比比皆是，诚如前述。可自 20 世纪初(1912 年北京大学开设“哲学门”)以来，治哲学者批量而出，但皆居高墙之内，依据拿来之西学范式，苦心研读文献史料，撰我中国之哲学(史)，其成果了了，原因何在？就是想在苹果树上结出梨来！文章还自我设限，提出从本科到硕士生乃至到博士生的学习阶段，不鼓励大家做中国哲学体系的创造研究，而是强调哲学史的基础学习和研究，并说国外大学的哲学系对博士生的培养也是一样的，连这也要照着西方的去做，真是不可思议！所以笔者非常赞同哲学要从哲学家的课堂上走出来，去拥抱历史、拥抱社会、拥抱时代，创造出具有中国特色、风格、气派的中国哲学(史)来！

(本文中的“文章”是指《中国哲学史的学科属性与方法》，摘自《中国哲学史》2021 年第 4 期)

(写于 2022 年 2 月 14 日至 26 日)

闲览细思散记

一

偶览书报杂志,心绪很静,实是退休后打发时间的好办法。不过笔者看书偏于文史哲:文可抒情,史能明志,哲养心智。近来,看了几篇哲文,感觉学界于政治、经济、法律、历史等多有精彩之论,唯中国哲学(史)建构方面无大进展。此事虽如此,毕竟“路漫漫其修远兮,吾将上下而求索”,但是关于中国哲学(史)合法性问题又提出来讨论了。

从 20 世纪 30 年代胡适反哲学以来,已有近百年,人们殚精竭虑,不思中国哲学体系之建构,而孜孜于“合法化”之争论！哲学之体尚无,何来合法与否之辩?真是“路漫漫其无尽兮,上下求索而无果”！记得前些年,学界曾有过一轮关于“中国哲学(史)”合法性的讨论的高潮,因无“中国哲学”体系之建树,讨论不知所以而作罢。其实,对这个问题的讨论,张岱年先生曾有过精辟的结论性意见。他说,把现今的诸子学、魏晋的玄学、宋明的理学、清代的义理学合起来,是不是可以称为中国的哲学呢?这要看我们对哲学这个词怎么定义。如果你了解的哲学的定义是专指西方哲学那个类型的学问,认为西洋哲学才是哲学所以为哲学的唯一的标准,那因为中国哲学在态度、在体系等方面与之不一样,就很难叫“哲学”了。张先生说,我们可以把哲学看作一个类型,而不是专指西洋哲学形态的那种体系。照此推论下去,“中国哲学”也是这个类型的学问之一了。为了构建“中国哲学”体系,张岱年、庞朴等前辈们做了大量的研究探索工作,如张先生在《国闻周报》第13卷第20期上发表的《哲学上一个可能的综合》和1988年由齐鲁书社出版的《真与善的探索》,庞朴先生的《儒家辩证法研究》《道家辩证法论纲(上、下)》《一分为三论》等重要论著,都为中国哲学体系的构建做出了重大贡献。

可是就在最近,笔者看了一篇文章,题目是《重论“中国哲学”的合法性问题》(以下简称“文章”),再次提出了这个已经不是问题的问题。通览全篇,文章也无中国哲学体系之论述,有的只是“中国—哲学”“中国哲学史”“中国哲学”这三个词。不过,文章换了一个视角,开头便提出:在中国传统文化、思想、精神的领域中,是否存在着一定意义上——或严格意义上——的“中国哲学”,长久以来被称为中国哲学的“合法性问题”。也就是说,能否创生出“合法性”的“中国哲学”之体,应该先搞明白中国传统文化、思想、精神的领域中是否存在着一定意义上的“中国哲学”?即由对“中国哲学”本身的“合法性问题,改为对与其有勾连的中国传统文化(思想、精神)问题的讨论,即它是否存在着一定意义上的“中国哲学”?存在则“中国哲学”合法,不存在则不合法!合法与否的标准何在?文章给出的答案是:在“中国—哲学”的关联性构造中,无论采取何种方式,那些由西方哲学而来的某种标准或尺度是必然要在其中起作用的,而且这种作用总体来说是关键性的。简而言之一句话,用西方哲学的标准来评判“中国—哲学”是否合法!文章正是这样说的:如果说,“中国哲学史”的构建本质上依赖于对“中国—哲学”的先行理解,那么,对于西方哲学之总体上的消化和把握就会成为具有决定性意义的一个方面。如果把这两段话梳理一下,那么其内在逻辑是:“中国—哲学”的关联性构造中,起作用的是西方哲学的某种标准,而“中国哲学史”的构建本质上依赖于对“中国—哲学”的先行理解,而对“中国—哲学”的先行理解就是对中国传统文化(思想、精神)按照西方哲学的某种标准的理解,因此,构建“中国哲学”是否合法的关键性标准在西方哲学!

简言之,以西方哲学标准构建“合法性”的“中国哲学”,难结正果!

二

笔者查阅了《说文解字》,对"哲"字,古训为"哲,知也"。那么,哲学就是知之学,即关于知的学问。古希腊哲学"philosophy"也是"爱知"的意思,二者意思相当。所以当年那个日本人就用"哲学"翻译"philosophy",后又由中国留日学生引进中国。日本人为什么这么关心看重中国文化,笔者在前面《学习札记》中已做说明,兹不赘述！这里的问题是,按照西方分析逻辑的推演,中国文化中既然有"知"的学问,就应当推演出"中国哲学",但时至今日,尚无大作面世,原因何在?

笔者认为,中国自古既有"知"之学问,就必有形式逻辑,《墨辩》即属,但汉武尊崇儒术后,墨学融入其中,难辨其迹,成以道为本之中华道学之有机成分。与西方哲学之"有(实体)"可分不可入、可言不可悟相反,中华道体可入不可分、可悟不可言,故"中国哲学"不能出也不必出,出则中华之道解而灭也！中华道学分而亡也！中华道统夭而折也！清代学者龚自珍说过:"欲要亡其国,必先亡其史;欲灭其族,必先灭其文化。"中华道学乃中华文化之核心、灵魂,中华之道不存,中华道学何存?中华道学不存,中华道统何去何往?中华文化之体不存,国亡族灭必也！

文章的"合法性"一词来自马克斯·韦伯。韦伯在其《学术与政治》中提出三种"合法的支配类型":"传统的"

类型、“超凡魅力”的类型、“法制的”类型。韦伯之论分明是以西方中心主义为原则提出的，是为西方政治张目的，可文章把“中国哲学”的合法性问题与“支配和统治、权威和服从”的关系关联起来，武断地断言：确实相关，并且是决定性地相关。这种相关的本质来历是“现代性在特定阶段上取得了绝对权力”，这个现代性无疑是指西方的现代性，它以绝对权力开辟出“世界历史”，对此，康德、赫德尔、黑格尔、海德格尔、马克思都有过论述（必须指出，马克思的论述为的是批判资本的野蛮——笔者注）。文章认为，中国传统的思想和学术面对西方现代性的绝对权力就必须进入到“世界历史”中去取得“合法性、正当性”的“切近理解和真正应答的路径”。

笔者感觉不解的是，为什么“中国哲学”的合法性问题要与西方的现代性相关联，而不是由中国人根据自己传统的思想和学术做出评断呢？归根结底，是因为西方人在世界现代性的特定阶段上取得了绝对权力，所有的非西方国家的文化都必须服从这个由绝对权力开辟的“世界历史”；否则，你就是非合法性的、非正当性的。对此，笔者不敢苟同！中国传统的思想和学术文明已经有了长达5000多年的悠久历史，远远长过西方文化的历史，且中国文化从未中断，生生不息，领先前近代世界文明达15个世纪之久！西方文化多有中断，还经历了1000多年黑暗的封建专制统治，只是近300多年才凭借资本的力量向世界进军。西方人靠资本、武力、强权打碎了传统的世界秩序，目的是力求建立一个以西方强权为中心的世界帝国,而非人性化的和谐世界,因此,反抗西方欺压、剥削、统治的斗争从未停止过！特别是中华民族自19世纪中叶开始到20世纪中叶的100多年,多少仁人志士、革命先烈前赴后继、英勇奋斗,凤凰涅槃,浴火重生,终于赢得了民族独立和解放！这100多年,中华民族从未屈服过西方的所谓“绝对权力”,只有一些崇洋媚外的所谓公知、精英们才向那个“绝对权力”顶礼膜拜！

正是以中国共产党人为代表的中华民族不畏强权,才建立了今天的新中国,并创新开辟了与西方现代化不同的“中国道路”,这是当今世界上一条崭新的道路,是建设中国特色社会主义的道路！中华文化的复兴就是要把包括中国传统的思想和学术的创造性继承和创新性发展牢牢掌握在自己手中,中国5000多年泱泱文明、100多年的奋斗历程和70多年的建设成果都赋予了中华文明(其核心是“中国哲学”)的合法性和正当性。反之,笔者要问问西方文明(其意识形态领域是“西方哲学”)的合法性在哪里？其正当性在哪里？某些学者早就应该走出来,睁眼看看中国的巨变、世界的巨变！

三

笔者多次说过,就严格意义上的“哲学”,“中国哲学”没有合法性和正当性,但像张岱年先生说的哲学是一个学问的类型，那么，“中国哲学”的合法性和正当性毋庸置疑！文章引入了“形式与内容”这一对西方哲学范畴论说“中国哲学”的合法性问题，从而可以避开张先生的“类型”说，以便为黑格尔在《哲学史讲演录》中列出的“东方哲学”（下分“中国哲学”“印度哲学”）的形式合法性进行辩护。文章的逻辑思路从黑格尔关于“形式和内容、抽象统一和实体性差别”开始，进而把“中国哲学”的“合法性”说成一个“纯粹形式上的术语”，而完全不涉及内容与差别，尤其是不涉及实体性的内容与差别，这是令中国人匪夷所思的！为了证明“中国哲学”形式上的合法性，文章只就单纯形式方面来谈论“哲学”，因为作为文化的“主干、母体、核心”的哲学的形式之名无关乎内容与差别，这样中国传统的文化构造、思想体系和精神领域之伟大在“中国—哲学”的形式关联易于被接受并得到承认。这对于现代西方人来讲不会引起真正的困惑，倒是对于近代以来的中国学者和思想家来说，关于“中国—哲学”的困惑更加昭彰显著！为什么会有如此差别呢？

笔者认为，关键是20世纪初那些顶礼膜拜于“世界历史”“世界史哲学”的现代性“绝对权力”的中国学者，力求在西方哲学那里找到“中国哲学”的“合法性”，于是像徒弟向师傅学习一样，中国学术经历着被文章称为的“学徒状态”，而且宣称如果不经历这样一种学徒状态，当今中国学术的任何一个领域的现有基础和未来前景都是不可思议的。令人不解的是，在这样的基础上如何摆脱“学徒状态”

而开出“自我主张”的前景？文章以所谓西方哲学经历的处于理性神学的学徒状态为例，来与中国学术经历的面向西方哲学的“学徒状态”相比，但笔者认为二者不可同日而语。前者是对理性神学的“批判—学习”，而后者是“模仿—学习”；前者真正开出了“文艺复兴”“宗教改革”“启蒙运动”等“自我主张”的新局面，而后者则湮灭了数千年中国学术以人为本、生生不息的“自我主张”。至今，一些学院派学人仍蜗居在象牙塔里寻找“模仿—学习”的方案，接连提出了一篇又一篇“中皮西瓤”的文章，撰写了一部又一部“中面西魂”的著作！

一百多年过去了，中国学术的“学徒状态”并未像文章所说的那样硕果颇丰，而是成果甚微，中国哲学的合法性问题只在形式上得到现代西方人的认可，留给中国学者的是无尽的困惑，为什么会这样？笔者认为，无心统摄“分且隔”的西方文化与有心统摄“合且通”的中国文化是两大原创型文化。前者是以实体为本位的机械整体世界观，后者是以道为本的生命本体宇宙观；前者可分不可入，后者可入不可分。因此，前者可将形式与内容、抽象与具体分而论之，形式逻辑与辩证逻辑分而成说；后者则是形式与内容不可分，也不存在抽象统一和实体性差别。前面说过，中国传统形式逻辑（《墨辩》）早已融入以道为本的中华道学体系中，创造了中华道学独有的生命本体辩证精神。从最根本上说，中华道学高于且包容西方哲学而非相反。因此，一个生生不息的良善文明绝不会奉行“弱肉强食”的丛林法则,也不会谋求世界“绝对权力”。历史上的“华夏中心主义”只是一个地理观念而非像“西方中心主义”那样是一个地地道道的政治概念、霸权概念!所以硬要以西方哲学为样板,强中国学术合其法,则必要将中国学术解体剖心,“求西方哲学之形式+中国思想之史料”之合成。这样就可以既把“中国哲学”的“合法性”说成“纯粹形式上的术语”,又可以“完全不涉及内容与差别,尤其是不涉及实体性的内容与差别”。这样的“合法性”不过是臣服强权、自我奴化的合法性!

四

文章最后谈到“文化结合”,这不是一条坦途,而必然要长久地经历“艰苦锻炼”,即围绕着“古今、中西”这个枢轴。文章说:“这样的争议有多么激烈,多么广泛,多么复杂,多么持久,总是意味着我们在‘古今、中西’的主题上所要经历的锻炼有多么艰难,所面临的疑惑有多么巨大,所具有的意义有多么深远。”笔者认为,所谓“古今、中西”问题,归根结底是“中西”问题。既然说到“古今”,笔者就谈谈自己的看法。应该说,中西文化皆有“古今”,先看中国文化的“古今”。真实的历史是,中国文化发祥于距今5000多年的炎黄时代,与中华民族的历史实践活动相表里,在肯定之肯定的继承发展中绵延至今,从未中断过。它是活到今天的文化传统和现实生活画卷的生机一体,并将生生不息地永续生存发展下去。西方文化“古今”的历史真相是，它发明于距今3000多年的古希腊时代，曾经历过奴隶制、封建制、资本制的否定之否定之阶段性历史发展走到今天。作为统称的西方民族从未统一过，其文化虽有统一的逻辑形式，但其实体内容从未真正统一，历史上的奴隶制文化、封建制文化，作为思想遗产在否定之否定的螺旋发展中延续下来，但是其实体内容则已死亡。这是中西文化“古今”的真相，但是一些西方学者在所谓西方中心主义的普世原则下，不承认中国有历史发展，不承认中国文化生生不息绵延至今，骄狂地认为在西方列强侵略中国之前已成僵尸。19世纪末20世纪初，这些谬论被学院派的公知们奉为圭臬，公然声称中国传统文化已经死了。笔者曾说过，争议“古今、中西”这个枢纽，归根结底是“中西”问题。100多年来，国内学界生出一怪现象：对西方文化津津乐道，言必称希腊，论必述西方，把实体本位的西方文化（哲学是其主干）说成活的“哲学王”而顶礼膜拜，把活生生的中国文化说成死的而弃之如敝屣，强要活生生的中国文化向死气沉沉的西方文化好好学习，进入“学徒状态”，真真堪称数典忘祖，不知所以！

文章提到所谓“金岳霖问题”，这是1930年金先生对“中国哲学的史”和“在中国的哲学史”的辨别。金先生是治西方逻辑学的学者，运用逻辑思辨分别这个问题，似在情理之中。为了下面讨论方便，笔者把文章中关于“金岳霖问题”引述的一段话录于下：“如果一种思想的实质与形式均与普遍哲学的实质与形式相同，那种思想当然是哲学。如果一种思想的实质与形式都异于普遍哲学，那种思想是否是一种哲学颇是一问题。……‘中国哲学’，这个名称就有这个困难问题。所谓中国哲学史是中国哲学的史呢，还是在中国的哲学史？”这里有两个问题需要搞清楚，一是思想的实质与形式何谓？二是普遍哲学是指哪家哲学？所谓思想的实质，应是思想本身固有的性质、面貌；思想的形式，应是思想的结构、形态。笔者说过，中国传统文化、思想、精神是以道为本的生命体，它是中华民族数千年历史实践活动的结晶，其实质与形式是合二为一的，与西方哲学实质与形式两分的机械性质不可同日而语。即不能用西方哲学的实质与形式硬套在中国学问身上，解体剖心，也不要用中国学问的生生本体否定西方哲学的实质与形式，二者分别是中西方各自发明的原创性的文化（哲学）。由此看来，所谓普遍哲学就是一个学问类型，中国哲学和西方哲学同属于这个类型中的学问。金岳霖先生之所以遭遇这个困难，在于他所处的时代是西学炙手可热的年月，必然地接受了西方哲学在现代性这个特定阶段上获得的绝对权力，从而承认其“普遍哲学”的外观，并从西方哲学的实质与形式上评判“中国哲学”的“合法性”问题。这是时代使然、形势使然，我们不能苛求前人！遗憾的是，时代前进了，形势巨变了，今天的某些中国学者却仍然像20世纪二三十年代的学者们那样看待“古今、中西”这个枢纽。可以断定，如此继续下去，中西“文化结合”经历再长久的“艰苦锻炼”也难成正果！文章借用历史上佛教中国化进程的事例获得多重积极启示，显然难以服人，因为佛教中国化的前提条件是中华民族主体性的自觉、文化自主性的高扬和历史实践活动的广泛性，这才有了中印“文化结合”的硕果。而今天，这些品质在象牙塔里的某些精英们身上都不具备，如此中西“文化结合”，只能是劣果累累！

（本文中的“文章”是指《重论“中国哲学”的合法性问题》，摘自《学术月刊》2021年第4期）

（写于2022年3月4日至14日）

金岳霖先生的《论道》

金岳霖先生是中国近现代著名哲学家、逻辑学家。他把西方哲学与中国哲学相结合，建立了独特的哲学体系，著有《论道》《逻辑》《知识论》。笔者在《百年中国哲学经典·三四十年代卷(上)》读到这些文章，犹对先生的《论道》感兴趣，拜读几遍，因其晦涩难懂，初读不甚了了，但随着笔者《心论集"续"·道兮归来》和《中华道学论纲·理论篇》的运思明辨，对中华之道顿悟开朗，再回过头来品味《论道》，觉得很有值得商榷的地方。

一、中国之道：可悟不可论

中国最早提出"道"的学问家应是老子，他说"道可道，非常道"，直言"道"是不可言说的，说出来就不是"道"了。

但金先生要“论道”，当然是要言说，于是说：“不道之道，各家所欲言而不能尽的道，国人对之油然而生景仰之心的道，万事万物之所不得不由，不得不依，不得不归的道才是中国思想中最崇高的概念，最基本的原动力。”其实，金先生所言之“道”是“不道之道”，与老子说的“道可道，非常道”并无不同，但句子最后把“道”说成“概念”，即使是“最崇高的概念”也是值得商榷的。“概念”是西方哲学、逻辑学的一个词汇，任何一个概念都是可道的、有明确界定的，无论是内涵还是外延都是明晰的、确定的现象实体的本质概括，其前提是“有”（或曰“实体”“现象”）。但是“道”本于“无”，无始终，无限界，因此，“道”只可“悟”，不可认知，不可论说（即“不道”之道）。中国人发明了“悟”，便与西方人的认识论有了区别。金先生青年时代赴美留学，攻读逻辑学，深受西方思维方式的影响，故用“概念”名“道”，似可理解。

二、中国之道：可容不可分

王阳明曾说过：“心外无物，心外无事，心外无理，心外无义，心外无善。”可谓心即宇宙，宇宙即心，包容一切，贯通一切，不可也不能分割，因为是生命本体，故道亦然。但是，金先生“论道”，把道一分为二：式与能。所谓“式是析取地无所不包的可能”“这里的‘能’字是命名的名字……名字叫‘能’的那 X 不是普通所谓东西，也不是普通所谓事体”。如果笔者理解不错的话，“式—能”应类似于西方哲学的形式与实质,但又不完全是。基于这样的界定,金先生开始了他的纯逻辑的概念游戏:道是式—能;道有“有”,曰式曰能;接着是道、式、能三者的内涵、关系等。虽然金先生极力向老子的“惚兮恍兮其中有象,恍兮惚兮其中有物”之“道”靠近,但其所论之道已经不是中国之道了。中国之道本于“无”,始于“有”,金先生的“道”始于“有”,与西方逻辑相同:第一范畴是实体(有),第二范畴是关系,由此演绎出西方哲学诸流派。从哲学史的角度看,当希腊人说绝对是“一”的时候,中国人早已提出“太一”;当希腊人说“水是本质”的时候,中国人早已说过“太一生水”,况且中国人还提出“太极而无极”了呢!与金先生一分为二的“论道”逻辑不同,笔者更赞成庞朴先生的“一分为三论”,他认为,事物都是“实—虚—实”的,“‘虚’的也是客观的,而且,这一个‘虚’的关联,比起那两个‘实’的对立面,就内容来说,更为丰富得多;辩证法的许多道理,正是藏在这个‘虚’的关联之中;二分、三分的差别,也源于是否看到了‘虚’之存在。”笔者认为,中国之道乃宇宙生命本体,正是承认“虚”是客观的。将中国之道一分为二,就是否认了“虚”是客观的,也就否定了宇宙生生不息的道理。

三、中国之道:天地人三位一体

中国之道有天道、地道、人道,此说天地人非是一分为三,而是一而三、三而一,其内在生生之理是“人法地,地法天，天法道，道法自然”，《左传》有言“天道远，人道迩”，故孔子曰：“人能弘道，非道弘人。”关键在一个“弘”字，说的就是人与道的关系。中国之道与佛教“如如”不同，前者重视人的作用，人可悟道、得道、弘道，后者虚化人的存在，如来如往。金先生“论道”分为无任何规定的“式”和“能”，它是“无生灭，无新旧，无加减，无终始，无所谓存在”的“式”和“能”之合。所以，金先生的“道”是“无生灭，无新旧，无加减，无终始，无所谓存在”“无动静，无刚柔，无阴阳，无显晦”，“道无二，亦无内外”“道无出入”。所谓“道有‘有’”是“有”，“道无‘无’”还是“有”，都是纯逻辑意义上的“有”，所谓“无”只是逻辑思辨的“格”。此与西方逻辑学合拍，与中国之道“以无为本”“有无相生”“动静相随”“刚柔相济”“阴阳和合”无契合处，与中国先贤以“有”恒言“无”所不足的弘道精神更难契合！故金先生“论道”似有三点值得商榷：

第一，金先生的道不见乾元资始，大化流行，氤氲化生，生生不息的生机活动，只是纯粹逻辑底，而非生命本体底。

第二，金先生的道不见人，更不见人心，只是纯客观底，而非主客合一底。

第三，金先生的道是无心之道，人、道“分且隔”，不仅冷，而且僵。

四、中国之道：勃勃生机永续永存

乾元资始，大化流行，氤氲化生，生生不息，是中国之道永存永续之理，是永生常新之法。“道”不是瓶子之类的容器，想装什么就装什么，但笔者认为，金先生的“论道”的办法就是要在旧瓶中装新酒。金先生认为，关于道的思想是元学的题材，而“元学”的裁判者是整个的人，这样构建了“元学（道）—裁判者（整体的人）”的主客两元结构。《论道》的用字方法“就是普通所谓旧瓶装新酒的办法”。这个办法灵吗？笔者认为不灵！任何比喻都是蹩脚的！把中国之道比喻为旧瓶不妥，理由亦如上述。西方哲学也非新酒，长了说已有3000多年历史，短了说也有500年左右的历史。中华之道是生生之道，泱泱5000年，历久弥新；西方哲学是实体本位，生死有隔。所以，从现实性上说，中华之道永续永存，西方文明（哲学是其核心）有生有死。西方文明可融化于中华文明（中华道学是其核心）之中，但决不可能取代中华文明；中华文明可消化吸收西方文明使之中国化，为我所用，断不可以全盘照搬西方文明！金先生的“旧瓶装新酒”之说，走的是西化之路，《论道》更像是穿着汉服的西洋人！

五、时代使然形势使然

19世纪末20世纪初，中华民族遭遇了亘古未有之大变局，国家危亡，民族劫难，敦促仁人志士寻找救国济民、民族独立之道。在当时那种西强我弱的情势下，向西方学习，成了自师夷之长技以制夷、洋务运动、戊戌变法、辛亥革命乃至新文化运动这一历史时期的主流,政治思想潮流也由“中体西用”转变为“全盘西化”。在这样的时代背景下,一些学界精英从各自角度提出救亡图存的各种方案。比如胡适先生声言“中国传统文化已经死了”,提出“多谈些问题,少谈些主义”和“研究问题,输入学理,整理国故,再造文明”的方针;冯友兰先生主张“最哲学底哲学”之“第三条道路”;顾颉刚先生发起中国版的“疑古思潮”,提出“层累地造成的古史说”;金岳霖先生则提出“旧瓶装新酒”的中西哲学结合说……应该说,那是一个西学炙手可热的时代,形成了西学权势独霸学界的形势。在那样的强势下,像梁漱溟、熊十力等新儒学大家也不得不委曲求全。所以,对包括金先生在内的这些前辈在寻找救国真理过程中提出的不同方案,是时代使然,形势使然,后世学者当予以理解,不必苛求!但是时代在前进,形势在变化,应该与时俱进,与势俱变,认清前辈学者的思想理论已经过时,今之学者还在遵循,奉为圭臬,不合时宜,会误国误民,这应该引起当今学界的关注!

(写于2022年3月21日)

“养心斋”手记

一

笔者居秦皇岛在水一方小区,居室中最小的一间约有10平方米,辟为书房,其东北角有面北向东的拐角窗,书桌就放在窗下,后背是笔者的书橱,书虽不多,但都是笔者喜欢的。春天来了,窗外,北面是花红柳绿围绕的庭院小湖,东面是数十种花草树木掩映下的通幽曲径。早晨,阳光穿过层层楼宇的间隔洒进小屋,一片光明;窗外的小鸟在林中飞来飞去,欢歌笑舞。早春二月的北方,微微寒气袭人,一场春雪过后,空气却格外清新,它从微启的窗缝中悄悄溜进来。窗台上的菩提树、文竹沐浴在清晨的阳光中,呼吸着新鲜甜美的空气,张开朵朵笑脸,令人心情格外愉悦!“人心惟危,道心惟微,惟精惟一,允执厥中。”笔者喜欢这十六字箴言,就将小屋起名为“养心斋”。笔者座位的右手侧悬挂着一幅字画，“安时而处顺，乘物以游心”，虬劲有力，是中国当代哲学大师庞朴先生所赠墨宝，作为座右铭，恰如其分。

读高中时，学校理科氛围浓厚，笔者也很喜欢理科，深深景仰钱学森、钱三强、钱伟长、李四光、华罗庚等科学大家（当时还有很多大家隐姓埋名，默默奉献，后来才知道），对国外的大科学家牛顿、麦克斯韦、爱迪生、爱因斯坦等也是心怀敬佩之情。记得那时，笔者读过一些科学家传记方面的书，其中有一本是关于爱因斯坦的书。笔者对爱因斯坦的质能互变的相对论公式“$E=mc^2$”不是很懂，只是听学校老师讲座时，知道“E”代表能量，“m”代表质量，“c”是光速（30万千米/秒），“2”是平方，即光速的平方。这个公式的“质”就是浓缩的“能”，而“能”则是发散的“质”。由于他的发明，后来的原子弹产生了，其威力从日本广岛、长崎原子弹爆炸所造成的破坏力可知，而核能发电也是运用相对论原理。当时笔者对爱因斯坦十分崇拜，并非他的理论被战争贩子改造成杀人的工具，而是对物理学造成的革命性变革。这激发了笔者对理科更深刻的热爱！但还有一个小插曲，记得当年爱因斯坦深思细研他的高深理论时，是居住在一个小阁楼上，笔者称之为“爱因斯坦阁楼”。当然，笔者也梦想自己能拥有一间类似的小屋，温馨静谧，环境优雅，研读自己喜欢的学术理论。十多年前，笔者终于拥有了这样的小屋，如上所述缘由，给它起了一个很中国的名字——“养心斋”。

随着时代的变迁，笔者的人生轨迹发生了变化，弃理学文了。但令笔者高兴的是，知识结构的转型使自己对中西文化比较研究产生了浓厚兴趣，爱因斯坦生平也是笔者思索的范畴。初始的研学并不自觉，围绕着兴趣读了不少杂书，从更深的层面了解了西方自然科学的奥妙，并解开了读高中时脑子中常常萦绕的“自然科学之谜”：为什么教科书中，那些物理、化学、生物学原理、定律、公式都是西方人发明的，很少看见中国人的影子？在西方，为什么那些学习并不很优秀的学生却成为后来的发明大家？爱因斯坦就是其中最有名的一位。周有光先生曾说过：“爱因斯坦读书并不好，大学都考不上。所以说考试只能测量你的记忆力，不能测量你的理解力、创造力。”而爱因斯坦本人也曾对他那时的教育颇有微词，认为阻碍了他创造力的发挥。20 世纪 70 年代末 80 年代初，笔者买了两本介绍西方科学的书，分别是《科学研究的艺术》《科学究竟是什么？》。读后有五点心得：一是成功的科学家往往是兴趣广泛的人，他们知道读什么书，如何读，有些可精读，有的可略读，有的可浮光掠影、一带而过；二是做笔记，做索引卡片，特别是能激起灵感、猜想、想象的话语、段落要做笔记；三是科学研究方法很重要，书要越读越薄（我国数学大师华罗庚也说过类似的话），或尽信书不如不读书，科学是探索新知的艺术，不是专门积累知识的工具；四是科学史告诉我们，一项重大的科学发明不是某个孤立个人努力的结果，而是多种社会因素、原有科学成果相互作用、共同激励的成果,爱因斯坦并非数学天才,是斯特劳斯的数学能力给他关于宇宙的直觉提供了一个框架;五是科学研究有两种大脑类型:“猜测型和积累型”或“推测型和条理型”,虽然人类大脑可以划分为两种类型,但没有人是单一类型的,都是混合型的,只是偏重某一类型、偏重多少的区别。

二

笔者虽然喜欢理科,但对文史哲也情有独钟,收藏了些中西方的哲学书籍。读大学期间,到图书馆拣经典看;工作后闲暇时继续翻阅浏览,做了些笔记、卡片。这其中就有不少西方科学哲学的书籍。在品读细思中,笔者对中学阶段的学习多有反思。自 19 世纪末 20 世纪初西方教育模式被引进中国,传统的教育系统逐渐消失了,科举制度被废除,私塾、庠序、书院、太学也慢慢被西式大、中、小学体系所取代,科举制度被不同层级的考试制度所替代,传统的有教无类、因材施教的教育方法被标准教育、批量产出的教学模式所代替。经过这样的变动,西方教育模式被全盘移植过来,中国传统教育中的优秀成分被改掉了,而西方教育的缺欠一并移植过来,以至于我们曲曲折折地寻找适合当时中国的教育方式未有结果。

现代教育有两个目的:一是学做人,二是学做事。有两个渠道:一是普及,提高全民文化科学素质;二是育才,多出人才,快出人才,强国富民。我国的教育方针是培养德、智、体、美、劳全面发展的社会主义建设者、保卫者，它已涵盖了两个教育目的。现在的问题是家庭、学校偏重分数，即所谓智育，就是考试成绩，而非做事能力。我国当前教育普及有很大进步，但人才培养不能满足国家需要。在以考试成绩评价人才的背景下，那些先天会读书、会考试的“条理型”“逻辑型”学生会占优势，而那些不太善于逻辑思考的“猜测型”“模糊型”学生往往被忽视，笔者认为爱因斯坦就属于后一类的人。如果再加上家庭的宠爱，学校的偏好，笔者认为，大批真正的人才会被埋没，而那些“条理型”的群体则大多难成大事！近年来不少追踪评测机构对近三四十年来的高考状元、超智神童进行了跟踪调查，其结果大不如人意！这些人走向社会后，大多数人没有卓越贡献，只有少数人有重大科技创新或成为某领域的领军人物！（如读者感兴趣，可参阅中国社会科学院有关调研报告。）

如何兼顾不同头脑类型的学生的培养，这是一个非常复杂的教育问题。因为没有一个明显的界限能把“条理型”和“猜测型”学生分开来，况且“神童早成型”与“大器晚成型”更难截然两分，还有“全面发展型”与“学科拔尖型”的学生。这些情况交织混合在一起，确是世界各国教育界普遍存在的难题。为了解决它，西方国家多采用宽松式、自由式的教育方法，有点类似我们所说的顺其自然，让学生凭自己的兴趣自由发展。但我们中国人天生以悟为本的精神活动方式，既需要“条理型”的逻辑思维培养，又需要现代经验知识、科学技术知识的积累传承；既要运用逻辑思维掌握西方科学知识体系发现发明的方法，以为新知的发现培养学生的内功，又要将国外先进的科学技术转化为经验知识积累传承，激发悟性、灵感，以为将来走向社会创造尖端技术和独门绝技服务。所以笔者认为，中国学生（特别是硕士生、博士生）还是要学好、精通古典汉语和一门西语（主要是英语），同时要尊重学生的个性特点、兴趣爱好，提供适当宽松、自由的学习氛围，让中西两种学习方式在每个学生的头脑中激荡、碰撞，两种大脑类型交互为用，各种优秀的学生才会脱颖而出。这是笔者作为过来人对自身求学过程反思的点滴体会。

三

“悟”是中华民族的精神活动方式，“悟”从心从吾，是我心之活动。五千多年来，中华民族在创造历史文明的实践中，创造了独特的生态文明，并在此基础上生成了以悟为本的精神活动方式。“悟”不单单是认知活动，还包括情感、意念，是知情意三位一体的生命活动。所以，“悟”不是单纯的经验活动，也不是单纯的理性活动，而是经验理性或曰实践理性的活动。上面提到西方人的大脑思维分为“条理型”或“逻辑型”与“猜测型”或“模糊型”两种，那么，中国人以“悟”为本的精神活动与西方人两种类型的大脑思维活动有什么区别呢？同为地球人的中国人和西方人，他们的精神活动为什么会有这样的区别呢？这种区别带来了怎样的不同结果呢？

(一)中西两大族群精神活动方式的区别

中华民族与西方民族都是地球自然界创生的族群，他们都生活在大自然中，都是灵与肉相结合的两大人类群体，因此从来是平等自主生活的民族。如仅从其精神活动而言，他们各自发明了适合自身生存发展的文明形态和内在独特的精神文化。如果比较一下其同异，笔者觉得是大同而小异：所谓大同，即二者都由知、情、意组成，故可相知相通、交流合作；所谓小异，其实不小，是它造成了两大族群不同的生活方式和精神活动方式，其不同处在于中国人的精神活动方式是知、情、意三者有心统摄“合且通”，而西方则是三者“分且隔”，三分天下。

落到实处，中国人是心、性、情三者心统性情，即心本理统道通。古人云，天地与我相通，万物与我为一，吾道一以贯之，讲的就是这个大道理。心有本心、道心、人心，是三位一体，道心为本，人心为用；性分本然之性(即天理)和气质之性(见人欲)，前者本善，后者可善可恶；情由性生，情有本然之性即情理，亦有气质之性即情欲。性情、理欲生机一统，显为人心生生之大观：合天理之人欲，良知昭昭，便是随处可见人欲，随处可见天理；私欲蒙蔽本心，良知泯灭，私欲横流，天理不行。此分别全在人心光明与心地阴暗之别，故于一念发处便知善恶、真假、美丑之分，不必多言。此是王阳明“心即理”“致良知”“知行合一”之内在关联,笔者很赞同。

西方人的精神活动方式"分且隔"。他们既有纯粹理性的逻辑思维,也有基于经验的归纳思维;既有以追求纯真为目的的科学理性活动,又有完全情绪发泄的狂欢活动;既有实践理性的道德超越,又有感性审美境界的不断攀登……在西方人的精神世界里,唯心论与唯物论,唯理论与经验论,可知论与不可知论,有神论与无神论(或泛神论)等,犹如楚河汉界般,清清楚楚地对立着又依存着。虽然如前所指出的,西方人的思维活动分为"条理型(或逻辑联想型)"与"猜测型(或创造想象型)",但这两种思维类型仍然建立在逻辑思维的训练上。所谓联想,是逻辑链条合理性的判断推理;而所谓创造的想象力,不过是发生在逻辑推理链条中断时产生的难以逾越的悖论。康德提出的创造的想象力,是为提出"感性经验—先验知性"过渡的"架构"服务的;而爱因斯坦也说:"提出一个问题往往比解决一个问题更重要……而提出新的问题、新的可能性、从新的角度去看旧的问题,却需要创造性的想象力……"(《物理学的进化》)显然,逻辑联想是对已发明的知识体系的清晰表达,而创造性的想象力则是新知识、新理论创生的助产婆。

中华民族以"悟"为本的精神活动,虽然只有一个"悟"字,但它包容了西方所有精神活动的总合,并超越了它,是一种无限统合的"心自由",具有"会众合一"的创造性想象力:既是"条理型"的,又是"模糊型"的;既有逻辑推论,又富猜测遐想；既依据经验的积累、传承，又需要理性的运思、明辨……但它们交互之间并无明确的界限，而是你中有我，我中有你，相互激荡、碰撞、创生。这与西方科学发明过程中的创造性想象力大不相同，前者是与生俱来的生生活动，是中华民族悟道得道以后一种独特的创造性活动，而后者只是一种为发明新知识体系而需要的逻辑工具。所以，中国人学习运用西方学问驾轻就熟，且可以改造其为人类价值服务的工具，而西方人学习中国文化有些摸不着头脑，他们不明白中国人历史上和现如今的创造发明是如何实现的。其实，奥妙就在于中国文化的无限融通性，完全包容、吸收消化了西方文化，反过来却完全不可能。正如坦普尔在《宗教与科学的关系》中所说的："关于宇宙产生和生命进化的科学理论在某些关键点上是失败的，他们不能解释从无机物到生命存在的转变，或者从简单的动物生命到有道德的精神生命的转变。"坦普尔认为，这些科学解释中的断裂表明了神的干预的可能性，西方民族需要宗教，因为科学理性是有局限的！中华民族不需要宗教，因为"悟"本精神活动是无限的！

（二）中西两大民族的精神活动的差别很大

笔者认为，地球上的人类因同在一个星球，生活方式、行为方式、思想方式、情感方式等存在大同的一面，因此，居住在不同地域的种族、民族都能相互交流，相互学习，还可以相互通婚，否则这一切很难做到。不过大同之下也存在差异,因此造成交往隔阂。最典型的差异存在于中西两大民族之中,笔者在《文化类型新论》一文中曾探讨过这个问题,从三个方面阐述了其原因:一是作为历史发生的前提条件的自然生态环境的差异;二是在与各自生活其中的自然生态环境的相互作用过程中生成的谋生方式不同;三是与谋生方式同步产生的精神文化的信仰、支撑、凝聚、传承、重塑的作用。笔者想再次重新勾勒一下。

(1)西方文化发源地的希腊半岛位处地中海东部的爱琴海一带,境内岛屿众多,希腊半岛群山分割成狭小区域,这为城邦文化准备了先天条件;而在小亚细亚、两河流域、尼罗河流域,更是被群山戈壁分割成几大文明区块,它们北上、西进、南下与希腊汇合在爱琴海,工商文明、农业文明相互交往、碰撞。故希腊在地理位置上恰成欧亚非三大洲之要冲,成为工农商牧文明的交汇地。这就是造就古希腊文明的“漩涡机制”。

而在东亚广袤的土地上,多元自然生态元素相偎相依,山川、平原、丘陵、盆地、大河、湖泊、戈壁、草原、海洋等连成一体,形成相对封闭的地理环境,这样的先天条件造就了这里以农耕为主体、工商牧渔多种产业形态有机合一的生态文明。在漫长的发展演变中,形成了一主多辅、星罗棋布的生态部落,主体部落在与周边多元部落的交往中创生了以血缘为纽带的大一统文明。这是创生中华文明的“泉涌机制”。

(2)古希腊人在狭小、孤独的区域、海岛上生活,只能依靠较单一的产品与周边农耕民族进行交换，维持自己的城邦生活，战争、劫掠便成为常态性的辅助手段，战俘和被劫掠的奴隶转变为生产的主体（奴隶阶级），生产工具（战争中的武器）成了文明进步的动力。生产工具的变革、奴隶与奴隶主的阶级斗争，推动了社会由一种制度转变为另一种制度，人们的谋生方式也随之发生质的改变。

在东亚大陆，中华民族最早发祥于黄河流域的冲积平原，以家庭为本位的农耕生活视土地为生存之本，诸子析产深蕴以血缘为纽带的封建一统制度的雏形。随着生产规模的扩大，新种族部落的融入，促进了家庭形式的演变，推动了主体部落与周边部落之间关系的变革，大一统封建形制也随之继承、演变、发展，多种经济形态以家庭为本位，以国家为主导，创生了“家—国异质同构式”的生态文明。

（3）任何一个民族都有自己的信仰，特别是像中西这样的民族，信仰是他们存在发展的精神支撑。但是中西民族的信仰是不同的，其不同的根源存在于他们不同的自然生态环境所创生的不同的谋生方式，而文化分别代表了他们的信仰。下面就中西两大原创型文化本身的差异略作点评。

西方人最早信神，古希腊的神成体系，因为他们孤独无助，不知自己从何而来，于是从宗教中寻求帮助，直觉自己是上帝之子。古罗马帝国奉基督教为国教，直到中世纪上帝表象化，新柏拉图主义成为上帝存在的注脚，直到今天，虽有多次宗教分化和改革，但信仰上帝始终如一。科学也是西方人从来信仰的实体，他们把生活其中的自然作为客体，分析研究物质世界，力求找到世界本原。他们成功了一半，发明了科学知识体系——一个相对真理的知识系统，并以这个系统设计了他们的社会制度、政治体制以及哲学、艺术、法律等意识形态上层建筑，但探求世界本原的结果永远无法实现了！

中华民族的祖先也信仰过神，但那些神都是民间英雄的化身，不像古希腊的神都是高高在上的天神。中国先民信仰“道”，“道”是先民在静观自然、考察诸物、细思变化中悟得的宇宙生生之道，以道法自然为原则，发明了民族休养生息的礼乐刑政、天文术数、农工医商有机统一的人文精神，在家庭、社会、国家各层面的生活实践中力行仁义礼智信、温良恭俭让、忠孝廉节耻的伦理道德。如果西方社会每有一件重大工具发明就有一次历史性的新旧替换，那么中国社会以道为本，在渐进性的社会转型中不断提升民族的精神境界！

西方人至今仍囿于主客分立，沉迷于事功境界的层次，幻想着死后灵魂升入天堂的迷梦中；中国人则早已进入天人化一的纯我境界，追求人性的美好，成就人格的完善，再创全人类的福祉。

中西文化有差别，但绝非决然对立，而是一体之两面，各有其用。这个体是宇宙生命本体。西方文化视天地万物为实体，分而析之，推而论之，循果求因而成知识体系；中国文化自觉其内，视其为生命活体，悟而思之，明而辨之,会众合一而有创造之功。前文说过,中西两大民族的精神活动中都具创造性的想象力,但二者是有根本区别的。中华民族的创造性想象力是“悟”本精神活动的本然之有,它不仅贯穿于中华民族的全部历史创造活动中,也浓缩在每个人一生的生产活动、科学研究和社会实践之中,与认知活动、联想活动、逻辑思维等浑然一体;而西方民族的创造性想象力是因其逻辑思维活动中断而产生悖论后进行猜测的理性工具,而这也只有具“猜测型”的人群才有。

(1)自西方列强以坚船利炮打开中国大门,就有很多仁人志士面向西方寻求救国真理,很多留学生飘洋过海到美国、欧洲学习其先进的科学技术;20世纪80年代后又有大批中国人到西方留学。这些中国留学生接受西方语言和自然科学并无困难,加上他们勤奋励志,大多成绩优秀,特别是中华优秀传统文化基础深厚的那些老留学生们,很多都有重大发明,诺贝尔奖得主不乏其人。因为在他们的精神世界中,中西文化的对撞激起创造发明的灵感,像我们熟知的杨振宁、李政道、钱学森、邓稼先、程开甲、李小文等众多国际知名科学家,有近年来回国的施一公、潘建伟、高华建等科学家,还有众多像于敏、戚发轫、马伟明、杨伟等新中国培养出来的科学巨星。他们都是中华文化培育、陶冶出来的,同时又精通西方相关科学理论和技术。这些科学巨星都有一个共同特点,就是爱国。爱国不仅是高尚的道德情操,也是非凡的心智素养,是甘愿为祖国富强、国家发展、民族兴盛而献身的精神境界。

（2）中华民族以“悟”为本的精神活动着眼于生命整体的价值评判和追求，真的是善的，善的也是真的，“真且善”；西方民族的精神活动是“分而隔”的，在追求真理的“知”的奋斗中，张扬价值中立，排除一切情绪欲望的干扰（其实只是空想），而在尽情的狂欢中又是忘我投入，极尽欲望、情绪之发泄。所以中国人能够在求取真知的同时，不忘其价值的取向，对科学真理的追求必要以伦理的制约，对恶的力量的利用总要符合善的规范。从中西文化各自的整体特质看，中学可以包容消化西学，西学则难以包容中学。近年来，有不少外国学者看到了中学的深奥，在中国的创造发明中感觉到这一点：中国把自己的才智用于很多方面的融合。在一艘护卫舰上同时可以出现来自美国、俄罗斯、法国、瑞典等国不同形式、类别制造机制截然相反的装备，对于中国人来说，他们都能很好地应用、结合在一起。而印度主要是以“购买，全部购买”为原则。瑞典军事评论界认为，中国可以吸纳几乎全世界任何国家的军事技术，而且他们可以把这些技术应用在同一个单位上。此外，我们中国人还能够在更高的技术水平上自研自创独有的绝技绝活，这是世界上其他任何国家都做不到的。

（3）可以预期，人类文明发展进步繁荣的主动轮将掌握在中国人民手中，因为中国人不仅能够把包括西方文明在内的先进文明学到手，而且中国人的所有创造发明和发现发明都是为了造福中国人民和世界人民！当西方的科学理性和工具理性走到尽头的时候，正是我们中华民族

“悟”本精神活动再次大显身手的开始。500年来，西方文明教会了我们科学方法，给我们送来了大量的科学技术，我们中华民族就可以在此基础上再创世界新的文明！

四

最近看到一个词叫“汉语哲学”，笔者不知何之谓，更不知何之故！只听说“汉语哲学”区别于“中国哲学”，为什么呢？好像是说，哲学就其本性而言，它是全人类都关心的概念，只不过德国人用德语，法国人用法语，中国人用汉语，美国人和英国人用英语来表述、阐释。而作为哲学学科的“中国哲学”，由于其形式与实质与普遍性的哲学概念难以相容，便出现了“金岳霖问题”，即“中国哲学”究竟是“在中国的哲学”还是“中国的哲学”？如果用“汉语哲学”这个概念，那么所有用汉语研究人类的普遍意义的哲学，就是顺理成章的事了。这样既解决了“金岳霖问题”，又可以与西方语言哲学平起平坐了；既可以为阐释古典思想提出原创性的那些哲学思想，也可以为有西学背景的人所做的有中国意味的原创性哲学工作，找到学科归属；既可以避免“中国哲学”的历史、社会、民族的意涵，避免“哲学”的国别性，又可以避免国内各种少数民族“哲学”的族别性的混淆。这是笔者对近来有关“汉语哲学”诸说法的理解，如果这样理解与提出此概念的学者的本意出入不大的话，那么“汉语哲学”这个概念就大可商榷了。

(1)何谓“人类的普遍性关切”？如果按照马克思的观点，世界无产阶级的关切与资产阶级的关切会是一样的吗？按照当今世界的划分，发达国家的关切与发展中国家的关切会是一样的吗？如果再说得具体一点，美国的关切与中国的关切会是一样的吗？答案是明确的，绝非一样！可是，哲学学科所要解答的是“人类的普遍关切”，抽去了所有具体关切的“普遍”，只能是一个抽象的概念，这样的概念在西方哲学中比比皆是，可见所谓“人类的普遍关切”不过是西方哲学臆想出来的“关切”！事实上，人类面对的宇宙到底是机械整体还是生命本体？这才是哲学需要回答的问题。核阴影、气候变化、疫情、食品安全等这些涉及自然、社会、人类生存、发展的生态问题才是我们这个星球面临的根本问题，这些问题折射出宇宙是生命本体这个哲学根本问题。(这里的“哲学”一词是指学问的一个类型，下同——笔者注)

(2)“汉语哲学”的确是个新概念，它包容了凡是用汉语解答“人类的普遍关切”问题的汉语世界的学者，而无论这些学者用何种其他语言(如英语、德语、法语等)的哲学的学理、范式来解答，都可以归属“汉语哲学”，如美国实用主义学者胡适、冯友兰，西方逻辑学者金岳霖，黑格尔主义学者张世英，康德主义学者李泽厚等及其他们的学生，都是在“西学东渐”过程中提出了各自的本原性思想。像胡适的“多研究些问题，少谈些主义”和“十六字箴言”，冯友兰的“最哲学底哲学”和“四境界说”，金岳霖的《论道》，李泽厚的“情本体”和“西体中用论”，张世英的“万有相通”，还有张东荪的“西体中用论”等，都与西方哲学的 Being 这个本原不同，也与其 Ontology 不同。西方哲学是由这两个本原支撑起西方哲学的传统，不是一个；而中国哲学传统则是“道”这一个本原发生发展起来。可是“汉语哲学”概念的提出，一下子出来那么多本原性思想，而且这些思想都是用西方不同哲学流派的理论解读、诠释、建构的，这令人匪夷所思，也是值得商榷的地方！

(3)像可以提出“英语哲学”“法语哲学”“德语哲学”等那样，也提出一个“汉语哲学”，就可以解决“金岳霖问题”了吗？事实上，它并不是一个问题，故无需解决。如果它专指“西方哲学类型”的学问，那么，“汉语哲学”或“中国哲学”就很难称其为“哲学”；如果把它看作一个学问类型，那么，“汉语哲学”或“中国哲学”就是哲学。关键还是要看如何定义“哲学”这个词。这里需要弄清的问题是，为什么提出“汉语哲学”概念就避免了“中国哲学”的国别性和国内少数民族的族别性？是否“英语哲学”“法语哲学”“德语哲学”等也是如此，消弭了国别性呢？看来未必，人们说“英语哲学”必定是“英国哲学”，“法语哲学”就是“法国哲学”……依此类推，可为什么为了避免国别性提出的“汉语哲学”就不是“中国哲学”了？如果是，有必要提出“汉语哲学”吗？如果不是，那“汉语哲学”归属哪个国家的学问？世界上只有一个中国，即中华人民共和国；中国只有一个民族，即中华民族，她是由五十六个兄弟民族组成的血脉相通的大家庭；中国只有一个文明，即中华文明；中国只有一个文化，即中华文化；中国也只有一门哲学，即中国哲学（也称中华道学）。构建具有中国灵魂、中国气派、中国风格、中国特质的现代中国哲学（即中华道学）应以道为本，继承发展五千年中国思想传统，吸纳世界上其他国家的哲学思想精华，而不是那些用西方哲学阉割了中国灵魂、亵渎了中国神圣、不伦不类的"本原性思想"支撑起来的所谓"汉语哲学"！

（4）"作为汉语哲学的西方哲学研究"是什么？一是"西方哲学"的译介在某种意义上也是一项"汉语哲学"的工作；二是通过本原性思想的对话，使异质性思想扎根于"汉语世界"；三是迂回他者，重新发现自我，建构"汉语哲学"。这三点与胡适提出的"十六字箴言"在实质上是一致的，并无新意！所谓"汉语哲学"的建构，始终伴随着"西方哲学"的引介，对于"西方哲学"理解得越深，也就越能够发现"汉语世界"自身的特质。这就是越来越多研究西方哲学的学者参与到"汉语哲学"建构进程中的重要原因。这是对上述三点最好的解说，也是对胡适"十六字箴言"的引申！

（5）所谓"汉语哲学"的规范性问题。避免了国别性和国内族别性的"汉语哲学"到哪里去建构其规范性呢？还是要到西方哲学那里，不过要"迂回"，要以"汉语"为载体，建构"现代汉语哲学"的规范性。可我们都知道，"汉语"不同于西方形式逻辑的拼音文字语言，它的每一个字都是有生命意义的，是中华民族精神活动的载体。那么，如何对待这一博大精深的精神生命符号体系？想在概念层面上对“汉语世界”固有的思想术语与理论进行学术上的澄清与阐发，只能像对待“本原性思想”那样，通过“迂回”西方哲学的办法进行澄清与阐发，不过那样的“本原性思想”只是徒有汉字之形，而虚无思想之魂了！“现代汉语”在语言结构上已经西方化了，当前又要在思想术语和理论上下功夫了！这不禁让笔者想起“让哲学说中国话”“基因重组”“西体中用”“哲学对话”“科学视域审视”等那些林林总总建构中国现当代哲学的构想，现在又出现了“汉语哲学”方案！方案倒是不少，但笔者至今也没有看到真正中国味的“中国哲学”是什么样子的。“汉语哲学”的专著在何方？与其应该这样，应该那样，还不如做点实实在在的工作，拿出真东西才像样！

五

(1)大一统国家必要有大一统文化作为灵魂和支撑，而大一统文化必要以大一统国家作为基础和保证，二者是一而二、二而一的关系，是生命本体。自中华民族诞生以来，泱泱五千多年从未中断，及至19世纪40年代前，大一统国家与大一统文化互为表里，你中有我，我中有你，灵肉合一，从未分隔，即使有外族进入的“五胡乱华”（实是华化五胡），辽、金、宋对峙，元、清政权入主中原，也未改变这一基本样态和走向。如果说,历史上的这些变化,是游牧民族进入生态民族,单一的谋生方式融入到生机形态的谋生方式中,促进了大一统国家形制的发展、巩固,丰富了大一统文化的生机活力,那么,19 世纪 40 年代以后,西方列强倚仗坚船利炮打开中国大门,强掠、侵占我国土、财富,是中华民族从未遭遇之强敌,亘古未有之变局。其根本原因是西方民族打造的是另一种原创型文化,即机械整体式的谋生方式,生态文明遭遇了机械文明,与邻为善的民族遭遇了弱肉强食的民族。其短期后果可想而知,中国逐渐沦为半封建半殖民地社会,大一统国家的裂变导致了大一统文化的分解。这种情况直到 20 世纪中叶新中国诞生时才结束。

(2)上文中,笔者使用了文化和文明两个概念。为了下面的论述,笔者先将这两个概念解释一下,并谈谈中西之间的差异。有一个英国人对文明与文化的定义做了区别,这个人叫麦其维尔(R. M. Maciver)。他说:“凡是人类努力去设法以统制其生活的状况的一切机构与组织,可以叫作文明,而凡是人类努力去设法以满足自己的内在的结果,可以叫作文化。质言之,文明是利用的东西,而文化是自足的东西。文明是工具,而文化是目的、是价值、是时款、是情绪的结合、是知识的努力。”文明的英文是“civila”,它有五个含义:一是公民的、平民的,国民间的、民用的;二是民事的、民法的;三是文明的、有教养的;四是有礼貌的、客气的;五是国家的、政府的(非宗教或军事的)。这与麦其维尔关于文明的定义相符。“culture”指某种类型的文化、风俗、信仰或传统等特别是民族的艺术与思想,这与麦其维尔关于文化的定义一致;而"civilization"一般是与"barbarism"(野蛮)相对立的"文明"或"文化"。(以上引自《简明汉英词典)近现代以来,西学东进,人类学、人类文化学、人类文明史等学说传入中国,关于文化概念的讨论也多了起来,笔者撷其一、二如下:梁漱溟先生在《东西文化及其哲学》一书中说:"你且看文化是什么东西呢?不过是那一民族生活的样法罢了。"他认为,物质文化、制度文化和精神文化是一个紧密联系的整体。庞朴先生在《文化的民族性与时代性》一书中说:"文化是人的本质的展现和成因,就是说,它是人的本质的展开的表现和人的本质的形成的原因。"他认为,文化整体有三个层次,即"物的层次(物质的层次),心和物结合的层次,以及心的层次(或叫心理的层次)"。梁、庞二位先生的观点基本一致,代表了中华民族的文化观,即中华民族的"culture"包括了"civilization"。在西方民族来看,文明与文化是有分别的,历时性上是有先后的;而在中华民族看来,二者是不可分的、一体的。为什么会有这样的区别呢?

(3)我在多篇文章中说过,西方社会是先有文化,后有文明。西文中的"culture"本意是农业耕种、培植、种植等。作为西方文化发祥地的古希腊,恰恰农耕文化不发达,工商业发展起来,而其周边的两河流域和尼罗河流域却早在公元前三千纪就有了发达的农业,于是在"希腊—地中海"一带发展起海上贸易、掠夺战争,同时打造了一个失去血缘祖先的希腊民族。为了生存、发展,希腊人吸收周边民族的先进文化,造就了以个体为本位、以工商立国的城邦国家和公民社会,希腊人把这叫作“文明”(civilization),以与野蛮民族(barbarism)相区别,这是发生在公元前8世纪及以后的事。

我们中华民族与之不同,在“东亚—太平洋西岸”这块广袤的土地上,也有两条大河:黄河、长江。这里有肥沃的土地、丰沛的水力资源和温暖的阳光,长期、稳定、周而复始的农耕生活,延续了祖先的血脉,养育了一个勤劳智慧的农耕民族,在与周边游牧、渔猎、盐铁等种族部落的交往中,吸收融合了他们的文化,创生了以农耕为主、以工商牧渔等多种产业形态一体化相符的生态经济。由于祖先血脉的延续,以家庭为本位的部落发展起来。公元前三千纪,一个庞大的父系民族部落联盟——炎黄部落发展起来。他们修建城池,五业俱兴,并以商贸交往、婚嫁联姻为主,辅之以兼并战争,与长江、辽河流域的其他部落会众合一,逐渐创造起“以礼为体、以乐为用”的大一统国家形制,这就是绵延五千多年的中华文化与中华文明。大一统国家既是管理、统制社会生活的机构与组织,也是民众道德教化、安身立命的场所与工具。

世界上曾有过四大文明古国,但两河文明、尼罗河文明、印度河文明都已消亡,而只有中华文明生生不息,至今愈大愈强。究其原因,在于前三个文明因其文化不彰、文明不兴而分别消融在西方文明和中华文明体系中。

(4)在欧亚大陆的两端,分别诞生了西方文明和中华文明。前者心物两分,灵肉两分,也就是文明与文化两分,美国是合众国,欧盟是小国林立而徒有联盟之名;后者灵肉合一、心物合一,大一统国家的文明与文化合一,具体体现在“道路自信、理论自信、制度自信、文化自信”上,如果没有文化自信,那么道路自信、理论自信、制度自信就失去了依托和保障。所以,大一统国家必要有大一统文化作为有力支撑,而大一统文化必要以大一统国家作为雄厚基础。这是中国立国之本,兴盛之基,生生不息之源!

六

前文说过:“大一统国家必要有大一统文化作为有力支撑,而大一统文化必要以大一统国家作为雄厚基础。”二者是一而二、二而一的关系,是生命本体。在这一论断中,还有五个问题必须要搞清楚:一是中国文化是不是大一统文化?二如果是,那么这个文化能不能解构?三是有无世界哲学?若有,哪家哲学能够代表世界哲学?四是近代以来中国文化的命运与现状。五是中国文化的前途。

(1)中国文化是不是大一统文化?笔者的答案是肯定的。中华民族自从迈入文明门槛的第一步,就已经坚信宇宙是生命本体、关系本位,在其后五千多年的生生发展演变中,从未改变过这一基本信念。那么,中华民族在现实生活中是如何走向文明时代的呢?是家庭形式的演变,而且是从更远古的时期顺其自然生成的这个基本的社会生命单元所内生的“形式+实质”演变的成果。从氏族部落社会到宗法分封社会，再到郡县封建社会，以家庭为社会基本单元的家国同构式的生态社会经历了三个肯定之肯定的继承发展形态。现实生活方式的生态文明与民族心智活动的精神文明总是一而二、二而一的辩证发展，创生了泱泱五千多年有心统摄“合且通”的大一统国家和大一统文化的生机统一体。这就像一个活生生的人一样，是身心、灵肉合一的生命体，把肉身分割、解剖开，心灵便不存在；同样，一个活生生的人，精神分裂，心灵不存，那便是行尸走肉！中国是大一统国家，台湾是中国不可分割的一部分，绝大多数中国人和世界上绝大多数国家都承认这一事实。而中国文化是大一统文化也是事实，但中国学界的有些学者对此口是而心非，行动上则大打折扣。

(2)大一统的中国文化能不能解构？人而无魂，是行尸走肉，任人驱使；人被剖解，灵失魂亡，一堆腐肉。自古以来，中国就是一个生态文明的国度，文化是她的根与魂。可以说，对中国来说，有国无魂是傀儡，有魂无国是亡灵！西方列强图谋亡我中国100多年，终成泡影，今亦妄想演变中国70多年，也将永无可能！但我们中国必须时刻警惕着，美西方之险恶用心，今天尤甚！事实证明，破外来贼易，破家中贼难，破家中贼易，破心中贼难！从20世纪初开始，中国大一统文化始终遭到某些家中贼的戕害。他们干的就是一件事：解构大一统中国文化！他们先是从整体上断言中国传统文化已经死了,对死了的文化可随意分割成碎片,拿来西方学理,将碎片填充进去,打造另类文化!或者解构以道为本之百家学说,消解大一统中国文化,直把儒家正统学说说成代表中国大一统文化之整体(用正统偷换道统,以一家之学统代替百家所宗之道统)!又或者以西方非此即彼的两分法,将中国古代思想及其代表人物划分成唯物论与唯心论、客观唯心论与主观唯心论等对立阵营,削中国大一统文化之足以适西方文化之履!再或者将某家学说中的某一个人的学说,或某个人思想中的某一段话甚至某一句话拿来,再用西学思想进行诠释,强说其思想之一致,理念之契合,以为达到其全盘西化之目的设计蓝图!大一统中国文化是生命本体,以道为本,当然不可以解构!所谓欲灭其国者,必先灭其史;欲灭其史者,必先灭其文化;欲灭其文化者,必先灭其核心(即中华道学)。上述欲解构大一统中国文化之作为,正是要灭大一统之中国和中华民族!这值得每一个有良知的中国人警醒。

(3)有无世界哲学?答案是有,又没有,这是不是自相矛盾?若以哲学严格界定为西方类型的学问,世界哲学则无;若以哲学作为一个类型的学问,世界哲学则有。这便是世界上所有哲学共同参与组合而成的,它们既有平等的生存、发展、繁荣的权利,又有相互交流、借鉴、学习的权利,显然,后者是对的。当然必须承认,在众星闪烁、交相辉映中,中、西、印三颗巨星最为耀眼!但不知为什么,自20世纪初,中国学界某些西化公知推崇西方哲学竟达到如此之地步：一是他们以西方哲学为唯一规范哲学类型，即西方哲学就是世界哲学，凡不合其规范者，或断其不合法，或称其为特殊，无普遍性价值，中国哲学即属此类，或宣布中国传统文化（哲学是其核心）已死亡，出路在于以西方哲学范式、中国史料打造“西式中国哲学”，以获取融入世界哲学的资格。二是他们把世界上众多哲学划分为君、臣或师、徒关系，将西方哲学推崇为君王，其他为臣民，堂堂中国哲学亦被他们贬为臣民，或西方哲学为师父，其他为徒弟，皇皇中国哲学被他们贬为徒弟，他们若是代表个人，给自己定位如何，无关大局，但他们定位的是中国哲学，不知谁给他们的权利和胆量！三是以此为前提，他们杜撰出所谓建构现当代中国哲学的方法、方案，如前所列之“西体中用论”“基因重组论”“马魂、中体、西用论”“科学视域论”“西方哲学说中国话”，等等，都是千方百计要解构中国哲学之体，阉割中国哲学之魂，以让他们谦卑地编造的“中国哲学”加入到在“西方哲学王”统治下的哲学王国中去，当一个训从的哲学臣子！

(4)近代以来中国文化（哲学是其核心）的命运与现状。自19世纪中叶以来，世界文化史上最重大的事件莫过于发生在中国大地上的西方之“魔”与中国之“道”的搏斗，直到20世纪中叶，斗争终于以中国之“道”战胜西方之“魔”而收场。在这100多年中，中国文化（哲学）可说是命运多舛，但最终凤凰涅槃，浴火重生。这既彻底暴露了西方文化的强势与凶恶的侵略性，也充分展现了中国文化的韧性与顽强的生命力！而最可悲的是,中国文化在面对明火执仗的凶恶敌人的同时,还必须防备来自自己堡垒内的某些公知们的暗箭。这些公知们打着救国济民的旗号,以为中国文化寻找出路的名义,往西看,向西走,提出五花八门的方案,实际是射向中国文化(主要是哲学)的一支支毒箭(如上所列)！但是,中国文化其生生不息的品格,总能化腐朽为神奇,挽大厦之将倾,清除身边的绊脚石,向着自己开辟的道路前进！这就是以毛泽东为代表的中国共产党人,高举民族文化的大旗,将一切外来的优秀文化成果中国化,创造了中国现代性的民族的、科学的、大众的文化,为中国文化复兴打下坚实的基础。

但令笔者遗憾的是,今日中国文化之现状仍然不能适应国家发展的需要和人民大众精神文化的需求,特别是在哲学思想领域,旧时代所谓启蒙派学术权威的影响依然存在,向西看、往西走仍有痕迹。一些学者对自己本民族文化不屑一顾,更有个别人对别人建构现当代中国哲学的尝试轻蔑、贬低,声称不过是从传统文化的史料、资料中挑拣一些现成的词句拼凑在一起,而对他们自己的文章、著作中处处充斥着西方从巴门尼德、苏格拉底、柏拉图到笛卡尔、康德、黑格尔再到尼采、杜威、海德格尔等西洋哲学家的牙慧却津津乐道！他们无法也无能构建中国可传承的哲学体系,却在西方哲学的故纸堆中打造自己的西洋哲学(史);他们对怀德海说的西方2000多年的哲学史都是柏拉图哲学的注脚的话深信不疑,可为什么对中国从孔夫子到孙中山这2500多年的哲学传统不闻不问,甚至说只是无用的故纸堆了呢？这种状况再也不能继续下去了！

(5)中国文化(哲学)的前途管见。中国自有自己的哲学,它的历史远较西方哲学的历史长久得多,博大精深得多:一是中国哲学创生于至今6000多年的文明初开时期,从近期考古出土的文物证实,中国的阴阳八卦观念在那个遥远的时代就已产生;而作为西方哲学源头的古希腊哲学却发生在距今3000年左右的时期,比中国短了整整3000年的时间;二是中国哲学是与中华民族创造的以家庭为本位的生态文明共生发展起来的,它视宇宙为生命本体,这是西方人视世界为机械整体的世界观所不可比拟的,更不可同日而语;三是中国哲学的核心是“人文精神+和合观念”的人本伦理哲学,西方哲学则是“工具理性主义+逻辑分析主义”的实证分析哲学。如果说,西方2000多年的哲学史都是柏拉图哲学的注脚的论断成立的话,那么可以说,中国自西周至今3000多年的哲学史都是围绕着“人文精神+和合观念”而展开的大道一以贯之的历史。如果有人非要严格按照西方哲学的范式类型套用在中国哲学身上而否定其合法性,那么,中国哲学自古至今就有一个自己的名字,它叫“中华道学”！

(写于2022年3月27日至4月29日)

朝论夕议

一

找出已经尘封了三四十年的笔记本,看到当年做的一些学习笔记,勾起了往昔的回忆,又产生了新的看法。于是突然冒出一个想法来,把这些笔记优选出来,稍加整理,反思一下,再议论议论,不失为是一件有益的事。

(一)科学与宗教(1987年9月16日)

美国国家航空及宇宙航行局(NASA)太空研究院的创始人泽斯杜鲁(Robert Jastrow)写过一段深富哲理、新人耳目的话:“对于一个靠理性的力量而生活的科学家而言,这故事的结局像是噩梦。他一直在攀登无知之山,并且快要到达巅峰。他攀上最后一块石头时,他竟受到一群神学家的欢迎,他们已在那里恭候无数个世纪了。”

当年随想:

科学解决有限宇宙的问题,中华思想了然无限宇宙的奥秘,即当下了然本体。中国人感悟宇宙为生态场,即宇宙在时空上是一个无限的过程,这是无法用有限的数学公式或物理原理来概括的,一切公式、定理、规律都是有限的、有条件的,是有质的规定性的,而无限的宇宙是无条件的、无质的规定性的,即无对无待的。

延伸释义:

泽斯杜鲁写的这段话,是所有美西方真正的科学家都会遇到的困扰,这是科学的悲哀,理性的局限。这始于科学成立时的公设(宇宙是由有限的实体组合而成的,而他们认定宇宙就是一个有限的实体)和理性所要达到的最终目的(宇宙存在的本原,即宇宙存在的根据)之间的矛盾,但他们在现实性上遭遇到的是要用有限的原理(或公式)为无限的宇宙寻求本原,而这是无解的悖论。当然,最终迎接他们的是一群恭候了无数个世纪的神学家。这样的困惑还令不少科学家也陷入其中不能自拔,其中就有著名物理学家爱因斯坦,也让不少科学家放弃了追求宇宙终极真理的努力,其中就有英国物理学家霍金。爱因斯坦希望把重力和电磁力都统一到一个理论框架中,同时还要吸收量子力学,但这一研究陷入了一系列的死胡同。正因如此,当代西方科学教育已把对宇宙终极真理的研究转变到对科学方法的思索与创新上来。尼采说过:“我们十九世纪最突出的并非科学的胜利,而是科学方法对于科学的胜利。”这才是我们应该关注的动向。关于科学与宗教的关系,查尔斯·狄姆斯有一个总结性的话:“科学把有限的世界作为领地,宗教把无限的世界作为领地;科学处理看得见的事情,宗教处理看不见的事情。”科学反对神学,但并非与宗教对立。

(二)科学与怀疑(1990年8月8日)

马克思的座右铭:怀疑一切。

美国人著《历史的真相》一书:“怀疑主义既是一种求知方式,也是一种思考角度。”“怀疑的态度可以助长求知,也鼓励人们保持开放的心境。”“怀疑主义其实就含在西方文化的骨髓里。”

美国实用主义哲学家约翰·杜威:“把科学思考与常规的‘经验’思考区别开来的,是持续的怀疑,和对甚至最基本的关于实在的假定进行质疑的自愿。”

安吉尔:“事实、数据甚至原理,是不断变化的。新式大学的学生应当被教育去怀疑、验证、判断,而不是被教授现成的真理”。

当年随想:

怀疑一切或者怀疑主义、怀疑的态度,当然不是武断地肯定一切或否定一切,但我国的教育在某种程度上失去了否定精神。我们的大中小学的教科书教授的知识,学生们被告知这些就是真理,不容怀疑;特别是那些留学海外的精英们总是告知学生们,所讲的东西是西方人发明的真理，不能怀疑。我们的青年科学家若对其产生疑问，将被逐出师门；我们的学者发表的论文需得到外国人的首肯才可以通过；我们召开经济、科技会议必要请来外籍诺奖得主前来站台，才认为能提升会议的档次，可实际效果并不理想。此外，有些公知从国外某名牌大学拿来哲学、经济学、法学、新闻学、社会学等的博士学位，回到国内就傲视一切，俨然成了真理的化身，把在国外发表的著作捧上了天，把外国导师吹捧得天花乱坠，以彰显自己的身价！真的很令人难以理解！

延伸释义：

怀疑态度是科学研究的应有之义，它就含在西方文化的骨髓里。为什么西方文化具有深入骨髓的怀疑精神，以致无产阶级的革命导师和资产阶级的学者都赞成？这是因为以实体为本位的科学研究遵循的是否定之否定规律，西方人认为这一规律是物质实体世界普遍适用的规律，"否定—肯定—否定之否定"是世界本身发展的规律，也是人类认识世界、改造世界的规律。否定必然包含怀疑，怀疑包含着肯定的怀疑。所以，怀疑是一种求知方式，是一种思考角度，我们学习西方文化（科学、哲学等），首先要学会独立思考和怀疑的态度。科学是由一系列相对真理组成的知识体系，由于实体本位和分析逻辑的内在矛盾特性，所有这些相对真理的知识总合也不可能达到绝对真理（诚如上述）。我们的科学教育（主要是自然科学各学科）应该从教授现成的相对真理知识体系转变到教授发现发明的科学方法上来,这里当然就包含怀疑的态度。

二

(一)机械整体与生命本体(1992年5月9日)

【英】彼得·福勒著《艺术与精神分析》一书摘要。

第一章 《摩西》机械主义与米开朗基罗:恩斯特·布吕克是一位训练有素的科学家的杰出典范。弗洛伊德觉得,自己应该以他为追求的目标。

弗洛伊德的《心理分析的渊源》:"本规划旨在用心理学理论把我们武装起来,心理学必将成为一门自然科学,也就是说,它的目的是要展现心理过程,而这一过程则表现为可以详加枚举的物质微粒的定量形态,心理学就是要毫不矛盾地解释它们。"

布吕克是一位机械主义者,他说:"没有人比解剖学家(就像我一样)更清楚地知道,完美的洞察力只能靠手握解剖刀去研究已死的人而获得。"

穆勒本人相信,在生命过程中一定存在着什么东西,而这一过程还没有从机械的或物质的方面去进行说明。

海尔姆霍兹认为,生理学是物理学的延伸。"所有现象都具有可测量的特性。"

当年随想:

西方人对生命现象若不从物理学、机械论的角度审视、研究,得出精确量化的结果,他们便觉得不安;但如果从生机论的角度审视,他们便陷入唯灵论的泥潭而不可自拔。因为在他们的思维模式中,物质与精神、灵与肉本来就是可分的。

延伸释义:

上文举出的这些西方学者有的是哲学家,有的是美学家,还有的是精神分析学家,但他们都有一个共同点,即宇宙是机械整体的,而非生命本体的。翻开更多的西方人的著作,也基本持类似之论。现在的问题是,我们生活其中的这个世界难道真是机械整体的吗?真的是由一个个微小的粒子根据不同的数量、结构组合而成的吗?为什么西方人通过分析物质的结构,运用因果逻辑,得出事物运动发展的原理、定律、量化公式而发现一系列科学知识,并运用这些知识于生产实践就能发明出先进的技术技能?这些难道不正是证明了他们的世界机械整体论是完全正确的吗?是的,这样的看法正是有些中国学人的看法,并将这些看法泛化开来,把西方文化的全部认作真理,但恰恰是西方人弗里德里克·坦普尔在《宗教与科学的关系》中说:"关于宇宙产生和生命进化的科学理论在某些关键点上是失败的,他们不能解释从无机物到生命存在的转变,或者从简单的动物生命到有道德的精神生命的转变。"如果在这两大关键点上不能做出解释,那么西方文化的真理性化身彻底崩塌!从20世纪初到今天中国人学习西方,最成功者莫过于数学、自然科学和马克思主义学说，但也必须中国化、伦理化，最不成功者是哲学、政治学、经济学、法学、历史学、宗教学、新闻学、文学、艺术等，因为在学习过程中失去了自我，异化为模仿的工具或拿来照用的搬运工！例如，对人的所谓智商、情商、逆商的量化的推广、运用，导致了对人的机械式测评，不利于教育发展。

西方人在自然科学领域取得的成就是“逻辑思维+实证方法”再经过“分析—综合”的过程，而这一过程可以完全不必考虑宇宙的生命本体。因为他们处理的对象仅仅是宇宙生命过程的最低阶段，质的同一性使得分析、再分析……必要精确、明晰、量化、实证、综合的高度完美，达成了真理的和谐。坦普尔所谓“无机物”“生命”“动物生命”“有道德的精神生命”，恰恰是西方人裂解宇宙生命本体得出的结论。它们相互之间你中无我，我中无你，再向高处走便遇到了不可逾越的障碍或曰鸿沟。而中国古代哲人荀子早就说过：“水火有气而无生，草木有生而无知，禽兽有知而无义，人有气、有生、有知，亦且有义，故最为天下贵也。”其实，水火有气，植物有生，动物有知，最后才是有精神生命的人的产生。这是宇宙生命逐渐向上奋进的过程，是宇宙生命的完美和谐，是不容分割的。墨子是手工业者，发明类似西方形式逻辑的学问，但从未来发展趋势看，他是要走向分割宇宙生命的，为中国主流思想所不容，故最终融入到中华道学体系中去了！

(二)中医与西医(1991 年 5 月 3 日)

【瑞士】H. R. 丹尼什在其所著《精神心理学》一书中说:"专业的保健人员一般倾向于针对这些患者的身体症状,分别对他们进行治疗,这种不令人满意的方法大概是现代医学的一个主要缺点。在我们这样一个物质至上的时代,人被视为一件东西而不是一个人。因为这件东西是极其复杂的,现代医学就把他分解为许多器官和部位,于是就发展出各个专业分科,各个科只负责治疗人体的某个特定部位。专家们是如此强调他们的专业领域而不顾这样一个事实,即他们其实是在跟一个活生生的人打交道。对现代医学的许多批评中,最中肯的是批评它失去了医学的灵魂。

"现代医学已发展为一个高度机械化的、非人化的体系。专业保健工作者已不再把自己视为治病救人者,他们是人的躯体和心理的技术修理工。要成为治病救人者,首先和最重要的是同我们所有人身上表现的人性接触。治疗者看到每个人的生命、目的、美、诗意和神圣性,他要给予患者力量、希望,对生活的热爱,并帮助患者利用一切现存的能力和机会去获得健康。

"作为治疗者,他必须接触到生命的力量,用积极的态度安抚患者的心灵,全心全意地探究造成疾病的原因。治疗过程要求爱——这是一种纯洁的、无条件的爱,它可以给患者带来深切的慰藉、平静、信心和内心的安详,带来治病所必需的一切条件，治疗者还需要增强患者的意志力和决心，使患者能够坚定地、乐观地面对身体疾病的挑战。”

当年随想：

摘引 H. R. 丹尼什的话是要说明，在我们国内被一些人视作医霸的西方医学在它的诞生地是如何被看待的，这不只是丹尼什一人的看法，但他的看法很有代表性就足够了。丹尼什对西医所作批评的内容，中医皆无，而他所倡导的正是中医的特长和优势，而且在东亚大陆上已经实践了 5000 多年。当然，中医还有他没说到的特殊长处。真希望国内医学界能够客观、公正地对待中西医，搞好中西医的互鉴合作。

延伸释义：

笔者在多篇文章中都摘引了西方学者对其文化的负面评判，但这些批评可能是一家之言，也不能因此而全盘否定西医，我们的中医相比西医有很多优长，但也有些不足。中西医具有互补性，对中西医要扬各自之长，避各自之短，互鉴合作，不能相互排斥，更不能互相污名化。只有这样，才能互相促进，造福于全人类！

三

朝思随笔（1991 年 12 月 25 日）

西方人爱发奇思异想，是因为他们有一种反传统的传统,总是在不断地突破传统思想框架的基础上去构建新思想、新理论的猜测。中世纪的经院哲学是对古希腊古罗马理性精神的否定,而文艺复兴、宗教改革、启蒙运动等狂飙运动中弘扬的人文主义精神,即理性主义和经验主义,又是对中世纪神学权威的否定,当然这种否定起初是以宗教异端的形式出现的。19 世纪下半叶至 20 世纪上半叶在西欧兴起的以生命哲学为代表的反理性主义(或曰超理性主义)是对自笛卡尔、培根、莱布尼茨等为代表的近代西方传统的理性主义的否定。叔本华的生命意志哲学、尼采的权力意志哲学以及柏格森、弗洛依德、胡塞尔、萨特等都是这一时期哲学的代表人物。但我们综观西欧哲学发展的历史便不难发现,西方人反传统的传统也是一种理性思维,并未突破他们自柏拉图以来形成的哲学思维框架。由于他们思想的工具——语言文字,其严谨的逻辑性和无与伦比的开放性,使他们生成了一种对语言迷信的倾向,认为在对自然现象、人类社会、人的生命现象认识的无限进程中,随着思维的无限进展,语言的功能可以是无限的,不仅能够表达完整的思想,而且可以无限地表达新思想、新观念。

与西方人这种不断反传统的传统不同,中国人践行的是继承、发展、深化、创新传统的传统。中国自春秋战国时代开始了第二次文化轴心(借用雅斯贝斯用语。第一次是炎黄时代)以来,经历了两汉经学,儒学成为正统之后,魏晋玄学事实上是儒道的一次融合,是中华民族精神上的一次深层解放。南北朝时,早在汉代进入中土的佛学攀儒附道,经隋唐五代而中国化,至宋明理学,实际是中印学术的一次大融合。宋明理学特别是到了阳明心学,实际是中华民族精神的一次大飞跃。近世以来,随着西方文化的进入,以“五四”新文化运动为标志,中国开始了曲折艰辛的会通中西文化的新的历时性实践。在这场历史实践中诞生的现代新儒学是中华民族精神的又一次大解放,也是思想认识的又一次深化。这一时期的代表人物,如严复、孙中山、蔡元培、陈独秀、李大钊、毛泽东、鲁迅、梁漱溟、冯友兰、胡适、熊十力等一大批先进代表,可以说在20世纪初的二三十年代,都为新的思想解放运动做出了贡献,为中华民族的觉醒做出了贡献。

综观中西两大文化发展脉络的特点,可以得见:

第一,西方人所谓开放的思维实际是一种向外无限进展的线性思维,这种思维的成果是科学的巨大发展;中国人所谓“封闭”的思维,实际是一种无限的环形思维,从表面看是静止的,实际是螺旋形前进的方式,这种思维的成果是对人生价值的体悟和肯定。

第二,西方人迷信他们的拼音文字是万能的,逻辑理性无所不能;中国人自古就认为言不尽意,意不尽象,故语言文字不是万能的,要想完整地表达自己的思想,还需借助于其他的思维方式,如“象数”“顿悟”等。

第三,因此,西方人发展出一套有严密逻辑性的理性思维,而中国人则发明出一套生命整体辩证思维为特征的悟性思想活动。

第四，从本性上说，中国人的思维方式具有无限的包容性、融通性，而西方人的思维具有无限的进取性。我们中国人今天掌握了二者，可能是世界上思维最为全面的民族。

第五，中华民族是世界上所有民族中精神结构最为健全的民族，因此是最有前途的民族。

反思再论：

这是阶段性读书小结，是 80 年代末读完两年（1987—1989 年）中国文化书院举办的中外文化比较研究班后的心得体会。今天看来，其中有些看法值得反思，还有些论断已经有所改变，择其要者胪列如下：

第一，"五四"新文化运动是两个概念："五四"运动与新文化运动。二者的关系应是，"五四"运动是新文化运动之果。但是，近百年中国人民革命运动的实践证明，"五四"运动的影响和意义远远超越新文化运动，即其彰显的爱国主义精神主流是新文化运动启蒙派提倡的"全盘西化"主张所不可同日而语的。

第二，说现代新儒学是中华民族精神的又一次大解放不妥。事实是，现代新儒家的思想学说毋宁是启蒙派"全盘西化"主张的同盟军或附庸。

第三，西方人的思维分形式逻辑思维和辩证逻辑思维，"形式逻辑+实证方法"是科学发现的理路，"辩证逻辑+科学理性"是哲学思辨的理路。但西方人知情意三分，故有思维、性维、情维之三分；中国人知情意合一，即思维、性维、情维三维合一，它们的关系是“心统性情”（张载语）。心者，思也、知也、智也（良知也）；性者，质也、物也、理也（天理也）；情者，欲也、生也、气也（气质也）。心统性情，则大道生生，创造万物，此乃中华民族独有之精神活动方式也！

第四，现代西方有生命哲学，如叔本华、尼采、柏格森等人的学说，中华道学是生命本体的宇宙观，似与前者有契合之处，其实不然。前三者的生命哲学都是从生命中的某种现象夸大其作用而形成各自的学说，如生命意志、权力意志（或曰超人意志）、生命本能的冲动等；而中华道学是从宇宙生命本体上着眼的，是不能割裂的，因此，中国人始终自觉维护自然、人类社会、人的生命的生态稳定、平衡、生生发展，这与西方人科学至上、以恶为动力的认知相左。

延伸释义：

西方人具有反传统的传统，是与他们认为世界万物遵循否定之否定规律分不开的。而他们之所以有此看法，是与他们认为世界是以实体为本位的原则为出发点，而这一切都与他们自认本性恶有关。因为他们自认为因原罪而被逐到凡尘，这是他们信仰的宗教告诉他们的。但从现实性上看，他们也是肉身凡胎，那他们的恶的本性从何而来呢？谢姆考夫斯基说，生物学者达尔文是在同兽类密切关系上认识人类。梁漱溟说，达尔文之认识到人兽间密切关系者是从人的个体生命一面来的(梁漱溟《人心与人生》,第3页)。弗洛伊德的精神分析学也是以人的性本能为基础的。由此衍生出“生存竞争”“弱肉强食”的丛林法则。在这样的思想原则指导下,西方人以恶的心态和科学手段对待自然、其他种族、民族乃至人的肉身,目的是要以事功得到灵魂赎罪,取得进入虚幻道德天堂的门票。

中华民族具有继承、发展、深化、创新传统的传统,是与我们认为宇宙遵循的是肯定之肯定的道理分不开的,也是与天地万物都是关系本位为出发点,而这一切都是与中华民族人性本善、以恶相辅相关。我们中国先贤早就认识到,人早就脱离了动物的本能活动,人性是所有动物性本能的突变和升华,故与天地相通,与万物为一,这与“马克思是在同兽类大有分别上认识人类”,即“从人的社会生命一面来的”相吻合(梁漱溟《人心与人生》,第3页)。正因如此,中华民族一向秉持天地万物,各正性命,保合大和,协和万邦,与世界各国、各民族平等相处,善待自然、其他种族、民族和人的生命,为科学技术戴上道德伦理的紧箍咒,去恶扬善,为全人类的福祉服务!

四

朝论随笔(1989年8月18日)

有人非要在中西文化之间找到整合点,其实只要中国文化能为西方文化构建一个伦理家园就可以了。

西方人主张人性本恶，但我们看到这种主张是从基督教中衍生出来的。西方人为什么说人性本恶？因为他们自认为地球自然界从来不是生养他们的家园，而是所谓上帝造了他们，只是受到外因（蛇）的诱惑偷吃了禁果，人有了原罪，其性变恶，被上帝逐出天堂，要他们在凡间救赎。其实，天堂本是道德福地，上帝造人（亚当、夏娃）之本意是人性本善的，变恶是有原因的，这是宗教教义的说法。

我们中国人基本没有信仰宗教的传统，故能从人的最根本处体悟人性本善，西方人是染尘之人，即返回到本能处去讲人性本恶，是人心受私欲之蔽而本心蒙尘了。在中国人看来，人性恶是从人性本善派生出来的。西方人也是如此，因为他们相信上帝造人说，人性之善本于上帝，人性之恶来自人的欲望，可是人永远无法与上帝沟通，故人性善只能悬置不论，现实性上人性恶成了唯一。所以说，人性恶是从基督教教义中派生出来的，却成了西方人的信仰和实践的原则。中国人自信人性本善，是从人性乃天地禀性之大全言之，而中国人是灵肉合一论者，天命之谓性即本然之性，善也，生之谓性，即气质之性，有善有恶也。这既合关系本位的逻辑，也正合人的生命“合且通”的本体性。从历时性上看，人性善、恶是一体同在，正为善，负为恶。

延伸释义：

自从宗教被资本看中，二者便结合在一起，资本带上了神秘的万能光环，宗教成为资本无所不在的保护神。宗教赋予人性恶以后，人便被异化为资本，资本便成了人格化的恶的象征。西方人毫不掩饰地说，恶是发展的原动力，于是毫无道德底线约束的资本便肆无忌惮地征服自然界、人类社会乃至人的生命！为了资本的利益，他们可以制造敌人发动战争，可以破坏自然生态为资本让路，可以制造各种杀人恐吓、种族灭绝的武器为资本撑腰，他们可以说谎、欺骗、偷窃，无恶不作！近代以来，中华民族遭遇了西方强盗的侵略、压迫、抢夺，深陷水深火热和亡国灭种的危机之中。究其因，除了我们韧性的生态文明遭遇了强硬的机械文明外，就是中华民族最初以善良的本性对待西方强盗，以温良恭俭让对碰凶狠恶争抢，我们中国人吃亏了，更有上当受骗的教训。经过百年英勇奋斗，中华民族赢得了独立解放，这是一个伟大的善良的民族战胜凶恶强盗的历史性胜利！

历史进入21世纪，世界开始了百年未有之大变局，道与魔、善与恶的斗争在全世界展开。善良的中华民族发扬了优秀传统，在浴火中获得重生，在失败中接受教训，在斗争中取得经验，学习了世界先进理论和知识，掌握了人类先进文明和科学，强大了自己，丰富了自己，正行走在自己开创的中国特色社会主义的康庄大道上！胜利必定属于勤劳勇敢善良的世界人民！

五

朝发两论(1990年4月8日)

有时读书,对比着读,看到自己喜欢的词句,在笔记本上记下来,有时灵光一闪,突然闪现出自己认为挺深刻的句子,立刻捕捉住,要立刻记下来,免得瞬间忘掉了。翻开20世纪80年代末90年代初的笔记本,笔者真的发现了不少这样的句子。其中,有两句“肉身成道”与“道成肉身”,是当年读中外文化比较研究班时记下的两句话。时间过去了30多年,今天细细品味,颇有想法。

夕剥新意:

世界上绝大多数民族都有信仰宗教的传统,主要者如西方、印度、阿拉伯、犹太等民族,我们中华民族基本没有信仰宗教的传统,但这并不意味着没有自己创造的宗教,比如道教就是,不过道教仅只是道家学说的另端,从未成为西方基督教(后分为天主教、东正教)、印度印度教、阿拉伯伊斯兰教那样具有崇高地位的宗教。印度佛教东传中国,至宋明已然中国化而融入中华道学体系中了。这里仅就西方宗教和我们的道教谈谈看法,从此侧面可窥视中西文化的差异。

(一)道化肉身

这是西方“轴心时代”“哲学—宗教”的逻辑理路。在西方哲学史上，没有哪一个哲学家像古希腊哲学家柏拉图的影响如此之大，以至于直到近现代很多西方哲学家的思想不是直接就是间接地与柏拉图哲学相关联，即使中世纪的宗教哲学也与其相关。德国人卡尔·雅斯贝尔斯说过，公元前800年至公元前200年特别是公元前500年左右的这段时间，称为人类文明的“轴心时代”。仅就西方而言，他认为这个时期的希腊有诗人荷马，有哲学家巴门尼德、赫拉克利特、柏拉图，悲剧作家修昔底德以及科学家阿基米德。直到今天，人们在思考问题时仍然没有超出“轴心时代”发明的范畴框架。他提出“轴心时代”，是针对黑格尔提出的“所有历史都归于基督，又出自基督；上帝之子的出现乃是世界历史的轴心”。但是我们看到，黑格尔站在西方中心主义立场上做出了论断，而雅斯贝尔斯只是换了一个说法，他同样也是如此，仍是以古希腊为中心提出“轴心时代”这个概念的。有些中国学者对此大感兴趣，发表很多看法，但都是随雅斯贝尔斯起舞，值得商榷！

公元前387年，在所谓“轴心时代”的古希腊末期，柏拉图提出了“理念论”。他把“理念”绝对化，把思想看作是第一性的，而把事物看作是第二性的和派生的。但在柏拉图时代，古希腊还处在神话时代，犹太宗教的上帝还只是民间的宗教信仰。只是到了罗马帝国时代，由犹太宗教演变过来的基督教成为罗马帝国的国教，上帝成了唯一神。244年普罗提诺在罗马讲学，开创了新柏拉图主义。他提出的至高无上的“太一”脱胎于崇尚理性精神的古希腊哲学，特别是柏拉图的“理念”，“太一”与基督教的“上帝”颇为相似，因此成为奥古斯都基督教神哲学的主要思想来源。理念、太一这些来自人间的绝对化概念，作为一切自然现象的基础，与唯一神上帝合一，打通了上帝表象化之道，成为中世纪偶像崇拜的根据。西方之“道”（理念、太一、上帝）化为肉身（宗教表象），这是偶像对人性的否定，是宗教神学对哲学理性的否定。

西方社会在经历了1000多年的中世纪宗教专制统治后，偶像化的宗教信仰和神权专制政治走到了尽头。先是意大利文艺复兴运动，接着是马丁·路德的宗教改革运动，以“因信称义”否定了宗教偶像崇拜，“道化肉身”又回归到理性。法国启蒙运动批判神学迷信，推高人的理性；纯粹理论理性、纯粹实践理性、判断力批判则是德国古典哲学家康德的贡献；黑格尔则把“理性的”“逻辑的”宇宙精神作为一切自然现象的基础。这似乎又回到了柏拉图的“理念论”。从西方历史的角度看，其主轴既归于基督，又出自基督，斯言有是！宗教之道化为宗教伦理，即天职观，资本主义的根基是科学精神。二者结合起来，应是马克斯·韦伯的《新教伦理与资本主义精神》的主旨，这是人性对偶像的否定之否定，理性对神性的否定之否定，是哲学对神学的否定之否定。

（二）肉身成道

此道非彼道，此道是中华之道，与西方之道迥异。中华之道之所谓“肉身成道”有五层意思：

1. 悟道得道，生生不息

根据考古发现，早在公元前三千纪，中华民族在自己以农耕为主的温馨稳定的家园中，仰观天文，俯察地理，近取诸身，远取诸物，反身以诚，悟得天、地、人三位一体之道，《连山》《归藏》《周易》三易一以贯之，深蕴宇宙元、亨、利、贞之生命本体与人生价值真谛。至公元前800—前200年，雅斯贝尔斯所谓的“轴心时代”，大道生生而成百家。百家之学皆是以道为本的继承、发展、深化、创新，用宋儒说是理一分殊，用现代话语说是对生生之道的肯定。

2. 道化生活，生活即道

中华民族悟道得道从来不是追求彼岸世界的存在，而是创造自己的生活。如何创造自己的生活？道由情生，天地有情万物生生，夫妇有情子孙生生，父子有情亲疏有别，君臣有情尊卑有序，皆是“缘人情而制礼，依人性而作仪”（司马迁《史记·八书·礼书》）。孔子曰：“夫礼者，先王以承天之道，以治人之情。”说出了“道”与“情”的关系本位。一部《论语》，核心讲的是“仁”与“礼”的关系，实际讲的就是“道”与“情”的关系，落实下来就是“格、致、正、诚、修、齐、治、平”的生活经，此乃道化生活的路数。中华民族在现实生活中发明了方方面面的生活规范、法则、道理，如家风、家规、家教，可统称之为家道；国法、方略、方策，可称之为治道；医学、医术、医德，可称之为医道；农工商牧讲货殖之道，诗有诗经，书有书法，画有画技，剑有剑术，茶有茶艺。如此等等,也可称之为百业之道,都有讲究。这些皆非本文之“道”,俗称而已,却是参悟大道之门,讲的是“生活即道”之理。道化生活,生活即道合而言之,中国是礼仪之邦、文明之域,斯言甚是!

3. 道不弘人,人能弘道

天道、地道、人道,三道一体,人居其一。所以,如何理解古人所说的“天道远,人道迩”这句话?笔者是这样理解的:天道是宇宙自然之道,人道是人生、人事之道,天道当然包含人道,但在儒家看来,人道是最要紧最贴近人的现实生活的。因此,无论天道、地道还是人道都不会弘人,只有最为天下贵者的人位居天地之心、宇宙之灵,天地与我为一,万物与我相通,故可法地、法天、法道、法自然,参化宇宙自然之生生,创生人世间事事物物。人能弘道,此之谓也!

人能弘道有三层意思:一是弘扬宇宙生生之大道,爱护维护人类生存的自然生态家园。二是弘扬和合共生之道,坚持一切民族、国家生存发展权利平等,各正性命,和而不同,协和万邦,命运与共。三是珍爱生命,众生平等,人与人无高下贵贱之分,都有追求美好安定和平的生活和个体全面发展的权利。

4. 大道之行,天下为公

中华民族悟道得道,悟得其一生二:有无、阴阳、刚柔、动静、变化……一而二、二而一,关系本位。家国天下,一重安全,二重民生。古人云:国之大事,在祀与戎。民惟邦本,本固邦宁。如何做到？一则强国富民,惟科技兴盛、实业发展;二则文化强魂,核心稳固,民族团结。中国人本于善良天性,古行仁政,明德亲民,为天地立心,为生民立命,为往圣继道学(张载原文是“为往圣继绝学”,笔者认为此言不妥,改为“为往圣继道学”),为万世开太平。今行仁政,以人民为中心,德法交融,四个自信,复兴中华文化,振兴民族大业,正是大道之行,天下为公,永续中华民族之繁荣昌盛,为万世开太平!

5. 和谐共生,世界大同

天下之道唯中华之道真且善,因为只有中华之道为生、爱生、护生、赞生、创生,绝不干害生、虐生、杀生、损生、凌生之事,并与世界所有爱好自由和平的人民一道,“各美其美,美人之美,美美与共”(费孝通语),共建人类命运共同体,共创世界大同之伟业!

延伸释义:

(1)中华之道的最高境界,在儒家是“圣”,止于至善;在道家是“真”,道法自然。“子不语怪力乱神”是孔子不讲不语,不把话说绝,留有余地,所以说儒家学说是宗教没有依据;老子的《道德经》有“道可道,非常道”的话,道本于无,但这个“无”既非印度的“无无无”,亦非西方哲学的“IHV”,即绝对的“无”、荒唐的“无”,而是“本于无”,所以老子总是以“有”补说道之不足。道家发展到庄子,其文恣肆飘逸,其思超迈奇谲,其《逍遥游》《齐物论》《大宗师》《养生主》等真可谓冲天掠地,气吞八极,无对无待,自由自在。后人取之以为经，创道教，像中华之道合天地、通古今，但无此岸彼岸之分一样。道教与基督教、佛教、伊斯兰教不同，无此岸彼岸之分；与之同者，都有经文、教规、教仪、教乐等。所以，不能说道教是此岸宗教，只能说是人文教，是以道家学说为本，吸纳了儒家、佛家思想、仪轨等而创成。避世而不出世，养生而不害生，此为真；追求成仙、长生不老之说，此为妄。

中国先人体悟宇宙生命本体，其文化体系以道为本，生生不息。所以与儒家一样，道家和道教也都注重养生，所谓道医同源，除了道教的外丹修炼外，道家和道教还很讲究养生强身，如太极拳、气功等，但与儒家的养生方法有别。儒家侧重修身养性（心、性、理合一），道家和道教侧重修身养气（精、气、神合一）。二者虽有异，但是大道的一体两面，阴阳和合，身心同养。中药配方也很讲究，标本兼治、重在调理，因人而方。道家和道教之中出了很多名医，如扁鹊、华佗、葛洪、张仲景、孙思邈等都是。由此可见，中国道教深蕴人文精神。

道教的美学思想也不同于世界其他宗教，而是自成体系，独树一帜。中国美学属于人性美学、生命美学，它有一整套独特的美学观念。高楠先生说，道教是审美型的宗教，真幻结合的此岸性是其特殊属性，此论然也！儒道两家的审美方法都离不开一个“悟”字，但儒家养心，道家道教养气，所以道教审美最主要的思想范畴是“气”。气有天地自然之气，宇宙生生之气，精气神合一之气，阴阳本源之气。《庄子·知北游》说:“通天下一气耳。”这与北宋学者张载的气本论相契合。以“气”为本,金木水火土五行为用,则有五色、五气、五音、五时、五方、五味,进而拓展到人的五脏、五体、五窍、五荣、五情等。(可参阅高楠《道教与美学》)从自然之气到人的生命情感之气,通过生活经验的积累传承,感悟天人合一,物我融通之理,正所谓“天地与我并生,而万物与我为一”。于是道家道教发明了一系列美学范畴,如天人、形神、气韵、心物、真幻、有无、刚柔……此与其他宗教的审美观大异其趣,而与儒家、释家颇相通,对中国美学做出了独特贡献!

(2)20世纪初以来,在西学冲击下,国内学界有一种声音,说中国人无信仰、没操守,此论大谬不然!

中国人没有信仰吗?否!中国人不仅有信仰,而且比其他国家、其他民族的信仰要真切得多、坚定得多:自古以来,中国人悟道得道,坚信“大道之行也,天下为公”和“天下大同”的理想社会,即“为天地立心,为生民立命,为往圣继绝学,为万世开太平”,这不都是中国人的信仰吗?

中国人没有操守吗?否!中国人不仅有操守,而且这些操守不仅具有普遍性还具有直接的现实性。比如:己所不欲,勿施于人;己欲立而立人,己欲达而达人;富贵不能淫,贫贱不能移,威武不能屈;先天下之忧而忧,后天下之乐而乐;居庙堂之高则忧其民,处江湖之远则忧其君;民为贵,社稷次之,君为轻;仁、义、礼、智、信;等等。这些不都是做人的操守吗?!

中华民族正是有了坚定的信仰和强韧的操守，才能够在泱泱五千多年的历史长河中，劈荆斩浪，攻坚克难，驱强敌出国门，化腐朽为神奇，成就了今天世界上伟大的民族，建设成世界上伟大的国家！那些公知们所谓中国人没有信仰，没有操守，实际上是他们失去了自己民族的信仰、操守，只相信西方人的宗教信仰、操守，以西方人的宗教信仰、操守为普遍信仰、普遍操守。实际上，他们的目的就是要走全盘西化的邪路！

六

朝论中西绘画（1993年11月20日）

去西班牙访学，有幸去普拉多博物馆参观，对中西绘画的风格、特色颇有感触，于是写下了《中西绘画艺术之比较及其哲学思考》的随想。兹录于下：

在西班牙访学时，曾与西班牙中国之友协会的两位女士讨论过中西绘画的比较。（这事在《访西心影录·五》中提到过，这篇小文论理性更强一些。）她们说，西班牙有些喜欢道家学问的人欣赏中国绘画，特别是受道家思想影响的绘画，说中国画多以山水为主，有的画面中没有人，有的画面中有人，但又非常小，似乎中国画见物不见人，而西洋画多以人物为主，景物次之，西洋画似乎见人不见物。还有的西班牙人说，中国画的艺术手法是重神似，以表现为主，而西洋画重写实，以再现为主。

我觉得，这些说法都有其合理的一面，但又都有失片面。说中国画以画物为主，人为次，西洋画以画人为主，物为次，应是表面的认识。其实，绘画艺术是画家对客观存在的再创造，画家是创作主体，之外都是其创作的客体（包括物与人）。所谓中国画以物为主、人次之或画面无人，但画面上的物，似物非物，充分表现了创作主体的情感和意境，可以说满幅画面都是“人”，即创作主体对宇宙生命感悟的韵味。西洋画则比较复杂些。19世纪前是写实主义风格风靡欧洲，画面人物、画作客体（人或物）非常逼真，而主体作画就是模仿客体，主体的意念情感越少参与创作过程，作品越是上乘。19世纪末20世纪初及以后，西洋画虽仍以人为主，但画风巨变，人物完全变形，创作主体以其创作理念而形成抽象派、印象派、立体派等不同流派。这些流派的创作风格虽异，但有一个共同点，即创作主体不再追求形似，而是根据自己的创作理念、意趣、情感运用不同的手法改造、扭曲客体，以表现主体对客体存在的个性趣向。这样看，与其说中国画见物不见人，毋宁说中国画是以物寓人；西洋画与其说是见人不见物，毋宁说写实画派是见物不见人，现代画派是见人不见物。

说中国画是以表现手法为主，西洋画是以再现手法为主，不免失之武断！中国画景、情、理融合为一，当然有作者的思想、感情、意境的表现，但对景物的描绘也有追求形似和真实的再现的一面。中国国画家有创作意念，总要先到事物那里格致,如画山水,先要到大自然中去体验感悟,必要达到主客合一、物我融通的境界后,才进入创作过程。因此,既有再现的写实,也有感悟的创造,二者有机结合而有宇宙生生之大气象。此画作既有形似的可感性,又有神似的想象性,可以说是寓情于景,寓理于情,景情理合一。反观西洋画则不同,写实主义以再现手法追求形似,现代主义各流派是以表现手法抒发个人对现实存在的主观感受,画面呈多种风格。

综上所述,中国画与西洋画的根本区别是前者的创作精神是主体与客体的合一,后者则是主体与客体的两分。中国画是把真的追求融合于善的理念中,从而达到美的崇高境界。西洋画则是把主体对善的追求融于或纯真或纯自我的表现之中,达到一种分裂美的情感。黑格尔所谓美是理念的外化的观点,到了现代走向了反理性主义,美走向纯自我的主观感受去了。中国画则始终保持存在与本质的合一、表现与再现的融合,而在现代西洋画那里已变为存在先于本质了。

延伸释义:

笔者喜欢中国画,并非因为自己是中国人,因为笔者知道,确有些人特别是自以为学过西洋画的人,对国画很轻视,他们以对西洋画的流派纷呈顶礼膜拜,而不知西洋现代画是通过日本浮世绘受到中国画的影响。这些画人以猎奇的心态跑到西方,好些的,学些油画技巧运用于国画中,丰富了自己,有些不良画人良莠不分,把行为派、野兽派等拿到国内到处招摇，傲视国人，对此不屑的国人还被他们冠以不懂、素质低、没教养的标签，这种现象在音乐、诗歌、话剧、歌剧等艺术种类中也大有存在！所以笔者的喜欢国画，是由衷喜欢，对那些不屑的西洋画，是真心不屑。当笔者站在一幅精巧的国画前，凝神赏识时，总是有一种人与画合一，人在画中的融入感，咫尺鲛绡，意蕴无穷；而站在《万里江山》《大好河山》等巨幅画面前，那气势、气魄、气韵，整个宇宙生生的律动尽在眼前，又有一种身在此中的洒脱、飘逸、鲜活之感。这是一种展现生命永恒的崇高，是中华民族之民族精神的壮美。在细细品味像《清明上河图》这样的长幅画卷时，则总有一种历史的流动感，感觉它就是中华民族泱泱五千多年文明长河的缩影。无论画的是花鸟鱼虫、山川沟壑、大海波涛，还是人间百色、亭台楼阁、风花雪夜……都是人性的自然流露，人文精神的张扬，宇宙生命的显现！

笔者也喜欢欣赏西洋画，但拒斥那些乌七八糟的垃圾。从西洋画风的演变中可以认识西方近代以来的艺术发展和社会变迁以及哲学思想的变化，也就是“赏画识史”。近代西方是高扬人性和理性的时代，资本主义处在上升时期，科学的进步促进了古典写实主义画风的繁荣，以追求逼真为目的正是理性精神的写照；工业革命的成功、启蒙运动对自由的追求，资本登上历史舞台，浪漫主义画风兴起；随着资本统治的稳固，资本人格化与人异化为资本或资本的奴隶，西方人（无论是资本家还是工人）再次失去自由,现代西洋画风也为之一变,从不同角度描绘底层大众生存的无奈和精神的失落,资本的专制统治和无耻的贪婪,战争的残酷和瘟疫的无情! 笔者顺着历史的足迹,观赏不同时期的绘画:那些人物肖像逼真得令人惊叹,但那只是历史上的存在,它曾经生活在这个世上;那些田园风格的绘画,活灵活现,轻松有趣,再现了人性的美好和人文精神的抒发;看了那些现代绘画,我的思想也被画面的景象所感染和震撼,扭曲的灵魂,恐怖的面庞,战争、瘟疫下悲伤的人们,在资本压迫下的叹息,被人宰割的命运……都表现在小小的画面上;每个时期的宗教绘画总在提示人们:逆来顺受吧,相信上帝,等待救世主的降临,天堂才是你们最终的归宿!

今天,资本变得狡猾而险恶,它们走遍全世界,无孔不入,无险不涉,无恶不作,行为派的无耻、野兽派的丑恶仍在资本的画布上徜徉,毒害这个世界。全世界善良的人们应该觉醒,认清资本的本质,降妖伏魔,把资本牢牢掌握在人的手中,成为人的工具,还人间一个乾坤朗朗的生态园!

七

朝论作茧自缚(1989 年 12 月 2 日)

这是一篇在中外文化比较研究班学习时突发想法且当下写就的短文,看内容确有些无厘头,但今天捡起来再读，又能激发许多想象。先把小文录下：

作茧自缚或画地为牢是说，在我们人生的实践中，总是在选择自以为是的生活方式或处事方式，我们的选择被认为是自然而然的，谁也不会怀疑它的合理性，这本身就是一种作茧自缚。当我们自以为是的选择多起来，就会变成自如的思维方式和行为方式，以至于我们从未怀疑过它，它成为天经地义的了。通过这一系列的选择而形成的自以为是的生活方式或处事方式也是如此。我们从一生下来的第一个选择就是不选择的选择，即生活在前人通过他们人生的选择而形成的生活方式中。所以，人生开始的那一刻，我们每个人都自然而然地进入那个早已设计好的属于自己的那个世界里，这是作茧自缚的开始，是命运。

解疑成幻：

作茧自缚或画地为牢，意思相近，都是讲人们重复做一件事，时间长了形成心理定势，挣脱不出来，就像蚕虫自己吐丝慢慢地把自己缠在里面一样，通常使用时多为贬义。今天，笔者也忘记读了哪本书而突现这一想法，感觉人生命运无常，总是被某种力量牵引着，自己总是在选自以为正确的路，可到头来仍在自设的蚕茧中。1987 年是笔者的不惑之年，父亲离我们而去。笔者经历了大悲大痛，而重新振作起来。下半年，笔者报考了中国文化书院举办的中外文化比较研究班，徜徉在中西文化的海洋中，心情慢慢平静了下来。学院发了不少中外文化比较研究资料，还有学院发行的小报，供师生交流。两年很快就过去了，笔者读了一些书，虽说到了不惑之年，但读书还是疑惑不少，最大的疑惑是那么多中国知识分子不喜欢中华优秀传统文化，却津津乐道于西学。我们为什么是中国人？为什么人们疯狂地向往西方？中国的书落满了灰尘，西方的书大行其道，这又是为什么？笔者有时陷入了孤独寂寞，甚至幻想着“郁郁乎文哉”的古代，于是随手写下了上面的文字。有时笔者会产生幻觉，在看着另一个自己做这做那，但恍惚间不知是此我在做彼我在看或者是倒过来，甚至有时感觉自己已成为遥远过去的自己。沐浴在我们民族文化的精神家园中，今天的自己好像是那个遥远的自己做的梦，惊恐找不到自己的魂了……笔者不知道别人有否这样的幻境，但笔者仿佛觉得已经在自己编织的小房子里度过了几百年……

延伸释义：

30 多年过去了，笔者锁在自己编织的蚕茧中苦苦思索，经历了 20 世纪 90 年代的回归理性，21 世纪的中华优秀传统文化热，终于破茧而出，心豁然光明！因为笔者看到了我们的民族文化开始复兴，困惑一扫而光！但是我国学界仍有不少学院派精英，他们还在自缠的小屋中装睡！说起这小屋，还是 20 世纪初某些留学欧美的精英们最先做的。他们面对衰弱的祖国，怀揣一颗救国富民的理想去寻找真理，来到文化另类、文明先进、强大富足的欧美，但他们的眼花了、心乱了，立马钻进了西方人为他们设计搭建好的小屋里作茧自缚。他们是被迫而自觉地“背叛了自己民族的文化”，自觉自愿地充当了西方文化（哲学是其核心）的传播者。他们回国了，带着满脑子的西方学理，研究中国现实的问题，对照西方学理整理国故，以构建西方式的新文明。

这是一片很特殊的园地，也是一批很特殊的人群，他们的专业是西方哲学（史），而他们的任务是构建现当代中国哲学体系。他们研究的课题深奥异类，却与中国社会实际脱节，与中国老百姓生活无关，只要坐在象牙塔内（自作之茧）苦读西方经书，积累中国思想史料，关起门来搞搞中西哲学对话，做做基因重组，让西马哲学说好中国话……就算大功告成了。但奇怪的是，我们除了看到他们的前辈们按照西方哲学范式写就的几部“中面西魂”的哲学著作外，再没见到后继者们的杰作，只寥寥几篇文章，告诫同伴和学生们应该这样做或应该那样办而已！我们看到的胡适、冯友兰、金岳霖、张岱年等前辈们的著作，应该就是百年来试图按照西方哲学范式构建中国哲学的历史的终结吧！

百年来西方文明冲击形成的小传统结束了，五千多年中华民族创造的中华文明的大传统正奋力前行！

八

朝拾小文（1999 年 2 月 18 日）

翻开笔记，发现一篇短文，对了解东西方文化的互补关系大有裨益。虽然说的是非洲的事，但在历史的长河中，中西方的文化交流才是主流，这篇小文不过让我们看看西方文明起家的秘密之一斑。

非洲祖鲁人在外出作战时都要举行一种仪式，以形成团结一致的力量。此外，他们随身还要带一些粉末、鼻烟、大麻等物，战前吸一点会产生亢奋的情绪，并认为这样可以刀枪不入。他们还吃一种蘑菇，会产生幻觉，只见血红色，没有焦虑、恐惧，表情冷漠超然，行为凶猛，极具攻击性，无所畏惧。他们更有力气，更勇敢，但心智反应速度会下降许多。

英国人把那些粉末、蘑菇拿回去进行分析、实验，并让拳击者、角斗士体验，看看其成分、结构是什么，后来他们研制出了麻醉剂、致幻剂等精神类药物用于西医手术、精神治疗。其实，西方人对中国人发明的火药、指南针、纸张等也采取这种分析实验的方法，弄清其成分、构成、性能、性质，从而发明了更先进实用的 TNT(黄色炸药)、导航仪、造纸技术等，从而激发了西方人的航海冒险精神、宗教传播、文化传播以及科学发明、技术发明，走出自然科学之路及其后的工业革命。虽然中国的经验技术技能不能说是西方近现代科学技术产生的主要原因，但肯定起到了重要的助推作用。

未尽之意：

我们中国人是一个善于创造的民族，这种创造活动靠的是全身心的辩证精神活动，即实践理性活动，其前提是对大自然生态活动的观察、体悟，其基础是对生活、生产中的经验的积累和传承，因此，中国人的创造发明基本上都是原创性的。如果说西方人从某些亚非拉民族那里得到的多是原生态的物，那么，从中国传到西方的技术、技能、器物等则是创造性的发明，是中华民族智慧的物化。西方人得到中国人的发明，便站在较高的经验成果上面进行科学分析研究，取得了全新的科学知识体系和科学技术成果。

延伸释义：

中西两大文化体系是原创型的。中国文化从其创生伊始，就以主客合一的内在感悟和在生产生活经验的积累、传承中，体悟万物生生不息的造化之功，因此有过众多的创造发明；西方文化从其发端时起，就站在主客分立的立场观察、分析、研究自然界和人类社会各种现象的因果关系。西方人曾从古埃及、两河流域及小亚细亚一带吸收众多民族的数学（几何学）、天文学、神话，打造了自己的初始文化。在经历了千年的黑暗时代以后，他们又幸运地得到了中华文明的滋养，得以发明自然科学，成功进行了第一次工业革命。但是西方文明有一个弊端，就是认为“无”是不可思议的荒唐。近代以来，他们又走过了第二次工业革命（电子通讯）和第三次工业革命（核子革命），这三次革命，西方始终走在世界前列，同时也给中国输入了大量的科学理论、知识和技术。这些新科学知识拿到中国人手中，无疑是更高水平的经验理论知识。今天，人类面临第四次工业革命即智能革命时代:人工智能、数字革命等,这在具有以无为本、会众合一、善于想象、有生于无的创造发明活动的中国人看来,正是优势又是强项,是可以大展宏图的良机。因此,第四次工业革命,在笔者看来,必将由中国人引领。虽然在当下世界,美国的科学技术仍然领先,但中强西衰的趋势已然显现。除了道路、制度、理论三大优势外,我们的文化也是无可比拟的优势!

美国学者弗朗西斯·福山在20世纪末曾提出"历史的终结论",这在某些学者看来是错误的结论,但在笔者看来,他说的并非全错。从世界文化发展的历史看,历史并未终结,终结的是或将是西方历史的终结,是西方文化的终结:哲学的终结、科学的终结、艺术的终结、政治的终结、社会的终结……西方人再也拿不出推动世界前进的思想、方法、方案。而正是在西方历史终结的地方,中国的历史开始崛起,中华民族开始振兴,中华文明开始复兴,它站在五千多年丰富的文化积累、精神财富、物质文明的基础上,站在包括西方在内的世界所有文明成果的高地上,利用自身的强韧生命力,摧枯拉朽,再造世界新文明!

(写于2022年5月4日至6月22日)

哲学的贫困与终结

西方哲学传来中国不过一个多世纪，但它给中国学界带来的影响难以估量，以至于经过一代一代的传承，直到今天，仍弥漫在学界。西方哲学虽然在学院高墙之内、象牙塔间，但是它的影响经过教授和层层学子的传递，外化为民间耳熟能详的语言，播撒到整个中国社会，着实不可小觑！这里还有一个背景不可不说，那就是自20世纪初的新文化运动以来，某些海归公知武断地声称，中国传统文化已经死了，只剩下一堆毫无生气的故纸碎片。他们告诉年轻的学子们，只有西方文明才是未来世界进步的新文明，只有西方文化才是引领世界文化发展的头羊，中国未来的哲学体系建构范式只有照搬西方哲学，舍此没有第二条路可走。这些都是误导！

一

哲学是民族文化的核心,是一个民族的灵魂。各个民族的文化都是这个民族与生活其中的自然生态、周边人文、文化等综合因素相互作用的结果,因此都有各自的特色,当然哲学也是如此。西方哲学与中国哲学分别是当今世界上两大原创型文化的核心,各具鲜明典型特色:西方文化是机械整体性的,中国文化是生命本体性的。如果同意这个论断,那么,西方哲学与中国哲学还会衍生出如下相异之处:西方哲学“问题意识突出、思辨性强、有组织架构、论证细密”以及概念的定义、对概念的思辨推论、归纳逻辑、演绎逻辑等的一般原则;而中国哲学注重生命的整体和谐、平衡,因此只在体悟关系本位的前提下思考个体存在的价值,在个体界限消融在整体和谐的生命本体中,去追求概念的明晰、逻辑的一致、论证的细密。中国哲学的问题意识、思辨性绝不亚于西方哲学,甚至强于它,只是侧重点不同:中国哲学的问题意识侧重绝非单个的具体问题,像有些早期中国学者说的“研究问题”“多研究些问题”的那种问题类型,而是更关注影响生命整体和谐健顺平衡的大问题、大道理、大原则,在此前提下研究具体的问题、个别的问题。黑格尔所谓“中国哲学是类似于宗教的东西,因为它最重视的是‘普遍的本体’,没有个体意识,没有精神创进,没有概念思辨,没有矛盾统一,这样的思想系统不是哲学”,正是站在西方中心主义立场上做出的判断。这也正表明一个从来没有到过中国的西方哲人,仅凭有关中国的零七八碎的资料做出的判断,只能是无知的偏见,今天再拿出来作为说辞更显荒唐,即使有再多的西方哲学家持此论也是如此!

二

西方文化来到中国便与中国固有文化相接触并发生碰撞,在两种文化(哲学是其核心)的角斗中,会出现两种相反的情况:一是像某些学者说的那样,外来文化代表进步的、先进的文化,具有世界性,本土文化是陈腐的、落后的、僵死的文化;二是外来文化是外强中干的、无生命力的文化,是西方那块土地上产生出来的特殊文化,而中国文化是经历了五千多年的生存、发展、历练,生生不息到今天,仍具有强大的生命力,是一个有主体性、主宰性的文化。

先看第一种情况。西方文化就像一台巨大而精密的机器,由众多精细、严格、统一的逻辑理路、结构组合而成,它来到中国后面对的是一个活生生的生命体,它不理解、不明白,认为很神秘,无从下手。而中国文化身心和合、灵肉合一,要征服这样的文化,从未遇到过,而只有认定这个文化已经死了,只剩下一堆零部件。这时留学欧美的某些公知精英们,为他们的导师设置了这个前提,于是那些拿着手术刀的西方人及其学生对着一堆零部件全面出手,分解切割开来:用一个个明晰的概念代替原本活着的细胞,用设计好的机械结构取代曾经活生生的器官组织,以西方式的逻辑理路勾勒出生命的连结,最终中国文化被分析解剖成一具失去了“心”的标本,供那些西方人以及他们培养出来的精英们研究、重构。人们看到,那些按照西方哲学范式勾勒出来的所谓“中国哲学(史)”等,只是一具具标本,完全失去了中国魂!

再看第二种情况,中国文化面对西来的文化,并不很陌生,惊奇的是这部机器是如此精密,当然比自己的传统工具好用、管用,但中国人毕竟创造出了无数实用、适用的工具,对于物质技术(包括科学技术)运用起来并非生手,于是先学其长技,再学其洋务,接着学其制度,走革命之路,但都失败了。这时的中国人仍坚持其主体性、主宰性,视西方文明为工具以图强救国。这些失败究其根本原因是敌强我弱,固于知己,乏于知彼。到了20世纪初的新文化运动,某些公知提出了彻底抛弃民族文化走“全盘西化”道路的口号!这使得当时的国人开始分裂,一部分失去了主体性,钻进象牙塔构建“中面西魂”的哲学体系!另一部分则更坚定了民族主体性和民族文化的主宰性,走上了人民革命救亡解放的道路。而一旦中国人民增强了自己的主体性和文化主宰性,西方文化作为手中的工具便有了用武之地,中国文化焕发了勃勃生机,中国革命一步步走向胜利。而埋头于西方文化尤其是哲学的精英们则成为西方的仆从。所以，只有中国文化是我们民族的根与魂，一切外来的先进文明都是我们可资学习消化吸收利用的工具。这才是中西文化应该有的真正关系！

西方文化（哲学）正走向终结，它的丰富遗产将被中国人民充分利用；中国文化（哲学）正在蒸蒸日上、生机勃勃，为世界新文化贡献智慧和力量！

（写于2022年6月14日）

学习心得：文化与其他

一

苏联解体后，世界格局被打破。21世纪初，中国加入世贸组织，经济进入快车道，世界格局呈现多元化的态势。当前世界格局虽有不同的声音和动作，但经济全球化、政治多极化、文化多元化的格局并未发生根本改变。那么这“三化”关系如何呢？

“三化”中，经济全球化打造了世界各国交流互通的平台。因为经济全球化内含着一个国家各种力量的总和，是基础。当世界已经进入第四次工业革命后，经济实力的增强最主要的是科技力量的繁荣和发展，而科技实力的发展实际上又是人才的培养与合理安置，由此牵动教育事业的发展、人口质量的普遍提高等。这些又涉及经济制度、科技制度、教育制度、人口政策等的保障。所有这些制度的基本保证是社会政治制度的枢纽作用以及哲学、宗教、法律、文学、艺术等文化传统的继承和发展。所以,在这“三化”中,推动经济全球化、成就政治多极化的最根本、最核心的是文化的多元化。未来世界格局变化的内动力是文化间的角力,特别是中西两大原创型文化的良性互动。

在我们中国人的传统观念中,文化和文明没有严格的区分。从最广义的文化观念看,文化包括物的文化、心物结合的制度文化和心的文化这三部分的有机统一。因此,任何一个国家创建或设计自己的社会政治制度都离不开本国的文化传统,其他文化只能作为比较参照体系。在漫长的历史中,中华民族以道法自然的原则创造了许多令全世界瞩目的物质文化和制度文化,如大一统封建制、多形态混合经济制度、科举制度、文官制度、教育制度等,这些都是原创性的制度发明。西方人择其要者并将之西方化,才有了近代西方的文官制度、考试制度,并与其传统的多党选举制度相结合,设计发明了现代民主政治制度。

西方的宪政民主其实是一种形式民主,是将物理学的原理移植运用到社会和国家治理领域,它们吸纳的中国传统文官制度也完全变了味。从 15 世纪末至今的 500 多年,科学理性的局限开始显现,其经济、政治、法律等各项制度弊端尽显。所以,弗朗西斯·福山所谓“历史的终结论”,实际是指西方历史终结了,而非世界历史终结了!中国的崛起将引领世界开辟全新的文明史!中国人民大学教授金灿荣认为,中国正在对整个国际社会科学界的各类学科提出挑战。在此之前,所有主流社会科学的规律都是在北美、西欧人群中总结出来的,是根据他们的集体经验、集体行为和历史记忆得出的。而这些规律拿到中国,绝大部分不能完全适用。中国的崛起与日本不同,不是在欧美主导的西方规则和框架内发生的。可以说,中国的发展将改变一个国家崛起的框架。长期以来,以人文思想见长的中国学者比较缺乏用科学、冷静的眼光看待自己国家的心态,再加上中国面积太大、变化很快,难以理解,给外界正确认识中国造成了很大困难。但是,中国日益凸显的重要性又使得其他国家不得不展开调查研究,至于他们目前的认识是否接近真正的中国,还是个疑问。笔者基本赞成金先生的论断!

确实,20 世纪 50 年代以来,特别是实行改革开放政策后,中国的工业化有了重大成就,经济建设持续、快速发展的事实让世界惊叹不已,引起不少西方经济学家、政客的思考、研究。但是,习惯于"分且隔"的西方思维让他们对中国发展的奥妙总是晕头转向,他们犹如盲人摸象一样试图运用各种经济政治学说说明"中国现象",预测这种现象的未来前景,但无论是"捧杀"还是"棒杀"的预言都落了空!多少年来,西方一些政客、媒体总是认为,只有像他们那样的民主制度下的自由市场经济才能创造出经济奇迹,却弄不懂其文化背景与西方不同的中国也能创造出令世界瞠目的经济奇迹来。其实,这些西方政客傲慢地认为,世界上只有他们的政治体制才是民主的，不知道还有其他形制的民主政体如中国民主制度。当然，他们就更不能承认中国“全过程”的以民主集中制为原则的民主政体远远优越于他们“分裂”的程序性的民主体制，因此那些西方政客、媒体永远也搞不明白中国文化的精髓！

二

在中国近现代历史上，对中西文化的评判，大致有大同小异说和小同大异说两种。持中西文化大同小异说的人主张，既是大同，中西文化就有了趋同化异的基础，中国文化已经落伍，“以西化中”势所必然；持小同大异者认为，中西文化同者少差别大，难以会通，必要一方取代另一方，于是他们断定中国文化已经死了，西方文化正炙手可热，只能是全盘西化。总之，在那个特殊的历史时期，受西方文化浸染的国内精英群体已经失去了民族主体性。他们研究中西文化之同，是为将中国文化纳入到以西方为中心的世界中去；研究其异，又说不要太关注其差异，而应更注意其相同点，即要论证西方文化具有普遍性，中国只能走西式道路。所以，持这两种主张的人殊见同归，即向西看，往西走。文化主张如此，当然包括政治、经济、教育等的制度设计无一不要西方化，哲学、宗教、法律、文学、艺术甚至生活方式也要西化！但他们的主张是行不通的。

还有一种观点认为，世界上所有民族国家的文化特别是中西两大原创型文化都有平等存在、发展的权利，它们的关系是和而不同，正因为如此，这个世界才可以在物质上互通有无、互惠互利，制度设计上保合大和、各正性命。河北学者郭之纯曾说，一个国家应用怎样的制度，秉持怎样的政治原则和国家战略，乃至选择怎样的领导人，都与社会中存在着怎样的文化力量有关。为什么中国解放后要打土豪分田地，实行社会主义制度？原因之一就在于中国传统中有着根深蒂固的"均贫富"情结。"文化决定政体选择"但又不是自然而然地从文化中演绎出来，而是在实践中创生出来，文化则起到背景和人们如此实践而非如彼实践的潜在指导作用。郭先生所言甚是！在当今世界上，文化多元则政治多极、制度多元，试图抹杀文化多元强求世界一元，把自己的民主模式强加于人，同样是行不通的死路！

西方文化是机械整体的文化。于内，是"分且隔"的文化；对外，又是求同的文化。同则不继，合而观之，西方世界就是一个病态社会。从根本上说，这个病态社会之源有二：一是完全的个体本位与资本私有制度，二是普遍的自由市场机制，由此衍生出不同的资本利益集团和资本与劳工的对立，于是产生了代表不同资本集团利益的政党、新闻媒体之间的对立！有人说，多党民主制度可以形成执政党与在野党之间的监督和制约，有利于国家政治的清廉和决策、执政过程的公正、透明，这是大错特错的！

美国是自认为世界上最民主的国家。这个国家从选举到执政，往复循环，至今将近250年，曾经有过朝气蓬勃的青年时期，有过迅速发展的辉煌时代。但是，随着第二次世界大战后的美苏冷战，特别是经历了朝鲜战争、越南战争的失败，其内政外交已显现出病态顽疾。但苏东欧的解体，好像给它打了一针致幻剂，其以唯一超级大国的姿态傲视世界。可是好景不长，伊拉克战争、“九一一”事件、阿富汗战争彻底暴露了其外强中干的本质；资本追求暴利的本性，舍实务虚造成产业空心化、拉高关税大搞贸易战反噬自身、大肆退群奉行孤立主义、国内抗击疫情的无能、种族歧视、难民危机、滥印美元推高债务造成通货膨胀、不断增加军费、拉帮结派妄图搞集团对抗等，都暴露了它力不从心而无可奈何的心态。透过这种种内外交困的现象，人们看到的是美国式民主政治的危机：他们的选举政治必要大肆筹募选举资金，这些资金大多来自金融、军工资本利益集团（他们的钱也是劳工们的血汗换来的），一旦代表某个利益集团的人上台当了总统，他必要回报捐资方，如滥印钞票薅全世界的羊毛以回报金融资本，到处制造紧张局势甚至不惜拱火发动代理人战争以回报军工资本，只是苦了老百姓，贸易战、通货膨胀的负担都要由他们来背负！这些更激发了国内族群的撕裂、党争的恶斗。美国文化的内在痼疾彻底揭开。公知们说美式民主限制了腐败，是这样吗？他们竞选的资金从何而来？还不是纳税人的！他们不断升高的军费开支从何而来？不也是纳税人的吗？他们薅全世界的羊毛回报金融、军工寡头，这不是公开的透明的政商勾结、权钱交易吗？公知们说这是美国法律允许的，不是腐败，但足以说明了恶法保护恶政的事实！况且在金钱交易合法化的背后，是议员们为自己的金主效力，是贿买媒体公然造谣说谎的普遍现象！

中国自古以来就是礼仪之邦，既无民主传统，也无专制传统，以民本集中制为原则，德主法辅的礼治是传统的治国方略；多元形态的经济结构与相对平等的税收政策构成了国家财政来源。这是会众合一与一分万殊有机结合的国家经济财政制度，那个“一”指的是国家的统一管理，是为“公”，“万殊”涉及国家财政支出的方方面面。有这样的治国方略，官员要依法办事，贪腐等丑恶现象只能暗箱操作、幕后交易，一旦发现，道德法律绝不宽容，必要严惩：轻则道德谴责，重则绳之以法！中国古代有一整套行政法规，从定制、明策、选官、任职、责事、纳言、擢黜、考核、薪酬、戒奢、勤政、恤民、养兵、监察、辨伪到丁忧、致仕等，非常完整，举世无双！这些宝贵的遗产对今天的中国乃至世界其他国家的治国理政都有极大的借鉴和参考价值。西方政客和国内某些公知们把中国发生腐败的原因归纳于“一党专制”“极权政治”，是对中国历史和现实全面无知的表现。他们无视西方国家资本腐败、政商勾结、不劳而获的事实，无视中国反腐败的巨大成果，充分暴露了他们蓄意采用双重标准的险恶用心！

总之，一种文化是一个民族国家人民生活方式的观念化，是这个国家生活各方面的背景和底色。任何一种文化，无论它看起来多么强大，也代替不了其他文化。西方文化曾经很强势，挟坚船利炮打遍全世界，试图打造一个西方中心主义的“世界帝国”，但失败了！过去是如此，今天是如此，未来也必然如此！中国文化从一诞生开始，就没有欺压别的民族和国家的基因，过去是如此，今天是如此，未来还是如此！再造世界新文明，少了哪个国家的文化都不行，虽然中西两大原创型文化交互起着推动世界前进的主动轮的作用！过去5个多世纪，西方文化发挥了主动轮的作用，打造了世界性的工业文明，现在它即将走到尽头；而中国文化正朝气勃勃，它创生的5000多年的生态文明，在吸纳了世界先进文明的基础上，必将和其他民族一道，开创世界更伟大、更光明、更和谐的生态文明！

（写于2022年7月3日）

学习心得

——读王南湜文章感悟

一

《新华文摘》2022 年第 11 期转载了摘自《学习与探索》2022 年第 1 期南开大学哲学系教授王南湜先生的文章《“赞天地之化育”与“人是对象性活动”的比较与汇通——中国化马克思主义哲学“‘事’的本体论”建构论纲》，笔者拜读此文，颇有收获。

心得与感悟

心得一

作者指出，马克思在这里提出了一种“彻底的自然主义或人道主义”，它“既不同于唯心主义，也不同于唯物主义，同时又是把这二者结合的真理”。在人的存在方式中，彻底化了的自然主义与彻底化了的人道主义不再矛盾，而是“作为完成了的自然主义，等于人道主义，而作为完成了的人道主义，等于自然主义”。

感悟一

中国传统哲学思想中有两句著名的话，即“生之谓性”和“天命之谓性”。生之谓性是指天地万物无不是自然生生之果，人亦如此，故民吾同胞，物吾与也；天命之谓性是专指人之性与天地万物之性同，是大全之性，故既内在于自然生生之道，又超越自然生生之道，人为生之性，故人是自然生生之最高成果，是彻底化了的自然主义；人成天命之性，故人超越了自然，是彻底化了的人道主义。生之性与天命之性不二，正与马克思所说的“作为完成了的自然主义，等于人道主义，而作为完成了的人道主义，等于自然主义”相契合。

心得二

作者认为，马克思在《1844 年经济学哲学手稿》中提出的“人是对象性活动”命题，意味着马克思在这里开始了一种本体论上的变革，那就是把人的活动、人与对象的相互作用视为对于人来说最为切近世界存在的方式。而在《关于费尔巴哈的提纲》中则提出其方法论原则，即必须把“对象、现实、感性”当作“感性的人的活动，当作实践去理解”，这是马克思比近现代西方哲学家把人当作“抽象的个人”或“生物学意义上的人”的高明之处，是把人当作社会学意义上的人。这为后来马克思的阶级斗争和无产阶级革命学说做了理论铺垫。

感悟二

中国传统哲学思想(中华道学)从创生伊始,就通过反求诸我、反身以诚的体悟,对人是什么、人从哪里来、要到哪里去搞清楚了,同时对人与动物的根本区别在于“义”,即在道德高度上区别开来,并在“关系本位”的角度认识人的存在方式,即在人与自然、人与家庭、人与社会、人与人的关系中承认感性人的活动和现实的实践活动。所以,中国先哲从未把人当作抽象的孤零零的个人,而是关系本位中的角色个体,这与马克思把人当作社会学意义上的人也有交集,即人的本质是社会关系的总和。人的创生、人的存在与人的本质之三位一体就是感性的现实的实践的人。

心得三

在文章的第四部分,作者提出:因此,对于中国马克思主义哲学来说,便可以“民胞物与”来解读“自由王国”之人的自由发展。事实上,在中国人接受马克思主义的过程中,人们对共产主义理想已经做了中国式的解读,如将之解读为“大同世界”“大道之行”“天下为公”等。这段阐述很有启示意义,马克思通过对资本主义社会的分析批判,得出了实现未来共产主义社会的科学预言,在中国古代圣贤那里,通过对以关系为本位的人本社会历史演变的考察思索,得出了大同世界的社会理想。这表明了东西方睿哲从不同历史发展视角,共同发出了对人类共同命运跨越时空的向往和追求,可谓殊途同归!

感悟三

自人类诞生几百万年,宇宙生生的漫长历史便进入了人类与自然共存共生的时代。特别是近一万年,地球人类在经历了大约相同的原始社会,即原始共产主义社会(中国人所谓原始大同社会)后,便在欧亚非大陆的东西两端创生了两大族群:东亚黄河、长江流域的中国先民与地中海小亚细亚一带的古希腊族群。在后世发展中,两大族群分别创造了中华文明和西方文明。前者是建立在以家庭为本位、以农耕为主业、工商牧渔等多种产业形态有机合一的生态文明,后者则是以工商为主体的机械性文明。他们在大多数时间里,分别于相对独立的时空中创造了有各自特色的原创型文化,对人类社会发展的过去、现在和未来提出了各自的蓝图。前者:大道之行、天下为公—大道既隐、天下为家—大道之行、天下为公;后者:原始共产主义)—财产私有制社会(奴隶主、农奴主、资本主义)—未来共产主义(经过社会主义)。

二

文章通过"赞天地之化育"与"人是对象性活动"的比较与汇通,谈中国化马克思主义哲学"'事'的本体论"建构问题,提出了不少很有见地的观点,笔者在前述中作了简要阐述。但是,文章中关于"赞天地之化育"与"人是对象性活动"的比较与汇通,也提出了一些值得商榷的问题。文章认为,经典马克思主义哲学毕竟属于西方哲学之发展,与中国传统哲学之间并无实质意义上的交集。指明这一点很重要,涉及"赞天地之化育"与"人是对象性活动"这两个分属于中西方哲学的命题如何比较和汇通的大事,正如文章所说,"两种哲学虽同为关于人类世界的本体论,但在本质性层面则是存在着根本性的差异"。文章第四部分讲了两种本体论的汇通与中国马克思主义哲学"事"的本体论之建构,但文章分别从马克思主义哲学和中国传统哲学中抽取一句话展开讨论略显苍白,应把它们放到各自的思想体系中进行深度思考,以得出应有的正确结论。

深度思考

(1)一直以来,中国学界比较一致的看法是,辩证唯物主义与历史唯物主义涵盖了马克思的世界观、认识论和方法论,作为"西方哲学之发展"的这一哲学思想体系超越了西方哲学而独树一帜。西方哲学发源于古希腊,当年有两个对立统一的源头:一是纯思想(或"是"),英文是"Being",另一是存在(或"有"),英文是"Ontology",并发明了古希腊本质论哲学(自然哲学与逻辑学)、中世纪的唯名论与唯实论宗教哲学,以及至近代的唯物论与唯心论的认识论哲学。马克思正是在批判地继承西方哲学特别是黑格尔的客观辩证唯心主义哲学与费尔巴哈的机械唯物主义哲学,以及其他庸俗唯物主义哲学的基础上,创建了自己的辩证唯物主义和历史唯物主义哲学。从《1844年经济学哲学手稿》《德意志意识形态》到《共产党宣言》《哥达纲领批判》,马克思的思想经历了一个逐渐发展成熟的过程,通过对"人是对象性活动"的辩证思考,展现了资本统治条件下对人的异化的高度关注。追求剩余价值(利润)最大化的商品生产是资本社会中人的全面异化:工人阶级是人异化为劳动力商品;资本家异化为人格化的资本;科学家、发明家、工程师们也被异化为理性的工具;更不要说那些政客们、神父们、艺术家、律师、记者等异化为金钱的奴仆。"人是对象性活动"最终异化为活动的对象、工具,虽然这在奴隶社会、封建社会也有发生,但在资本主义社会则更加彻底、全面!这在生产力发展水平并不很高、社会财富并不充分富裕的情况下,虽有其现实合理性,但随着社会生产力的发展,其不合理性越来越显现。所以,马克思预见到在生产力高度发达、社会财富极大丰富的条件下,这个被颠倒的历史必然会被颠倒过来,即每个人的自由而全面发展的共产主义社会一定会实现!《共产党宣言》不仅做出了预言,而且提出了实现共产主义的科学道路,即全世界无产者联合起来,通过对资产阶级的阶级斗争和暴力革命,打碎旧的国家机器,建立无产阶级专政!

(2)中国传统哲学主张宇宙生命本体,《周易》中有"元、亨、利、贞"四个字,即"乾元资始,大化流行,氤氲化生,生生不息",完整地描述了生命本体宇宙观的内涵。为什么中国先民会创生这样的宇宙观?是反求诸己、反身以诚而体悟出来。宋明道学中的儒家提出两条：一是生之谓性，讲的是人与天地万物一样，皆宇宙生生之果，民胞物与，是为根；二是天命之谓性，是说天地万物唯人与天地相通，与万物为一，禀天地之性之大全，是为魂。根与魂合二为一即中国先民对人的看法。康德提出的“人是什么”的三个分支问题：我能知道什么？我应当做什么？我可以期待什么？在中国先哲的思想中并不是问题，因为“人是什么”的问题早已解决了。悟道得道的中华民族既是自然之子，又是超自然之子；既是宇宙生生之心（道心），又是天地万物之主（人心）。故可法地、法天、法道、法自然，创生新天地，即“赞天地之化育”“可以与天地参”。其实，“赞”“参”是一种生（化生）生（创生）活动，创造的是一种有别于西方工商机械文明的生态文明。诚然，以农耕为主体、多种经营相依共生的生态文明是低级文明，近代以来，吸收、消化了西方工业文明成果的生态文明是中级文明，这是中国正在做的事情，未来将以中国人为主体，创造出以人工智能、数字化等为主的高级生态文明！由此可见，自古以来，中国人“赞天地之化育”“与天地参”始终以人的主体性为核心，坚持以人为本，而非“事”本体。所谓“天地人三才”不是一分为三，而是“三才”合一，道心为体，人心为用，体用不二。正因此，中国没有西方式的科学传统，即没有在“逻辑分析+实证方法”基础上发现发明的传统，而是自己独有的在经验积累传承基础上的悟本想象性的创造发明传统，即在尊重、维护自然、社会、人的生命整体和谐的基础上"赞天地之化育""与天地参"！顺便说一句，西方的诺贝尔科学奖是以西方科学发现发明为主要依据的奖项，我们中国的国家科学技术进步奖是更适合中国人创造发明的奖项。当然，随着中国科学技术事业的进步，中国人在科学领域的全面繁荣会很快到来！当西方科学理性的局限性开始显现之时，正是中国科学技术创新大展宏图之日！

(3)文章说，马克思"人是对象性活动"所体现出来的本体论，是一种不同于以往哲学本体论传统的"事"的本体论，"这种'事'的本体论，为何最终会为国人从诸多'西学'之中选择出来而衷心接受，这是需要我们予以深入探询的"。通过上述两部分的探询考察，可以得出结论，马克思主义之所以被国人从诸多"西学"中选择出来，主要是由于其革命思想和理论，即辩证唯物主义和历史唯物主义的世界观、认识论（也有说是实践论）和方法论，它超越了西方哲学传统，具有普遍的参考价值和指导意义。但即使是这样，马克思主义也不能现成地拿过来照着去做，而必须与中国革命和建设的实际相结合，使之中国化。中国文化是世界上唯一一个以生命为本体的文明，中国人以悟为本的精神活动最善于进行想象性的创造发明，它是具有无所不通、无所不容、无所不化的实践理性的，世界上一切先进的文明成果通过实践的检验都可以为其所用。所以，中国人民的伟大领袖毛泽东同志就把马克思主义称为中国革命的"望远镜"和"显微镜"，中国共产党从成立起就明确把马克思主义作为党的指导思想。笔者认为，马克思主义之所以能立足于中国大地，发挥了重要作用，结出了重大成果，绝不是“两种本体论的汇通”，而是马克思主义的中国化！可见，中国人民创造自己的历史和新的世界文明史的主体实践活动，离不开马克思主义的指导作用。二者的关系是需要和适用的关系，是主体与工具的关系，不是“两种本体论的汇通”关系，更不是体用倒置的关系！

（写于 2022 年 7 月 20 日）

读书偶得

——也谈“中国历史研究的走向”

复旦大学李剑鸣先生发表在《清华大学学报(哲学社会科学版)》2022年第1期上的文章《欧美史学的引入与中国史家的话语权焦虑——一个当代学术史的考察》一文,在《新华文摘》2022年第9期上转载部分内容——《前路何在:全球化时代的学术自主性——中国历史研究的走向》,笔者有幸拜读了这部分,还是很有收获的。

一、中国历史研究的曲折探索

文章列举了几种情况予以证明,可分为三个时期:

第一个时期,新文化运动至新中国诞生前夕的30年,中国学者无论从事实证明研究还是进行学术反思,大多喜欢“言必称西方”，甚或以“西方”学术为标准，此与当时现代中国哲学（史）建构的情况相一致。当年陈寅恪论及学术的“预流”和“未入流”，所参照的正是当时的欧洲汉学。当今不少学者更是相信，惟有与国际学术接轨方能步入“史学前沿”。文章指出，有时为了借“西方”学术旗号以自重，即使强作解人、穿凿比附也在所不惜。在有的学者看来，种种迹象表明，中国学者已然“不会说自己的话，也不知道什么是自己的话”，到了“唯人是从，唯‘外’是从”的地步。斯言甚是，一语中的！

第二个时期，“文革”前 17 年接受大学教育的那一代学者中，留恋传统史学、信守“苏化”史学的人略多。这些学者力图从传统史学中发掘可用于当前的资源，但那时基本以抵制“西方”话语为趋势，极端者甚或完全漠视或刻意抹杀欧美史学的影响。这与当年的哲学教育和学界建构中国哲学（史）的情况大体相仿。

第三个时期，1977 年以后，也就是改革开放后成长起来的年轻一代学者大多关注欧美史学，乐于接受其理论和方法。他们把西方史学的概念、模式、术语、规律拿过来，按照西方人的眼光看世界，没有属于自己的历史学理论，认识中国的历史也是按照西方的模式。一言以蔽之，西方话语控制了中国的学术研究，中国史学好像正在自我迷失。还有的学者发现，1978 年以后中国学术界对“西方”学术和思想的狂热兴趣，同对“西方现代化道路”的“极度热衷和盲目崇拜”是紧密联系在一起的。

总之,文章还列举了很多近代以来中国历史研究中的不同主张、走向,但是到头来都没有脱离胡适在建构中国哲学(史)中提出的“研究问题,输入学理,整理国故,再造文明”这十六字方针,因此并未打造出真正具有中国气派、风格、特色的历史学来。文章说,“西方史学传入……没有代替中国史学,也不可能代替中国史学。当代的中国史学仍然深深地扎根于中国的传统与现实”。但是,中国史家对于“传统”和“现实”的理解,早已混入太多的“西方”元素,或基本遵循“西方”的逻辑和方式,早已不是纯粹中国的“传统和现实”的论断,很有道理。

简单概括一下,近100多年来,中国历史研究基本徘徊在“西化—苏化—西化”的小圆圈里,无论是西化派、民族本位派还是中西会通派,都没有跳出这个圈子。文章最后指出了一条中国历史研究的新走向。

二、中国历史研究的“走向”

文章认为,中国史学话语体系的构建还处于愿望和构想的阶段。从古今史学演变的实际来看,话语体系和话语权都不是由概念或口号所构成的,而需立足于得到学界承认、推重和效法的实证研究之上;那些最终成为话语体系标志的术语或口号,往往是对相关实证研究加以“概念化”的产物。此话不无道理。新中国成立后,中国考古事业有了突飞猛进的大发展,特别是近几十年来更是如此,出土文物(包括众多的竹简、帛书等)为创建中国史学的实证研究提供了大量丰富的实证材料,它们与地上资料(典籍、史书、谱牒、方志、地上建筑等)对比研究,还不足以建构我们中国的历史吗?但是文章提出了它自己的所谓“走向”。

文章认为,在这个全球化继续推进的时代,国际学术权力方面“被结构化了的不平衡或是不平等的关系”,对于中国史家的话语权的确是一种极大的制约。因为在方法和理论、参与能力、出版集会、学术机构和国际网络方面,西方史学研究占了统治地位。这里遇到了与建构中国哲学(史)同样的问题,即“西方学术统治权”的问题。因此中国史学研究某种程度上被边缘化,因为缺少资源,很难有机会进入国际网络、会议和出版机构。这些国际学术技术问题(包括西方学术统治权)并不能构成中国历史研究的障碍,就如同美国霸权绝对阻挡不了中国走自己的现代化建设道路,建设具有中国特色社会主义现代化国家!对西方学术统治权,如果屈服于它,就会被边缘化;不去理它,走自己的路,它就会靠近,主动交流。

文章又提出,正是由于全球化的缘故,学术也越来越突破(民族)国家的畛域,各国学者在研究兴趣、思维方式、学术语言、操作程序上早有趋同的迹象。不同民族、不同文化中的学者若要获得话语权,就必须首先是自己的研究在国际学术界赢得认可和尊重。如果刻意“另讲一套”,则只能是自话自说,并自外于国际学术竞争。在全球化时代,学术自主性已变成一个开放的概念;在兼顾本土化和国际化的前提下呈现高水平的学术实绩，无疑是中国史家赢取“话语权”的必由之路。行文至此，文章把中国历史研究的走向讲得再清楚不过了，即用国际学术竞争早已有之的规则说本土的事，就会有中国史家的话语权了。如果笔者理解无误的话，文章所谓的“国际化”就是“西方化”，“学术竞争规则”就是西方人制定的“规则”。说到底，文章所谓中国历史研究的“走向”还是向西走，还是囿于西方中心主义的小圈子里。

三

上述笔者对李先生的文章的若干问题进行了梳理并谈了自己的看法；本部分，笔者要谈谈自己的想法。

（一）“全球化时代”的学术交流

文章多次提到“当今是全球化时代”，看来这是文章立意的前提和论述的出发点，可是在笔者看来，这个前提是一个伪命题。文章说“当今是全球化时代”，但人们都很清楚地知道，这里所说的全球化时代应该是“经济全球化”，而非政治、文化全球化。从当代的世界格局来看，经济全球化、政治多极化、文化多元化，才是世界上绝大多数国家的主张且也是世界格局的真实情势。在当今世界上，美国追求经济全球化（即美国主导的新自由主义经济全球化，下同——笔者注）、政治单极化（即美西方主张的单一的美国式的民主政治)、文化同一化(当然也是以美西方文化为主宰的世界同一文化体系,主要是哲学、艺术、历史、文学、宗教、法律等狭义的文化观念),合而言之,就是美国的全球秩序。经济、政治不在本文论述范围内,故只谈文化问题。这样,在当今世界上就出现了两种文化格局的定位,即美国所追求的以西方文化为主体的文化同一化与以世界上绝大多数国家所主张的文化多元化。处在这样的世界格局下,中国历史研究就会出现两种走向:一是站在美国所主张的西方文化全球化的立场上,二是站在绝大多数国家主张的全球文化多元化立场上。立场不同,中国历史研究的走向就会不同。所谓中外学术交流,也就会出现两种不同的态势,笔者试分别论述之。

(1)文章指出,20 世纪"新史学"初兴之际,梁启超等人力图以欧美史学改造中国史学;马叙伦等人却坚称"中国之学术何尝不及泰西",因而力倡国学;王国维则主张打破学术的"中外之见,使'西学'与我国固有之思想相化"。如此形成的"新旧中西"之争及其后发生的人生观问题上的"科玄论战"(与史学密切相关),无不在"西方"史(哲)学话语的重重笼罩之下,深陷西方中心主义的陷阱而不能自拔,中国历史研究也只能拜倒在西方话语统治权下而难有作为。

(2)文章说,"文革"前的 17 年,中国历史研究信奉"苏化"史学。以观念形态的文化言之,"苏化"学术仍是西方学术的分支,与西方文化一脉传承。虽然不少学者力图从传统史学中挖掘可用于当前的资源并抵制"西方"话语甚或漠视或刻意抹杀欧美史学的影响,但在"苏化"史学话语的主导下(实际是西方史学话语间接主导下),中国历史研究仍缺乏自己的主体性,而在"苏化"的路上邯郸学步,难有建树。

(3)文章对近几十年中国历史研究情况做了概括:有的以韦伯的官僚政治理论为分析工具来讨论专制主义和官僚制的演化;有的倡导政治文化的研究路径;有的专注于民族史和中外交通史的研究;有的致力于探讨帝国和民族问题;有的热衷于构建中国的社会史和历史人类学;有的还直接参与欧美史学界的话题讨论;还有人受邀参加编写剑桥版或牛津版的综合性中国史著作。翻阅这一时期的国内史学著作和文章,都是直接或间接地参照"西方"史学话语体系描摹的。所谓"全球化继续推进的时代""全球化的学术交流",无不在西方学术权力下运作。像有的研究中国哲学(史)的学者所作的类比一样,在西方话语霸权下,它们之间就是君臣、师徒的关系!

总之,这样的全球化时代的学术交流完全抹杀了文化多元化,中国文化必须臣服于西方文化霸权。如此学术交流的后果,必将是中国历史研究的西方化和真正的中国历史的虚无化!

(二)全球文化多元化时代中国历史研究的走向

人类的精神文化是五颜六色的,全球文化自然是多元的。世界文化如果变成了单一色彩，我们这个星球上生活的人类离消亡就会不远了。中国文化有着五千多年生生不息的文明历史，博大精深，色彩斑斓，无与伦比！站在全球文化多元化的立场上，中国历史不仅是当今世界最伟大、最悠久的，而且是独一无二的历史。

(1)西方历史是西方地域上所有民族国家的历史。当西方人完成了工业革命并向全世界侵略扩张时，他们的文化也随之走向世界并以强权消灭当地的文化，于是西方文化便成为世界上最强势的文化，但仍非惟一的文化。西方人力图用强力推行其文化的结果是世界上大多数国家接受并实行了其文化，如政治、法律、经济、社会等制度，在观念形态上接受了西方宗教、哲学、历史、艺术等观念。这给了世人一种假象，即西方的就是世界的，西方的现代性就是世界各国的现代性，西方的现代化道路就是世界各国必走的现代化道路。因此，西方社会的历史发展模式就是世界所有国家的历史摹本。虽然我们看到那些受西方文化影响深重的国家照搬了西方模式，但是他们民族独立解放斗争的旗帜仍然浸染着本民族文化的背景和底色，独立后的民族国家也越来越重视发展自己的民族文化，因此，全球文化多元化越来越向前发展。西方国家仰仗着其物质实力实行文化霸权的局面也越来越收窄，这已是不争的事实。

(2)西方文化是全球多元文化的一元，有其自己的特点、风格、模式；同样，中国文化也是全球多元文化的一元，当然也有自己的创生之源、成长特点、发展道路。中国历史泱泱五千多年,从未中断过,并且自有文字可考的甲骨文开始,就有了自己的历史记载。近百多年中国考古发掘的文物,承载着更悠远、更丰富、更灿烂、更辉煌的历史,而且是西方历史所远远不及的。中国历史典籍之庞大、详实、精深,也是西方所远远不及的。如果把中西历史稍做比较就可以看出,前者之伟大悠远、博大精深是后者所不可比拟的,二者根本不在同一个层次上。可为什么西方史学在世界上能够一家独大,它的范式、规则、规律、概念等成为其他民族国家历史研究的样板,而中国却被西方学界认为没有历史或有史无范式、无规律,而这荒唐的论断又被 20 世纪初的某些中国公知所接受?笔者认为,其原因有二:一是先发优势,自文艺复兴以来,西方人率先对自己的历史进行研究并延伸至世界各地,最终他们根据自己的历史、考古资料发明出西方史学,而中国虽有丰富的历史典籍、史料、方志、谱牒、传说等,但每一代学者都遵奉六经皆史、文史哲一体,学者们读经即读史,注经即写史,写史以传经,著文以载道,它们本身就构成了中国传统史学,所以中国有史但无史学分科以列之必要。二是如前所述,西方国家以强权胁迫世界非西方国家接受其史学理论,湮灭本土历史,推行殖民统治,对中国也是如此;但中国不同于其他非西国家,自己拥有丰厚的历史,与西方历史性质不同,发展道路不同,西方人感到不懂、不解,于是强行把中国历史按照西方史学范式拆解开来,再进行拼凑、组装,便成为今天这个样子。当然,这一切都是在他们培养的某些中国公知们的帮助下完成的。

(3)像中国拥有自己的哲学(史)、文学、艺术等一样,中国也拥有自己的史学。中西史学的共同点是:中西两大民族分别在欧亚大陆东西两端创造,但它们的差别是历史创生的起点和发展的路径不同。中国历史创生的秘密蕴含在家庭这个生命体中,家庭的内生能动力成为全部历史成长发展的关键;西方历史发生的秘密源自生产工具的变革中,生产工具的变革是其全部历史发展变化的外生动力。所以,研究中西两大历史发展规律,决不能“以西代中”,必要在中国历史发展的实际中创造出自己的一套理解体系。文章说,当今国际学术竞争类似于现代奥运会,项目、赛制、规则早已约定俗成,各国选手能做的事情不外是获取名次,力争锦标。人们不禁要问,具体的体育赛事怎么能和观念形态的历史研究相提并论呢?这很难令人理解!史论与史实的一致性应是历史研究的基本要求,所谓“约定俗成”,西方历史研究的范式等,西方人与谁“约定”了?如何“俗成”的?有良知的中国学人都明明白白,清清楚楚!如果说西方人不懂中国文化,不明中国历史,强加其历史范式于中国历史,那是他们无知的傲慢与骄狂,可是我们中国学人传承着民族的血脉、承载着文化的精魂,反而人云亦云,不深入研究自己的历史,不能创造出自己的史学体系,照抄照搬西方史学的学理,打造不伦不类的中国历史,这就不能不令人匪夷所思了!我们中国学人应该做的,是彻底抛弃西方中心主义,回归文化主体,殚精竭虑，走自己的路，创造出具有中国风格、中国气派、中国特色的中国史学！

四

（一）中国历史研究走向的新探索

为了探讨中国历史研究的走向，笔者现在谈谈自己的看法，以与史学界同仁和关注中国历史研究的朋友们交流切磋。笔者拟把中国历史分为中华民族发展史、中国治国理政史和中华道学史，中国历史分而论之为三，合而论之为一。这些内容散见于《心论集》（中国文联出版社 2003 年出版）、《心论集"续"》（人民文学出版社 2012 年出版）和《中华道学论纲》（齐鲁书社 2015 年出版）。本文将它们归纳在一起分而论之，更为直观清楚。

（1）中国历史创生发展的全部密码存在于家庭之中。在多元广袤的东亚大陆上，中华民族创生了以家庭为本位、以农耕为主体、农工商牧渔相依共生的生态文明，中国历史就是生生不息的生态文明史。但近代以来，西方人鼓吹西方中心主义，将世界文明划分为工商文明（也有称之为海洋文明或蓝色文明）与农耕文明（也有称之为黄土文明或大河文明）两大类型。但是，世界文明历史告诉我们，世界上只存在生态文明与机械文明两大经典类型，分别对应着中华文化与西方文化两大原创型文化。但西方人的划分大行其道，他们把自己的机械文明偷换成工商文明，称之为先进的文明，而世界上其他文明都是农耕文明，称之为落后的文明或野蛮的存在。对这种明显是带有歧视性的分类，某些中国学人却在100多年前就接受下来。尽管有的西方学者对此也提出质疑，如英国学者罗素就说过："虽然中国与埃及、巴比伦具有自然与经济环境的类似性，但是，双方在精神方面却极少共同的特征。那些把任何事均诉诸经济原因的人，将很难用同样的态度解释中国与埃及、巴比伦的不同。"（罗素《中西文明比较》）就是在马克思的所有著作中，也没有对中国历史做出相关论断，因为他没有来过中国，他绝不以原则为出发点对事物进行武断的评价！但中国学界基本没有人对西方人强加在中华文明上的独断论和对中国历史发展道路的荒谬结论产生怀疑进而深入研究。在此，有必要重申，中华文明绝非农耕文明，而是以家庭为本位、以农耕为主体、农工商牧渔相依共生的生态文明！中国历史与西方历史是两条完全不同的经典发展道路！

（2）中华民族是悟道得道的民族。根据近年考古发现，史前时期距今约10000—8000年，在黄河、长江流域就生活着以家庭为本位、以农耕、游牧、商贸、渔猎、手工业等经济活动相依共生的村落。到了距今5000多年，黄河流域陕西、山西的泾河、渭河一带产生了以农耕为主的炎帝部落，而在山西、河北、内蒙古一带创生了黄帝部落，在此基础上创生了炎黄部落联盟。差不多同时，在内蒙古、辽宁一带创生了红山文化，在长江流域的浙江、湖北一带创生了良渚文化等。随着这些大小部落之间的交往（婚姻的、经济的、文化的以至战争的），在中华大地上，道本文化之风流行，生态文明之潮涌动。兹将中华民族三统概要描述如下：

——族统

炎黄部落联盟（炎黄族）—部落首领禅让制（尧舜禹）—夏商周宗法分封制（华夏族）—春秋战国—秦汉郡县封建制（华夏一统：大汉民族）—三国两晋南北朝（汉化五胡或曰华化五胡，学界多称“五胡乱华”，与历史实际不符）—隋唐（中华民族）—宋元（中华民族化辽、金、蒙古）—明清（华化满族，中华民族一体多元）—中华民国（中华民族共和一统，现代民族国家雏形）—中华人民共和国（中华民族空前团结，人民民主专政的社会主义国家）

——治统

中华民族悟道得道，创造道化生活，生活即道，道由情生，故有修身齐家治国平天下，贯通一个情字，《礼记·礼运》引孔子的话：“夫礼，先王以承天之道，以治人之情。”司马迁《史记·八书·礼书》曰：“缘人情而制礼，依人性而作仪。”礼者，情之所约也！远古有家，夫妇、父子有情，尊卑有序，约之以礼，故有诸子析产，此乃封建制之端始也（封土建家）。其后逐渐发展而有大一统封建制。“大一”者,道也,通也;“统”者,合也,不可分也;“封建”,家国之形制也!“大一统封建制”者,有心统摄、“合且通”也!后世衍生出大一统氏族封建制(炎黄族至尧舜禹,封土建族)—大一统宗法封建制(夏商周世卿世禄分封制,封土建侯)—春秋战国(夏商周三世之礼崩坏)—大一统郡县封建制(秦汉至明清,封土建政)—中华民国(总统制、责任内阁制、君主制等不同政体)—中华人民共和国(中国特色社会主义制度)。

——道统

中华民族在东亚大陆上繁衍生息了五千多年,从未中断过,这在当今世界上绝无仅有。民族的发展也像一个人一样,从萌生到壮大,会有相应的成长阶段,心智的成长也会与之同步。与炎黄部落联盟诞生的同时,创生了中华民族的精神胚核,即中华道学的源头:“人文精神+和合观念”;经过近千年的丰富发展,到了夏商周,中华道学进入青春期:《连山》《归藏》《周易》,天道、人道、地道,三易肯定之肯定、继承发展,三道以人为本、天人合一;春秋战国时的中华道学:孔老本一,百家生生;秦两汉时的中华道学:今古互补,尊崇儒学;魏晋南北朝时的中华道学:有无生变,玄儒理统;隋唐五代时的中华道学:昌黎首倡道统,六祖顿开新风,三学渐同流;宋元明时的中华道学:三学归一,理心圆融,天人化一;明末至清后期的中华道学：汉（学）宋（学）一体，经世致用；清末至民初的中华道学：西学乱道，凤凰涅槃，大道潜行；民初至新中国诞生前的中华道学：中华新生，道兮归来；新中国诞生后的中华道学：大道一统，中华复兴，大道生生，中华永续。（参阅《心论集"续"》之"道兮归来"篇）

本篇文章确是笔者偶得，亦非偶得。因笔者研学中国哲学（即中华道学）（史），自然涉猎中国史学（民族史、政治史、经济史等）学科，顿悟中华学问博大精深，确是以道为本的生命本体，不可分也不能分，中国文明史是生态文明史。上论族统、治统、道统是分而论之，实则三位一体。这可能既不合西方历史学的规范，也很不合当今学院派某些学者的口味。不过，笔者倒是很希望学院派史学工作者们能拿出自己的大作来，是纯正中国品味、中国气派、中国特质的中国历史学著作！有些学者担心外国学者不接受或看不懂这样的中国历史，那不要紧，在不远的将来，当中国的综合实力强大到让他们震撼的时候，自然就能接受了，也看得懂了！

（写于2022年8月13日）

哲学的语言与道学的语言

地球上的人类语言可能有成百上千种，它们都是人与自然、人与人之间交流思想、情感、想法的工具，因此承载着人们对自然宇宙的观念、对万千事物的态度和对具体生活的看法。哪怕这种语言使用的人很少，仅一个部落或部族，它也是有内容有形式（文字或声音）的语言，更何况有着几千年历史发展、拥有数千万甚或数亿使用者的语言，更是复杂丰富深奥的思想工具。这其中就有印欧语系和汉藏语系两大类型，其各自的代表是西方拼音语言文字系统与汉语言文字系统。

一

公元前 12—前 8 世纪，在地中海希腊半岛及其周边岛屿发明了希腊文字，并在世界上最早出现了用“Philosophy”这个词标明的学问，其意思是“爱智”，由古希腊语文而古罗马语文进而是古拉丁语文，到近代分而为欧洲各民族国家的语言文字，主要是英、法、德、意、西、斯拉夫等语文。“Philosophy”虽有微小变化，但词根如一，如此三千多年发展演变，“Philosophy”这门学问自然是西方语文的专利，其规则、范式、概念、规律不运用西方语言文字就不合规矩。这是西方工业革命以后，物质力量强大起来，向全世界侵略扩张以后就成为法律规则，强别国就范。从此，在西方人及其培养的各国精英们的眼中，西方语文便成为名正言顺的哲学语言。一些弱小的国家被西方国家侵略，便以西方语言为官方语言，民族语言为民间语言，哲学自然是西方语言的哲学。但像中国这样的大国，问题就复杂了许多。

1868年日本明治维新，搞了个脱亚入欧，自认为是西方国家，他们发现了西方“Philosophy”这门学问，想在汉语言文字中找到意义相近的词汇翻译过来，最后他们在中国古籍中找到“哲”这个字，有“智、智慧”之意，于是用“哲学”翻译“Philosophy”。当年留日中国学者发现了“哲学”这门学问，引进中国，直到今天，仍在沿用。那时，日本学者翻译西方哲学著作，使用的是日本片假名的粘着语，掺杂了很多音译概念，中国学人引进后，尽量用汉语文中接近的词汇从日文再翻译过来，其谬误错漏在所难免。后来留学欧美的学者归国后，直接从西语翻译，情况有所改变，但仍免不了误解错译。而时至今日,某些中国学者“言必称希腊,学必拜西方”,从古希腊到近现代,苦心孤诣于西方的故纸堆中,甘当学徒和臣子,寻宝觅藏,以争取到西方哲学主导的话语权,即使是建构中国哲学(史)也必要遵循西方哲学的规则、范式、概念、规律等,否则就不能融入国际学术界,就会被边缘化。这种看法和做法令人不解!

二

西方人发明了哲学,使用的就是西方语文,因此,哲学的语言与哲学同一不二,但即便如此,在近代西方学界,仍有何种语言更适合哲学的争论。黑格尔就说过:“德语有些字非常奇特,不仅有不同的意义,而且有相反的意义,以至于使人在那里不能不看到语言的思辨精神:碰到这样的字,遇到对立物的统一(但这种思辨的结果对知性说来却是荒谬的),已经以素朴的方式,作为有相反意义的字出现于字典里,这对于思维是一种乐趣。”在西方尚且如此,那么西方人对用其他民族的语言研究哲学恐怕很不以为然,黑格尔对汉语言的看法就很负面,他认为中国没有哲学,因为汉语言缺少思辨,他的说法是大谬不然的!难怪黑格尔有如此看法,因为他根本没来过中国,“对中国的了解只是知道有中国这个国家”(罗素语)。但中国学者就大不同了,生于斯,长于斯,学于斯,应该深刻了解自己的祖国和自己民族的文化,而不应该人云亦云,为了西方的哲学(当然还有其他学问），按照西方语言逻辑结构改造汉语，制造适合研究哲学的概念、范畴、规律……形成西语化的现代汉语言系统，以便让西方哲学说中国话，以便获得一些话语权与国际学界（实际是西方学界）进行对话，以便按照西方学理建构中国哲学。可是，直到现在，笔者看到的只是一些"中面西魂"或"儒面西魂"的中国哲学（史）的著作和文章！

据考古发掘的文物，中华民族从距今6000多年的远古时代就发明了语言文字，远比古希腊语言要悠久得多，从象形、指事、会意、形声到转注、假借六种构字法，可以创造发明无穷无尽的中国汉字，已经凸显了汉语言文字系统的博大精深，它是中华民族丰富精神活动的物质载体。这样庞大的文字系统，可含天地万物，可通古今有无，可察形下之事，可悟形上之道。中华民族运思自己的语言文字系统，塑造、传承民族之精神，团结、凝聚、抒发民族之伟力，既有智的内涵（有哲学之意蕴），又有仁的神韵（具形上之魂），还有勇的伟力（知行合一之功），它们是三位一体，即中华道学！所以，西方哲学与其语言如同源之水，而中华道学与其语言就是一体两面。如果说，西方语言与哲学相适，那么中国语言则助道学成大；西方哲学以实体（有）为本位，中华道学则以关系为本位；西方哲学唯理性见长，中华道学则以生命是尊；西方哲学唯真是求，中华道学则贵真善合一之美；西方哲学循否定之否定之律而有阶段性之发展，中华道学则禀肯定之肯定之法而有生生不息之成长。总之,西方哲学终有发展之局限和尽头,中华道学之成长永无界限和止境!

三

中华道学与西方哲学分别是中西两大原创型文化的核心。前者是以道为本的生命本体,后者则是以实体为本的机械整体,它们本就是性质不同的两大文化体系。严格来说,中国发明了道学,其中含有哲学内涵;西方发明了哲学,但无道学之体量。故西方的拼音文字语言较重逻辑理性,对求真(知)之哲学有其优势;中国的汉语言文字不仅含逻辑理性,而且追求真善合一的价值美,即具有创造性的想象力。黑格尔说,德语很有思辨性,一个词就是对立物的统一,这种思辨性是建立在人的联想力基础上的,他说的是外在实体的概念思辨,即纯概念的辩证法;汉语其实更具思辨性,它是对内在于其中的生命活动体悟的思辨性,即心灵(精神)活动辩证法,落实到现实生活中就是实践理性活动。黑格尔不懂中国,故出此谬论!

近100多年,中国学界受西方学术的影响,以西方哲学为模板,强中国学术以适之,意欲取消汉字,声称中国传统文化已经死了,并声称中国没有哲学(史)。其实,中国先哲非常聪明,他们热爱大自然,热爱天地万物,视之为普遍的生命存在,运用自己创造的文字系统,以格言诗般的语言歌颂自然、赞美生命,既具逻辑的严谨,又富诗话的意境，还含精深的哲理。中华民族徜徉在这样崇高壮美、丰富多彩、恬谧怡人的文化氛围中生生不息绵延至今，直至无限的未来。难道只因为它不合西方哲学的范式、规制、规则，就不承认它的合理性吗？若不是盲目崇拜西方、拜倒在西方话语统治权下，失去了对自己文化的自信或根本不懂自己民族的文化价值，又怎么能做出如此荒唐的事来?！在这样的思潮误导下，有些学者甚至把用古汉语撰写的中国哲学(史)说成是复古，是与时代背道而驰，不合国际学界对话规则，人家不懂等，无知转变成了偏见！真不知那些国际规则是谁制定的，依据什么制定的？有些学者说出那样荒唐的话，做出那样数典忘祖的事，哪来的底气？还是那句话，靠物质实力称霸世界是长久不了的，大道之行也，天下为公！当中华民族再次恢复在世界上应有的地位和影响时，再看看那些西方人及其追随者们该会如何？那个时代越来越近了，巨大航船的桅杆已出现在东方地平线上了！

（写于2022年8月19日）

真理与天理

中西两大民族由于心智活动不同,对自然、社会万千事物的认知也有区别。由于中国人体悟宇宙生命本体,精神活动方式是有心统摄、"合且通"的关系本位,因此对所有事物都取格物致知的态度,既真且善。北宋学者程颢对这样获得的事物之理称之为"天理",程颢体贴出的"天理",非一时之灵感,而是对宋以前近两千年中国学者做学问悟道说"理"的体悟。西方人站在主体的视角观察研究自然万物,力求获得自然现象内在的规律和本质,并形成知识体系,靠的是形式逻辑和实证方法,这是一种纯粹理论理性的思维方式。因此,西方人力求事物之真的探索,称之曰"真理"。

一

“真理”与“天理”，虽然只有一字之差，但在做学问上形成了两条不同的理路。其差别在于：真理只究一个“真”字，是实体本位；“天理”不仅认“真”而且讲“善”，“真且善”，是关系本位。因此，西方人讲“真理”，不讲“天理”，中国人在 19 世纪前也讲“真”，如道教的“真人”等，但不讲“真理”，而讲“天理”。

西方人讲真理，无论自然科学、社会科学还是哲学都如此。之所以如此，是因为在西方人迈入文明门槛第一步时，他们就是以孤独的个体面对大千世界的无数现象实体的。要认识这些现象实体存在的原因和本质，将自然界分为无机界与有机界，生物界分为真细菌界、古菌细菌界、原生生物界、真菌界、植物界、动物界；动物界还细分为门、纲、种、属等数百类别；就人本身的医疗保健就可分为几十科，如精神科、心理科、皮肤、骨骼、口腔、心、脑、血液、五官、五脏等，都有专科；还有天文、物理（宏观、微观、天体、地球等）、化学（有机、无机等）等都是针对不同对象设科置学，可以说能分多少门类，就有多少学科。这些学科之间虽有交叉，但继续分下去，仍是科学研究的主流。西方人如此注重分析，是因为他们认为宇宙是实体本位、机械整体，从观察现象之真，通过分析研究、因果推理、实证证实或证伪进到本质之真、规律之真的科学理性认识，发现了一整套自然科学真理和社会科学真理体系，并由此转化为科学技术知识体系及多党民主政治制度。这些成果无疑给西方人带来新型的物质文明和炫耀于世的资本，但也使他们自己深深陷入了上帝真理代言人的误区而虚骄狂妄！

中国人讲天理，无论是对家庭、社会伦理，还是在国家治理等诸事务方面都如此。但自 20 世纪初以来，西学东进，自然科学扎根中国，社会科学广泛引进，对“真理”概念也自然接受下来，成为人们学术研究甚至日常用语的口头禅，而“天理”一词则较少出现在以西方话语权为主的国内学术界中，其使用也仅存于国人对丑恶行为的口头谴责中。其实，“天理”一词是比真理概念更为广泛而深刻的思想用语，因为它既要讲真又要论善，它产生于格物致知，应用于致知格物的统一中。世人皆知，中国人发明了生态文明，主张人与自然、人与人、人与社会和谐相处，这里的“人”并非单个人，而是家庭、社会、国家、自然中的角色。中国人面对的这一切都是生命存在，主张宇宙生命本体，参赞化育自然生生的活动，因此自古以来，中国人反对奇技淫巧（即戕害自然、家庭、社会、国家、他族生存发展的行为和方式）。中国人发明了火药而没有制造杀人的火器；发明了指南针而没有去侵略殖民其他民族；发明了造纸术，记录传播自己的文化，弘扬人文精神；发明了中医药，为百姓的健康保健服务……更不要说其他众多的创造发明，都是为人们的生活服务的！这里就深蕴天理观，即这些创造发明是真的且是善的，这是历史上一个善良的伟大民族对人类文明进步做出的无与伦比的贡献！

二

西方的“真理”观我们接受下来，我们民族的“天理”观也应继承发扬，因为它们各自透露着中西两大民族文化的重要信息：西方民族的世界观（机械整体）、认识论（唯物论或唯心论、经验论或唯理论、可知论或不可知论等）、方法论（分析与综合、归纳、演绎与数理、猜想与实证等）；中华民族的宇宙观、人生观、价值观（性、命、道、理、心五位一体，格致正诚修齐治平一以贯之，以悟为本，博审慎明笃相统一的精神活动）。二者各有特色：西方人优于发现发明，以真为目的，真善两分，求真不避恶；中国人善于创造发明，真善合一，求真必问善。因此，二者实具互补性：科学理性以分析为方法，戕害自然万物之生命，本质为恶，正需中华道本文化以矫正，约之以价值，晓之以天理，使之走向人间正道；道学天理以悟为生活之本，参赞化育自然生生之道，创生万物，却囿于保守生命而疏于进取开发，致科学技术与民族无缘，及至近代国势衰败，落后挨打。此一教训至深至极，遂催逼国人奋起直追，浴血抗争，致有今日国势强盛，科学繁荣，昂昂然屹立世界之东方，成为人类新文明之灯塔。但中国自古讲究“国之大事，在祀与戎”，即国家的大事一是子孙兴旺，五谷丰登，安居乐业，二是精兵武备，御敌于外，保家卫国。今虽国强民富，但古训依然，仍求国泰民安，绝不走国强必霸之路，干以强凌弱之事。天理昭昭，人文天下，一以贯之！

中华民族热爱真理，更推崇天理，因为真理是天理的应有之义！近现代以来，中国人民在中国共产党的领导下，化西方科学真理于民族解放、国家建设与人类文明进步事业，继续弘扬中华民族追求自由平等、和平共处、协和万邦、美美与共、世界大同的天理大道，中华民族再次担负起世界历史的重任！

（写于 2022 年 8 月 27 日）

天理与人欲

自宋儒程颢体贴出“天理”二字，人们对天理与人欲关系的讨论甚至争论从未中断。天理讲真且善，人欲有善有恶，皆是关系本位。人性有天命之性，即本然之性；有气质之性，即生之性。二者是你中有我、我中有你的关系。中国先哲认为人之本然之性为善，气质之性有善有恶，天理存之于本性(性即理)，人欲发之于气质之性。二者浑然一体，会成于人的生活万象，践行于人的一生选择。

一

就宇宙创生万物之根由言之，心性为其根，情欲为其由。无心性，天地万物失其根、生之本；无情欲，则天地万物失其源、生之能。水火无有生气，动植物会灭绝，人类社会不存，故心性情欲乃自然生生之大要也！西人不懂其要，故昧于中华文化之深蕴精髓，谬之曰“神秘”，确是贻笑大方！

就人而言之，人皆有七情（喜怒哀乐忧恐惧）六欲（眼耳鼻舌身意），生之谓性，命之于天，本之于心。古圣云：七情六欲之未发曰中，已发而符节曰和。中和者，宇宙之大德也！这就把它们的关系说清楚了。七情六欲之未发的“中”即良知，已发而符节之“和”为良能。孟子有两句话：尽心、知性、知天，存心、养性、事天，讲的就是良知良能不二，即阳明先生所说的“知行合一”，此之谓也！

人生在世，必与物接，必承世事，物有刚柔冷暖、贵贱多少，事有善恶美丑、义利正邪，故人能发明本心，性情不忒，则天理流行。宋代朱熹说：“存天理，灭人欲。”清初王夫之说：“礼虽纯为天理之节文，而必寓于人欲以见。”“人欲之大公，即天理之至正。”二人说法似相矛盾，其实不然！对朱熹之说不可妄断，作为宋之大儒、理学之集大成者，不可能把二者截然分开。他所谓“人欲”，其实就是“私欲”；他所灭之“人欲”，就是“私欲”。但他确实作如此说，从文字上看易造成理解偏差，而后世学者特别是新文化运动中的启蒙派，就是以此作为“打倒孔家店”的重要依据之一，必欲全盘否定民族文化而后快！其实，中华道学是以道为本的学问大统，百家之学绝非相互对立，而是相依共生、补偏救弊，更何况是儒家思想各流派。因此，王夫之的两句话既讲透了“天理”与“人欲”之间的辩证关系，也纠正了朱熹论断偏解之弊。所以,研究中国学问要高屋建瓴,着眼生命整体,辩证思考,绝不可一叶障目不见森林,盲人摸象妄下论断!

二

人有七情六欲,天理寓于其中,发于外而符节文,则人欲见处良知昭现,天理流行;若私欲横流,则良知泯灭,天理蔽焉!人有私欲,若见之于行者有三:私欲、邪欲、恶欲。私欲多见之于世,其失德、失信、损公、损人以谋一己之小利者;邪欲见之于世者,其道德泯灭、良知不存、妖言惑众、崇洋媚外,以惑乱人心为能事;恶欲见之于世者,其贪腐无度、奸贼卖国、妄图变天,魑魅魍魉,祸国殃民!人有私欲,良知难致,天理不行,犹可教也;人有邪欲,良知消泯,天理不容,不可理喻,必行法纪;人有恶欲,已无人性、族性,天必诛之,人必灭之!

国家乃民族之国家,大小不等,政体有别,制度不一,故国有内政外交,不可不察。治国理政,讲的是德法共治、公平正义;国与国交,讲的是相互尊重、平等互利。世界上有联合国承认的190多个国家,但笔者认为,拥有原创型文化的国家只有单一性的主权国家中国和西方主权国家群体(不含日本)两个,其他国家多为衍生型文化。我们人类生存的这个星球很有意思,这两大原创型文化,一个是以道为本原创共生的生态文明,一个是以实体为本发明的机械文明。这两大文明中，前者得道重生、性善体仁，主张民胞物与；后者性恶崇力、爱知失道，好行丛林法则。在义利取舍的践行中，前者以义取利，重在互利双赢，后者无道谋利，旨在零和游戏。当今世界一切矛盾之源在于道与魔、善与恶之斗争，某西方国家挟一己私利，意欲永久称霸世界，高高在上，不劳而获，坐享其成，绝大多数国家当然不答应，遂起纷争！中华民族善行天下，协和万邦，但从不畏惧邪恶！中国人尊重力行科学的力量，且使之伦理化，让科学之力为人类福祉服务，让科学技术为创建人类更美好的生态家园服务！

（写于 2022 年 9 月 3 日）

中西文化交流中的语言学问题管窥

在世界各文化体系之间,人们的交流互鉴依赖各自的语言,特别是像中西两大原创型文化更是如此。历史上,中学西传,西学东进,除了人员往来和物质交流外,主要是图书文字资料的交流互通,而这些图书文字资料大多要互用对方的语言文字翻译过来。中西两大语言文字系统分属世界汉藏语系和印欧语系两大文字系统,前者最具代表性的是汉语言系统,后者则是英语言系统(因其使用面较其他西方语言更为普遍)。汉语言文字由象形、指事、会意、形声、转注、假借 6 种构字法组成,英语言文字则是由 26 个字母拼词组成:前者是一字一乾坤,具有无穷的想象力(内涵联想力),逻辑隐性,语言诗化;后者按照语法结构遣词造句,逻辑严谨,用词精准,具有较强的逻辑联想力(想象力辅之)。这两大语言文字系统,若用在自然科学知识以及日常生活的具体事物上,在感性意思上基本是合集;若用在政治、经济、法律、科学哲学等各项学术和制度层面上,则对同一事情的看法有一定的交集,多数情况下交流沟通难度不大;但若研究形而上的观念形态的哲学、宗教等问题,则交集会很小,交流沟通难度很大。本文仅就几个哲学用语的翻译使用问题谈点看法,以就教于学界同仁。

20世纪初发生的新文化运动的一个重要成果是白话文的产生。编造白话文的初衷是有利于文化教育的普及化、大众化,实际是使古汉语文言文更西方化,有利于西方文化在中国的传播。不可否认的是,白话文在推动文化教育普及化、大众化方面确实起到一定的作用,但我们也不能不看到,白话文的推广并未解决人民大众的文盲问题。新中国诞生前,中国的文盲率仍高达90%以上,可见解决中国高文盲率的根本问题是民族的独立解放和国家的繁荣富强,而不是语言文字的变革问题。近百多年来,我们看到的是,虽然白话文因其语言结构的英语化、规范化,在引进、普及西方自然科学方面起到了积极作用,但削弱了国人的创造性想象能力,而西方人擅长的发现发明能力也未能真正学到手。古汉语文言文经过白话文改造后,单字词几乎不见了,多为双字词。经此一改,西方哲学的概念译成中文意思走偏,把中国哲学思想词汇译成外文难以称信。此仅举三例说明。

(1)本体。何谓“本”,《说文解字》上说:“木下曰本。

从木,一在其下。”关键是这个“一”,树木之根为本。在中国哲学思想中,“一”为太极,从思想逻辑上说,“太极而无极”,所以说万物生于有,有生于无,说明“万物本于无”。老子说:“道生一,一生二,二生三,三生万物。”也可以说“万物本于道”,但为什么不说“道就是无”?因为中国先哲不认为宇宙中有绝对的“无”,“无”是恍恍惚惚、有物有象的存在,似无还有,似有还无。所以,道不是无,而本于无!何为“体”?首、身、手、足各有三属,总十二属也,实际就是人体之全部;简化字的“体”,一人一本,即“人、本”,似有人身之全部之谓,应合“总十二属”之意。现代汉语把二者合起来,以“本体”与西方哲学的“Ontology”对应,似无可无不可;但放在中国哲学思想中,它是什么意思呢?是根本之意,还是总体之意?似乎都不贴切!笔者曾在多篇文章中讲过,“宇宙是生命本体”,是为了顺应了现代汉语的用法;若使用笔者认为适合的文字,则应是“宙轮于宇乃生生之本”“天地万物乃生生之体”;“道”乃中华文化之本,中华文化是“大道外化”之体;天地万物生生之本在“道心”,天地万物生生之主在“人心”;道心、人心不二,天理昭然,遂有天地万物生生不息之大气象。

(2)上面提到,西方哲学有“Ontology”,翻译成现代汉语是“本体”,笔者认为无可无不可,何哉?因为近百多年来,它的译法有三种,即“存在”“有”“是”,这三种译法分别来自对希腊语“to be”或“to on”的不同理解,如算上“本体”应是四种。不过,“本体”似是那三种译法的统称而被长期使用,现在笔者有了新的看法:一是“存在”“有”可用于翻译“Ontology”,而“是(或是态)”用以翻译西方哲学的“Being”为好,也就是说西方哲学有两个“本体(借用)”:一是物有之本体,一是逻辑之本体。前者是无生命气象的被动的“物”,从而成为唯物主义路线的源头;后者是人的能动的“心”,由此生成了唯心主义的思想体系。那么,“Being”到底是什么东西呢?从古希腊哲学家巴门尼德、柏拉图、亚里士多德到近代的康德、黑格尔都认为,它是比“Ontology”更为本源的东西,即形而上学第一原则。“Being”离开了现实存在可以设想,而现实存在离开了“Being”就不可设想,这不就是柏拉图的“理念”、中世纪的“上帝”和近代哲学家黑格尔的“绝对精神”吗?康德认为,Being 不是一个谓词。换言之,我们无法添加任何东西到一个概念上,以便使它表象其对象为存在着的,如果我们将任何东西添加其上,那么它就表象为别的某物了。俞宣孟在其所著《本体论研究》中也说过:“‘是’是一切‘所是’是其所是的根源——‘所是’因分有‘是’才是其所是。”“是”可以与西方的上帝比美,它是最普遍的概念;它这个概念是不可定义的;它是自明的概念。西方人抽象出“是”与现实存在分开并凌驾于现实存在之上,像全能的上帝一样,“是”成为一切“所是”的根源,甚至包括“无”的概念!

(3)“道”与“是”。中国先哲发明“道”,西方人发明“是”,有学者将二者作类比。笔者不敢苟同,下面谈谈自己的看法。

“道”是宇宙生命之本,“是”则是纯逻辑的概念,增一点不可,少一点不能。

“道”与天地万物是本与末的关系,是你中有我、我中有你的关系;“是”与一切“所是”的关系是纯粹逻辑推演,二者你中无我、我中无你。

“道由情生”,道理、天理讲真且善;“是”为人设,只求真,是纯理论理性的。

“道学”是中华百家之学的本与体,诸子悟道之一隅而立学有所别,诸子百家因得道而相通相依共生;“是”与“所是”的逻辑关系演绎出唯心主义体系。

“以道为本”的中华文明是生生不息的生态文明,与自然相依共生;“Ontology”与“Being”衍生出来的唯物主义与唯心主义对立统一,是机械性文明的理论形态。

(写于2022年9月16日)

如何理解“知其白，守其黑……”？

老子《道德经·二十八章》：“知其白，守其黑，为天下式。为天下式，常德不忒，复归于无极。”这句话学界有多种解释，国外学者也有他们的看法。笔者在此想谈谈自己的看法。

笔者曾说过，汉语言文字具有丰富的想象力，用现代汉语的逻辑，汉语的每一个文字都有丰富的内涵和外延，而且其内涵和外延并无明晰清楚的界限。这就告诉我们，对中华典籍中的诗化般格言的理解和解释会有若干种，而哪种理解和解释更符合原意或本意，总是见仁见智。其实，人们无需对某种说法下肯定或否定的评判，因为那些所有的理解和解释都是某种文化背景的产物，或是生活中的感悟、某个学术流派的意见，抑或是解释者在某种境遇或心境下的灵光一闪。笔者学无流派，艺无师门，可说是师心自得,所以自认此论可备一说。

一

老子的“道”。老子的名言“道可道,非常道。名可名,非常名”,以及“道生一,一生二,二生三,三生万物”,都是国人耳熟能详的格言。但是这个“道”不能说不能论,只能用心悟;这个“道”创生“一”,表明它比“一”还要“本”;它创生万物,实为万物之体;它贯通天地万物,是天地万物成立之理。所以,老子著《道德经》洋洋五千言,无一字论说“道”,而是以“有”论说“道”。晋人王弼力主此论,斯论甚是!

在《道德经》的众多论说中,笔者对“知其白,守其黑,为天下式”一句有所悟,有所得,也是得益于看了德国哲学家马丁·海德格尔对此句子的解释后,又反复学习、思考才有所得的。

海德格尔是这样说的:“我们冷静地承认,思想的基本原则的源泉、确立这个原则的思想场所(Ort)、这个场所和它的场所性的本质,所有这些对我们来讲都还裹藏在黑暗之中,这种黑暗或许在任何时代都参与到所有的思想中去,人无法摆脱掉它。相反,人必须认识到这种黑暗的必然性而且努力去消除这样一种偏见,即认为这种黑暗的主宰应该被摧毁掉,其实这种黑暗不同于昏暗。昏暗是一种赤裸裸的和完全光明的缺失,此黑暗却是光明的隐藏之处

（隐秘），它保存住了这光明，光明就属于这黑暗，因此，这种黑暗有它本身的纯洁和清澈。真正知晓古老智慧的荷尔德林在他的诗‘怀念’第三节中说到：‘然而，它递给我/一只散发着芬芳的酒杯/里边盛满了黑暗的光明。’”“此光明不再是发散于一片赤裸裸的光亮中的光明或澄明：‘比一千个太阳还亮。’困难的倒是去保存此黑暗的清澈；也就是说，去防止那不合宜的光亮的混入，并且去找到那只与此黑暗相匹配的光明。《老子》讲：那理解光明者将自己藏在他的黑暗之中【知其白，守其黑】。这句话向我们揭示了这样一个人人都知晓的、但鲜能真正理解的真理：有死之人的思想必须让自身没入深深泉源的黑暗中，以便在白天能看到星星。”

海德格尔这段话应该是他看了某个西方翻译家的译著后，对“知其白，守其黑”的理解，又被中国翻译家翻译成上面的文字。笔者看到后受到刺激和启迪，有了再理解、再解释的冲动，于是写了下面的体会：

（1）“黑暗不同于昏暗”，笔者看过一些注解《道德经》的书，对“知其白，守其黑，为天下式。为天下式，常德不忒，复归于无极”的解释有多种：有学者以“清明的德行”和“幽暗的地方”解析“白”与“黑”（高文方译《道德经》）；有的以“深知明亮，却安于暗昧”译之（陈鼓应著《老子注译及评介》）；还有的以“知道什么是明亮，却甘处昏暗”译之（郎建主编《道德经》）。此三种译法大致可具代表性。笔者认为，无论是以“幽暗”还是用“暗昧，抑或是取“昏暗”

译“黑”,似乎都不妥;笔者赞成此“黑”是“光明的隐藏之处”,此“黑”是清澈的“黑”、“黑”得清澈的说法!

(2)“有死之人的思想必须让自身没入深深泉源的黑暗中,以便在白天能看到星星”。海德格尔是个存在主义者,立足于西方哲学文化的背景,把世界分为“存在与时间”两个部分,即“客体化与普遍化、生活世界与前世界的神秘之物”。他要寻找前者是如何从后者中固化出来的,即“一个东西经由绝对领域演进到对象化、客体化之物,是‘存在’固化为‘存在者’的过程”。所以他借老子之言说那存在的思想,其“基本原则的源泉、确立这个原则的思想场所(Ort)、这个场所和它的场所性的本质,所有这些对我们来讲都还裹藏在黑暗之中”,这与老子思想特别是他引的这句话的原意和本意是南辕北辙的。

二

马丁·海德格尔和国内学界研究海氏哲学和老子思想的学者都陷入了一个深深的误区,即把老子的思想从中华道学大家庭中分离出来,再抽取个别句子,纳入到西方哲学体系中,因此他们阉割老子思想之本,支离其体,剖析其心,使之为西方哲学所用。如果某一位西方学人为了自己的哲学这样做,似可理解,但某些中国学人为了迎合西方哲学也做同样的事情,那就令人匪夷所思了!他们的做法正是近代以来中国传统文化被西学化、中国哲学思想被西方化的一个缩影！

首先，笔者认为，老子及其代表作《道德经》是中华道学大家庭中的重要一家，其重要性与儒家创始人孔子及其代表作《论语》不相上下。老子思想中的核心观念“道”绝非古希腊哲学的“逻各斯”或“理念”、中世纪的“上帝”和近代的“绝对精神”，“道”与天地万物也绝非“存在”与“存在者”、“存在”与“虚无”的逻辑关系，而是“本与末”“体与用”的生生关系。“道”是天地万物（包括人——下同）生生之本，天地万物是大道生生之体，它们是一而二、二而一，你中有我、我中有你的生机关系。老子《道德经》洋洋五千言讲的都是天地生生之事，无论谈天、说地还是论人，都是本于“道”。王弼说：“圣人体‘无’，‘无’又不可训，故言必及有；老、庄未免于有，恒训其所不足。”斯言至矣！

《道德经》的版本很多，对“知其白，守其黑……”这句话就有多种说法，如“知其白，守其辱”等，本文不拟对其进行考证，只就“知其白，守其黑……”谈谈自己的看法。分如下三点：

（1）老子曾做过东周的史官，深谙东周及其以前的传统文化，对《周易》更是烂熟于心，他彻悟宇宙生命之体，撰《道德经》流传后世。洋洋洒洒五千言，无一不是围绕“道”，“知其白，守其黑，为天下式”一句正是宇宙存在的样式、规范：人所知者，天地万物（白）；其所由来者，“道”也！“道”本于无（黑）。“为天下式，常德不忒，复归于无极”一句是接上句：宇宙存在的样式，大道生生是不会差错的，复归于“无极”（无）。离开宇宙生命之本，不能悟道得道，对老子的这句话理解就不妥当。

（2）自然是大宇宙，人是小宇宙，老子的这句话也是人存在的样式：人所存在者，眼耳鼻舌身，五脏六腑（白）；所由来者，大道自然（反求诸己，追问无极）；人所自明者，心也、灵也，即人的生命之高度统一者（黑）。人而为人，灵肉合一也！西方人自认为上帝所造，虽有与其他各色人等一样的血肉之躯，却偏认自己与众不同，灵肉两分，皆是实体，故无心统；其思维亦分主客，重逻辑与实证，成就发现发明之硕果——科学技术知识体系。与西人不同，中国人悟道得道，遂得灵肉一统，合且通。人与物接、从事做，皆会于心，而有创造发明之伟业！心者，灵明一点，灵光一闪，“无中生有”，创造之机也！

（3）道有道心，人有人心，道心为本，人心为用，非分为二，二而一者也！“知其白，守其黑，为天下式”，人非只如此，更有自觉自明之心；“为天下式，常德不忒，复归于无极”，中国人道化生活，为道所用，得道弘道，生生不息，无极而太极，太极而无极，以至于无穷！

（写于2022年9月26日）

科学与工具理性

西学东进起始于近四个世纪前,起初是西方传教士来到中国,他们不懂中国文化,当时的中国人也不懂西方文化特别是宗教和哲学,因而形成了中华道学与西方宗教、哲学水火难容的情势。但有一门学问,中国人从不排斥而且欢迎它的到来,这就是数学与科学,因为自古以来,中国就不乏数学的运思与应用(丈量土地、建筑测算等),也不乏物理、化学、天文学、植物学等的研究与运用(炼金术、医药百草、天文观察、冶炼锻造等),都能和西方的科学技术找到交集。但不同的是,西方发明的数学和科学运用的是自己主客分立的逻辑思维和实证方法,而中国人则靠的是主客合一、以悟为本的心智活动,即实践理性活动。即便如此,在实践应用层面,并不妨碍中西双方在数学和科学技术方面的交流;而且事实证明,自然科学在中国扎根并已经成为中国人手中抗争外敌和建设自己国家的重要工具之一。

一

宇宙是一个整体,西方人站在其对立面视之为实体本位的机械整体,物质世界即物质实体,思想世界则是概念实体。在西方人看来,物质实体是无限可分的,但不能为“无”,因为“无”没有意义;思想实体是可以无限追索的,甚至是“无”,但它是作为逻辑的“格”被思想着。只此一点,思想便有权利和责任为物质世界立法。科学便产生于无限可分但不能为“无”的物质世界与可以对之无限思考的思想世界的对立统一之中。

面对无限可分的物质世界,西方人强行将其分为无机世界和有机世界两个部分:无机世界分为宏观世界和微观世界两部分,有机世界又分为有生命与无生命两部分。在这些一分再分的领域中,科学结出最丰硕果实的是在无机世界和无生命的有机世界中,这就是物理学、化学、天文学等。在所谓无机世界中,西方人每分析前进一步就会发明新的理论,如力学、电学、核子学、无机化学等;在无生命有机世界中,则发明了有机化学等。世界文明的进步为西方人送去了源源不断的生产生活技术技能成果,助推了西方科学的进步和向生产力的转化,催生了英国工业革命和欧美资本主义的发展。

二

如果单从科学的角度看,西学东进给我们中国人带来了哪些资源呢?笔者认为有三大资源:科学技术、科学方法、科学精神,后二者合起来即工具理性。为了科学的进步与发展,西方人除了上帝赋予他们统治一切的灵魂外,把几乎所有的东西都客体化,包括自然界的万事万物、思想概念、人的心理、生理和人本身等,都成为科学的工具,人被彻底异化。在中国积贫积弱、任人宰割的岁月时,科学来到中国,民族文化遭到凌辱和亵渎,中国人没有时间体悟这个来自异域他国的东西,只一味学习学习再学习,应用应用再应用。科学成了中华民族独立解放的重要动力源,但泛科学主义、科学万能主义乃至西方中心主义也泛滥开来,这不能不归咎于科学的真理性和实用性。

笔者认真思考了这个问题,科学与工具理性之所以在科学技术领域硕果累累,成了西方强大和繁荣的基石,也能帮助中国转弱为强,崛起为世界第二大经济体,是因为科学在无机界和无生命有机界的成功实践。中国先民认为宇宙是一个生生不息的生命体,生命的创生特别是人的创生是亿万斯年宇宙生生不息的结果,所以天地万物无一不是这一结果的参与者、赞育者。五百多年前,西方人把生命创生的最底层的水火、地质矿物从这个整体中分割出来,虽然对自然生态环境具有破坏作用,但其破坏性微乎其微,是可以忽略不计的(但世界走到今天,这种破坏作用已经愈益明显)。

但是,当西方自然科学迈向生命领域特别是精神生命领域的时候,其局限性和弊端便显现出来。西方医学把生命看作是不同组织器官的合成,把灵魂精神看作是可以与肉体分开的独立实体,甚至还说他们曾用精密仪器拍摄到将死之人的灵魂离开肉体的影像。毋庸置疑,这很荒谬!人们说,细胞遗传学成功地克隆了动物(有人曾想克隆人类,因为反人类伦理而作罢),并偷换概念说科学完全有能力造出有灵魂的人类。其实,克隆不是制造,而是复制生命的一项技术:小小细胞中包含有生命的全部遗传基因,而这些生命基因仍然是自然界亿万斯年生生不息的结晶,而不是科学技术研究生产出来的结果。所以西方很多科学家都声言科学在生命面前停止了脚步,特别是在人的生命面前无所作为。工具理性永远解不开用人的灵魂去解开人的灵魂奥秘的悖论!

三

科学和工具理性开发出亘古未有的巨大生产力,可是放任发展至今,人类面临一个亘古未有的大难题,即人们要用自己发明的强大知识力量和物质力量去克服由于它们的出现而带来的巨大生态破坏:空气污染、气候变化、疾病肆虐、食品安全、核武阴影等。而解决这个巨大的难题,那个发明了科学与工具理性的西方民族难以胜任，因为人们看到的是他们至今仍在资本的诱惑下继续走向死亡的彼岸。而只有中国人可当此重任，因为中国人在几千年前就创造发明了一体之仁的和谐观念和生态文明社会。今天的中国，接过科学与工具理性并使之伦理化、人性化，提出了人类命运共同体的理念和再造新世界生态文明的宏伟蓝图，科学与工具理性终于可以在人类的指导下开创新的未来！

（写于 2022 年 10 月 3 日）

读书笔记三则

一

有学者说,中国传统社会是宗法等级社会,但在两千余年的中印交往史中,在印度居于统治地位已达数千年之久的印度教文化(特别是其种姓制度)并没有传入中国来。按理说,宗法等级制度与印度教种姓制度是有契合点的,但历史并没有选择走这条路,反而是印度佛教(一种主张众僧平等,反对种姓制度的泛神论宗教)在东汉时期传到中国来了,并在与中华道学(主要是儒、道两家)的交流互动、激烈碰撞中在中国扎根,并化生为中国禅宗。由此看来,中国的等级制度与印度的种姓制度在本质上就是不同的。中国的等级制度是在家庭血缘伦理基础上形成的亲亲、尊尊等级制度,是动态的并在动态中蕴含一种平等的精神,这种精神与印度教建立在法律和宗教教义基础上的不可改变的种姓制度是根本对立的。

二

死亡是宇宙生生不息的要素,作为生命活动的环节,死亡是生命的补充,是生命活动的另一种表现形式。由此引出了另一个话题,即"非存在"是不是虚无?不是的!从逻辑上说,"非存在"是对"存在"的否定,是个体生命活动的中断,所以"非存在"不在别处就包含在"存在"之内,并通过存在显现出来。在中国人看来,存在的一切都是生命的存在,是生命的创生、化生,而"非存在就是生命活动中的死亡,是生命延续中的停顿,是生生过程中的毁灭"。"存在"不是僵死的、抽象的同一,而是肯定生命的不断成长、吐故纳新,是克服"非存在"的永恒。对"存在"的肯定也是对"非存在"存在的肯定,对生命的肯定也是对属于生命活动的死亡的肯定。宇宙中不存在绝对的虚无(无无无),就像不存在绝对的死亡一样。一个个体生命死亡了,但是他把更健康的基因传递给了新的一代!

现代汉语把生与命、死与亡连用,古汉语则不然:生与死对用,关系本位;命与性对用,也是关系本位。如果按照古汉语的用法,那么上述问题更易理解:生即在,活即存;"存"是时间的延续,即活着;"在"是空间当下的"我",即

“我在”；一个人降生了，即在世了，从此他开始了“存(世)”的过程；如果某一天这个人死了，人们说他“不在(世)”了，意味着“存(世)”的过程也终止了。现代汉语把“存”“在”连用，时间延续的意义削弱了，更强调空间的意义，这大概与翻译西方哲学中的“existence”一词有关吧。

三

476年，西罗马帝国在日耳曼民族的入侵下，迅速瓦解灭亡，进入中世纪封建领主时代。西罗马帝国奉为国教的基督教于1054年分裂为希腊正教与罗马公教两大宗。罗马公教即人们所称的天主教。3—4世纪，罗马帝国最终分裂为东西两部分，即西罗马帝国与东罗马帝国。基督教分裂后，西罗马帝国奉天主教为国教，政教两分；东罗马帝国即拜占廷帝国拜正教为国教，政教合一。

这里主要说说西罗马帝国。它奉天主教为国教，政教两分，但神权一统，俗权分裂，教会神权凌驾于世俗权力之上。西方中世纪前后长达一千年，被称为黑暗的千年。在这一千年里，特别是后五百年，教会神权统治愈加严酷，哲学成了神学的婢女，科学在教会的压迫下呻吟，人性在神性的淫威下叹息……这在有着人文精神传统的西方是不可能继续下去的。14世纪，意大利开始了文艺复兴运动。16世纪，德国人马丁·路德掀起了宗教改革运动，以“因信称义”取代了偶像崇拜,建立了新教(信义教),后又有英国的圣公会、法国的归正会(加尔文教)。新教伦理的两大精神支柱即天职观与尘世禁欲主义精神,对于掌握了资本和科学技术的人们起到了巨大的推动作用,使西方科学技术繁荣和资本主义发展如虎添翼,摆脱了中世纪一切宗教道德的约束而不可遏制地向前狂奔。

与基督教来自小亚细亚的犹太教类似,公元前1世纪的东汉,发祥于南亚印度的佛教传入中国。印度佛教传入中国之际,中国已经完成了国家意识形态的建构,即尊崇儒术,因此它便没有基督教那样幸运,无论如何传播渗透、努力发展,都没有成为国教,在经过近千年的攀儒附道、相互融合后,最终中国化而成为人间佛,变为中华道学的有机组成部分。中国佛是在保存了民间佛教偶像崇拜的情形下,让佛心回归人心,将佛性融入人性,把神学化为道学,从而演变为中华道学的有机组成部分。到了宋明道学,儒、道、佛三学合一,中华文化达致圆融神通,使中华文化达到天人化一的审美境界。

西方人没有至上道德的追求,而有物质享乐的需要。在天职观的激励下,他们停留在“自我”结构,其最高需要是自我私利的实现,实际是科学理性与资本价值的“自我”实现,是物质利益的最大化。中国人的至上需要是道德理想的实现,人格的完善,“和我”结构绝不排斥“自我”,而是排斥自我中心意识,崇尚“泛自我”观念,即既承认“自我存在的价值”,又承认他人“自我存在的价值”,并由此走向“纯我”的境界！孔子所谓“己欲立而立人,己欲达而达人”“己所不欲,勿施于人”是也!

(写于2022年10月11日)

弱肉强食与民胞物与

在世界历史的长河中，中西两大民族分别在亚欧大陆的两端创建了各具特色的原创型文化。无论这个世界如何变化，这两大原创型文化分别按照自己的发展规律走到了今天：中华原创型文化因其生存繁衍的独特地理、历史、社会、人文环境，走出了一条肯定之肯定的稳定的连续的生生成长的道路，其历史沿革达上下五千年甚至更长；而西方文化也因其特殊的地理、历史、社会、人文环境，走出了一条否定之否定的阶段性发展道路。为什么中西两大原创文化走了不同的发展道路呢？笔者认为有三个理由：

(1) 中华民族自远古(距今约 8000 年至 5000 年)就过上了相对稳定、周而复始的原生态的母系民族生活，到了距今 6000 年左右的仰韶文化，也就是传说中的伏羲一画开天的时代，中华大地上涌现出众多的“英雄”及其事迹，比如仓颉造字、女娲补天、后羿射日等，表明母系氏族开始向父系氏族过渡。又经过千年的历史演变，家庭形式蜕变为父系氏族文明，即以家庭为本位，以农耕文明为主、工商牧渔等多种经济形态有机合一的生态文明。在家庭为本位的基础上生存、衍生出以血缘为纽带、以父系家庭为单位的村落组织，并在此基础上发散、扩张为部落乃至部落联盟，这应该是中国典籍中记载的炎黄时代。从炎黄时代，经历尧舜禹到夏商周的一千多年，可以看出一条渐进而清晰的脉络，那就是中华民族从反求诸己中知道"我是谁，是从哪里来，要到哪里去"，并在悟道得道中找到了自己的精神家园，建设起自己的生态家园，一直走到今天。

自古以来，西方民族是一个多民族群体，与地球上所有民族一样，自然生我，我自然生，都是肉身凡胎、血肉之躯，也同样拥有一样长久的发生发展史。但是，到了距今三千多年的时期，地中海—小亚细亚一带的古希腊民族经历了几个世纪的英雄时代，长年的南征北战、东讨西伐，频繁的商品交换、贸易往来，使他们丢失了自己的所来之处，割断了与祖先的血缘关系，他们不知"我是谁？我从何来，要去何处？"他们有自己的神话谱系，但是也不能找回失去的根，于是他们向流传于此地的宗教叩问。犹太教似乎能够满意地回答他们的疑问：我是上帝的选民，我从天堂来，最终还要回到天堂去，只是因为自己的祖先偷吃了禁果而被驱逐到凡尘。于是他们把幻觉当成真实。后世的基督教、天主教、新教都没能改变他们的信仰，虚幻的异化为真实的,真实的异化为虚幻的,直到今天。

(2)中华民族悟道得道,大道生生创生万物,至为善者,而人为其中最为贵者,禀大道之善,与天合一,本性为善。中国人人性本善,是从两个方面体悟出来的,一是生之谓性,二是天命之谓性。生之谓性讲的是性之根,与万物一样,人也是自然生生之物;天命之谓性讲的是性之本,继之者善也,说的是人心,其本为善。人性为天地万物之性之统合,故能与天地万物相通;人心为人的生命之高度统合,故能统合性情,良知朗现,一统善根。正如此,中国人主张“民吾同胞,物吾与也”的平等观念:视自然为自己的家园,视万物为大道生生不可或缺的环节,视他族皆是与我平等之伙伴,视他国则各正性命、万邦协和。在中国历史上,中华民族没有无缘无故地侵略别的民族或别的国家,霸占别国领土,杀戮别国人民;即使如郑和七下西洋,也是秉持平等待人、交流互惠的原则,诚如当年明成祖朱棣下谕,嘱之曰:“今遣郑和赍敕普谕朕意……不可欺寡,不可凌弱。庶几共享太平之福。”

西方民族面对形形色色的自然界,如那些孤零零的万千事物,那些周边的部落民族,一座座孤岛、一个个寡民小国,内心充满着孤独寂寞,想想自身的原罪,以及生就带来的本性之恶。那么,如何才能回归天堂?他们必须建功立业,以救赎原罪。他们向自然界进军,必要打开其奥秘,找出其规律和本质;征服其他民族以彰显自己就是高人一等的救世主;还要征服自身,要摒弃情欲贪婪的肉体,让理性的灵魂高高在上。他们这样做了:一边收获颇丰,在分解研究自然界中获取了科学技术;一边利用手中的利器,纵欲作恶,意欲统治世界。他们这样做的结果是人格的分裂:一面是理性的、太理性了;另一面是纵欲的、无度的纵欲。这造成了自我的异化、社会的撕裂、历史的断层!黑格尔曾说过:“恶是历史发展动力借以表现出来的形式。”恩格斯说:“这里有双重的意思,一方面,每一种新的进步都必然表现为对某一神圣事物的亵渎,表现为对陈旧的、日渐消亡的、但为习惯所崇奉的秩序的叛逆,另一方面,自从阶级对立产生以来,正是人的恶劣的情欲——贪欲和权势欲成了历史发展的杠杆,关于这方面,例如封建制度的和资产阶级的历史就是一个独一无二的持续不断的证明。”他们坚信恶的力量,因为道德的天堂太遥远了、太虚幻了、太难进了,于是沿着恶的道路一直走下去,经历了奴隶制度、封建制度和资本主义制度,他们的原创型文化呈现了否定之否定的发展形式。

(3)认识你自己,中西两大民族都要回答这个问题!中华民族的回答是清楚的、明白的,中国人是人,而且是有气、有情、有知、有义的人,是宇宙之中最为贵者,是本性善者。中华民族从无高人一等的基因,有的是平等互利、和谐共处的观念;从无戕害自然、他族、他国、他人的品性,有的是与邻为善、民心相通的践行;从无建立世界帝国、称霸世界的野心,有的是建立人类命运共同体、共建世界人民美好家园的梦想。但是西方人不同,他们自认带着原罪从天上来，人性本恶，灵肉两分，半是天使，半是魔鬼，既有人性的一面，又有本能的一面。因此，他们既高扬理性之光，追求科学与民主，又崇尚丛林法则，强行弱肉强食。多数情况下，他们总是打着上帝面前人人平等的旗号，而干着霸凌世界的勾当。

我们搞清楚了，西方人为什么总是露出“天使—魔鬼”双面嘴脸，实行损人利己的双重标准。如果像潘多拉魔盒那样，把希望闭锁在魔盒中，那么西方人早已没有了希望；如果像尼采所说“上帝死了”，那么西方人就更没有了希望，历史终结了！展现在世界人民面前的是另一条光明大道，它已走过了五千多年的文明历史，如今正在向着新世界的曙光奋力前行！

（写于2022年10月21日）

中西思想文化中的“分”与“合”之浅见

在世界主要民族思想观念中，除了对“有”与“无”这对最基本的范畴的思辨外，还有一对范畴，即对“分”与“合”的思辨。而在众多民族中，中西两大民族对它们的思辨与实践最具代表性。

一、宇宙观上的“分”与“合”

笔者曾多次讲过，中西文化是两大原创型文化。中国文化的宇宙观是以道为本的生命本体，西方文化的宇宙观（更确切地说应是“世界观”）是以实体为本位的机械整体，这两大文化对宇宙的看法都有分有合。不过，中国文化是以“合”为体，“分”为用，笔者多以有心统摄、“合且通”来定性；西方文化是以“分”为方法、手段，以“合”为结果、目的,笔者多用无心统摄、“分且隔”来定性。在中国传统思想中,“分”蕴含在“和”中,以表万事万物“和而不同”,“和”又与“合”紧密相关,可统称为“和合”,是对宇宙的生命本体的辩证思考。在西方哲学思想中,“分”是“合”之因,“合”是“分”之果,翻译成现代汉语是“分析”与“综合”。中西两大民族将“分(析)”与“合(综合)”运用于从思想活动到生活实践的方方面面,但侧重有所不同。

二、思想活动上的“分”与“合”

毋庸置疑,笔者认为,中华民族最独特的精神活动方式是“悟”,从吾从心,其主体是我“心”。宋代学者张载说“心统性情也”,说明“心”就是一个“合”的主体,它统合了知情意三者。所谓“悟”是“心”的统摄活动,用古人的说法是“会众合一”。所谓“众”,是众物、众事、众理、众相、众术、众技等经验性的东西,此为“分”,这些经验的东西经过积累、传承,此为“会众”,感悟成一,创造出新东西,这就是笔者所说的“创造性发明”,即“合一”。“悟”的精神活动离不开生活生产实践,如果用现代汉语的哲学词汇,那么它既是感性经验的,又是实践理性的。用孔子的话说,即“博学之,审问之,慎思之,明辨之,笃行之”一以贯之,用王阳明的话说,即“知行合一”。“悟”离不开“性”和“情”:性即理,这个“理”是“真善合一”的天理;情即兴趣、爱好、欲望等,是价值取向。只有性与情一统,才能本心良知显现,才能创造发明“真且善”。

西方民族的精神活动最显著的特点是情、理两分，这个“分”与主客两分、灵肉两分、天人两分是一致的。康德著《纯粹理性批判》《实践理性批判》《判断力批判》三本书，前两本书正是理论理性与实践理性的两分：“理论理性”的“批判”强调认识不能脱离经验；“实践理性”的“批判”强调道德（原则）必须脱离经验。无论是理论理性或是实践理性，虽彼此完全割裂，却仍是同一个“纯粹理性”，是这个“纯粹理性”的两个方面。康德说：“只能够有一种并且是同一的理性，不过在应用上要分别罢了。”（《道德形而上学·序言》）

这样看来，纯粹理性：

（1）理论理性：感性经验（时空直观）—知性概念（先天范畴）—纯粹理性（二律背反等）。

（2）实践理性：理性（道德律令即自由、上帝、物自体等）—概念（善、恶）—感性（道德感情等）。

其后，黑格尔在构建他的辩证唯心主义体系时，扬弃了康德的上述理论，提出了“逻辑哲学—自然哲学—绝对精神哲学”否定之否定的唯心主义体系。但事实上，康德说得不无道理，西方人在应用上确实将纯粹理性分别了：科学理性需要纯粹理性，要求绝对的价值中立，虽然他们根本做不到；道德情感活动则是实践理性的范畴，但在实践中，情与理仍是分开的，道德与欲望是分开的。

三、小结

如果从表面上看，西方人更重视理论理性，中国人更主张实践理性。近代西方哲学家试图以实践理性完成理论理性所不能认识的对象，如对上帝、自由、灵魂不朽等的论证，但他们没有做到。中国人则以理论理性与实践理性的有机合一完成了人格的自我完善和人生境界的超越，如中国哲人说“形而上者谓之道，形而下者谓之器”，形上、形下不二，道、器合一，借用西方人的范畴，是将理论理性纳入到实践理性中去了。而实际上，在中国人的悟本精神活动中，从来就没有过二者的切割。

（写于2022年11月1日）

美和审美探源

人类进入文明时期,就有了对真善美的追求。就审美来说,人类当然有共同的审美,但这种审美是建立在美的民族性基础上的,没有不同民族的美,人类共同的美是不存在的。本文在就中西两大民族的审美的概要比较中对美和审美之源做一探索。

一、美与审美的定义

(一)美是什么?

这是很难定义的。如果我们用新文化运动以来的定义,那无疑是受西方影响而做出的;如果用中国传统思想来定义,这不是中国先哲精神活动的特点,不会对美做出定义。所以,笔者想了一个办法:近现代以来的定义,照本宣科;中国传统的看法,胪列一些说法。二者结合,以便从中感悟其要。

近代以来国内学界关于美的定义。比如,朱光潜说:“美是客观方面某些事物、性质和形态适合主观方面意识形态,可以交融在一起而成为一个完整形象的那种性质。”有人归纳为“美=美感=直觉=意象”。李泽厚讲:“美包括审美对象(美是主观意识、情感与客观对象的统一)+审美性质(美是对象的客观自然性质)+美的本质=美的根源(美是人类实践的产物,它是自然的人化,因此是客观的、社会的)。”(李泽厚《美学四讲》,天津社会科学院出版社2001年出版)宗白华则认为:“中国哲学就是‘生命本身’体悟‘道’的节奏。”对生命节奏和生命情调的体悟生成了美,有人归纳为“美=生命节奏=艺术境界=意境”。

(二)西方学界关于美和审美的主要观点

西方哲学家也有很多关于美和审美的观点或曰定义。比如,康德认为:“美是一种具有普遍性且必然性的感官愉悦,这种愉悦不具有概念的普遍性,也没有意志上的功利性。作为合目的的对象,它自由地与人发生关系。”黑格尔说:“美是理念的感性显现。”海德格尔说:“艺术是真理在作品中的‘敞亮’。换句话说,艺术(或美)就是真理之一种。”关于美和审美,在西方哲学美学界,可以说是千面千说;中国哲学美学界受西方的影响,也是各说讲各说,有持主观说的，有持客观说的，有持主客统一说的。此外，还有主张美学是一门科学，或者美学是一门人文学科。

比较而言，笔者认为，上述三位中国美学家关于美与审美的定义或曰诠释都有可借鉴处，朱、李二位先生之说与西方近现代美学观点更接近些，而宗先生的观点虽也受到西方哲学美学的影响，但其观点较接近中国传统美的思想。至于美是主观的还是客观的抑或是主客合一的，笔者都不赞成，说美学是一门科学更不靠谱，笔者赞成美学应该是一门人文学科。

二、笔者浅见

从中西美和审美的主要观点的比较看，它们都有一个共同点，即想用精准、明细的概念讨论美的问题，并且把美和审美分开来研究，这无疑受西方思想范式的影响而偏离了中国人的精神活动方式，只有宗白华先生的观点，笔者基本赞同。

三、笔者对美的看法

地球是我们人类的家园，它是我们已知的宇宙中唯一诞生智慧人类的星球。这个家园有浩瀚的海洋、广袤的大陆、高耸入云的高山和浩浩汤汤的大河，有茂密的森林和丰盛的草原，还有从微生物一直到黑猩猩各个层次不同的动物种群，直至我们人类。笔者说了这么多，似乎与我们人类审美关系不大，但正是地球家园的独特地位，是人类心智发育的庞大背景和坚实温床。

(1)我们看到，上述谈到美和审美的主要观点都暴露出自相矛盾之处，如康德提到的"先验架构"从何而来？他所谓"创造的想象力"是大脑中固有的能力吗？黑格尔说"美是理念的感性显现"中的"理念"何来？总之，人类在地球家园中所进行的一切创造发明、发现发明活动，并在其中追求真善美的努力，其原生处何在？这不能不让我们想得更久远、更广大。在这方面，我们的祖先留下了丰厚的遗产，从中可以试着找到答案。

(2)中华民族在"仰观天文，俯察地理，近取诸身，远取诸物"的细察深思中，得出了人类是"自然生我，我自然生"的看法，荀子更明确地说："水火有气而无生，草木有生而无知，禽兽有知而无义，人有气、有生、有知，亦且有义，故最为天下贵也。"(《荀子 · 王制》)也就是说，地球经历过水火混沌进化而生有取水火之精华的草木，又进化而生有取水火、草木之精华的禽兽，最后集水火、草木、禽兽之精华而突变为人。地球进化到禽兽，其本能突变为人性，宇宙向上奋进之心突变为人心。中国先哲将宇宙生生的整个过程谓之"道"，"道"有"道心"，落实为"人心"。

(3)地球自然界的发展进化当然更为复杂多样，古圣贤言虽有道理，却是直观感悟之论，笔者仅借古人之言做上述粗略描述。现代科学告诉我们，地球约有50亿年的历史,而有生命的历史大约有三四十亿年。直至今天的生物进化史,我们可以得见一个地球自然界由无生物到有生物,从低级生物到高级生物,最终创生出人类的宏大画面。人类的精神活动之丰富无限、奥妙复杂,可格致天地万物之理,可致格天理于万事万物;科学理性可深入物质探索其最精细的粒子结构,发现掌握事物运动发展变化的规律、原理,并发明新技术文明。这些人类特有的精神,绝非从人类诞生时才有,必要从地球自然界发生时便开始孕育了。

(4)从地球自然界发生发展的历史可以看到,人类是集天地万物之精气、精灵、精华而创生之最为贵者:水火之气有阴阳生生之元;草木植物向阳光而生、沐雨露而长;禽兽鱼鸟有趋利(生)避害(死)、构巢筑窝、好美音美色美食等之本能,这些一个个的本能在自然生生不息的某个节点上突变为人的本性,高度统一为人心。人心禀道心之大、之真、之善、之美,而自由驰骋于天地万物之中,再创人化的自然。

(5)笔者曾说过,在亚欧大陆的两端分别创生了中华文明和西方文明,前者重道,后者爱智。重道者追求真善美之有机统一。真而不善,则盗贼兴;善而不真,则乡愿起;真善两分,则美感有缺。所以我们中华民族对美和审美的思考从来不离真、善。有学者说,这样的审美观模糊不确,应概念明晰,条理清楚,应像科学一样,这当然可以。但中国人的大审美观应比西方审美观更高一筹,后者之所以有那么多相互对立矛盾的观点，就在于其支离不一，而中国人的审美观立足于“道”，以道为本，感悟天地万物生命之大美。我们鉴赏一幅国画，欣赏一出戏剧，聆听一首国乐，端详一幅书法……都会产生真善美合一的震撼，心物交融的愉悦，人与天地万物融为一体的高迈之感。

总之，无论是中华民族还是西方民族，其精神活动之先天形式都是宇宙自然生生不息的产物，又是与自然界的运动变化相对应着的。因此，人类与自然的互动关系就会有相应的逻辑格或整体的感悟，这在现代人类看来，就误以为这精神活动的许多方式是先验的或先天的，其实并非如此，它们应是地球自然界亿万斯年进化、积淀下来的精华！

（写于 2022 年 11 月 13 日）

传统文化与文化传统管窥

我国学界对中华文化的讨论研究,多有将其分为传统文化与文化传统者:谓传统文化已死,是收藏于博物馆中的文物、典籍、书画等;而文化传统则仍是活在当代国人现实生活中的那些一代一代传承下来的习俗、仪式和精神心理活动方式。有学者对二者的现实作用还做了区别,那些已死的文化只能作为历史、哲学学科研究的史料,或者文学创作的素材加以利用,而那些仍然活在当代人们心中和生活中的文化传统,则归于惰性、消极、反现代化(即西方化)的东西,也必欲除之而后快。这就是自 20 世纪初以来,某些学者大肆鼓噪"全盘西化""向西看,往西走"的原因。笔者不赞成他们的看法,理由如下:

(1)传统文化与文化传统是不可分开的。中华文化与西方文化同属原创型文化,但两者有实质性区别。前者是以道为本的生命本体文化，后者则是以实体为本位的机械整体文化；前者是道本一以贯之五千年从未间断的文化，后者则是“原始—奴隶—封建—资本”否定之否定的阶段性发展的文化，故有奴隶社会传统文化、封建社会传统文化、近代资本社会传统文化。而将中华文化分为传统文化与文化传统则值得商榷，因为从中华民族诞生的那一天起，从村落到部落再到部落联盟以至夏商周、秦汉、魏晋南北朝、隋唐五代、宋、元、明、清、民国、中华人民共和国，就是肯定之肯定的演变发展。民族的成长经历了家庭、部族、宗族、华夏族、汉族、中华民族的连续成长过程，中华文明的发展也经历了原始生态文明—低级生态文明—中级生态文明—高级生态文明的上升过程，中华文化的传承统序即中华道统也是从原生道学—炎黄道学—夏商周道学—秦两汉道学—魏晋南北朝道学—隋唐五代道学—宋元明道学—清道学—民国道学等，一路继承发展下来。所以，中华文化不能分割，如果分割了就失去了其生命本体，也就失去了“我是谁？我从哪里来？要到哪里去？”的明确答案！那么如何界定好呢？笔者认为，就叫“中华文化传统或中国文化传统”。这样的界定既包含了历史上的文化，也包含了延续至今的文化，即既包含了博物馆中的出土文物、图书馆中珍藏的典籍、书画等和现今存在的楼堂馆宇、寺庙桥梁，也包含了人们的现实生活方式和精神活动方式及其丰富果实，是生死相依、动静相随的有机结合体。

(2)谈到传统,有学者说它是一种惰性的力量,笔者认为,问题并不是出自传统本身,因为我们永远也摆脱不了传统,每前进一步都是在延续传统,人们创造历史也总是在已有传统提供的环境和条件的基础上。问题出在我们如何认识和对待传统,这似乎又把传统从我们的身心中移开了,但为了论述方便,也只好把它客体化。其实,传统既是民族的又是时代的,祖先创造历史留下来的传统不是让我们照着去做,历史上有所谓祖宗之法不可变的祖训,但历朝历代从来没有完全照办过,而更多是从中总结前人治理国家、管理社会的经验教训,汲取他们创造历史的见识和方法。当然,如果我们躺在传统上睡大觉,无所作为,那么它就会转变成为我们前进的包袱,也就是一种惰性力量。历史上曾有过这样的事例,应该汲取。在中国漫长的历史中,一般情况下,文化传统基本上是一股积极进取的推动力,否则,也不会绵延五千多年生生不息,至今仍发挥着催促国人奋发向上、勇往直前的作用,特别是那些经天纬地的盛世伟业和可歌可泣的英雄事迹,永远是中华民族使之不尽、用之不竭的宝贵财富!

中国拥有五千多年甚至更长久的文化传统,也拥有五千多年甚至更长久的道统。那么,二者是什么关系呢?笔者认为有两层关系:

(1)同源同流、生生不息的关系。自中华民族诞生的那一天起,中华文化随之创生,也便有了文化之核心——“道”。近日考古学界有了新说法,中华民族的诞生、中华文化的创生可以上溯至距今约八千多年的远古，那时的先民主要从事原生态的生态生活，只是到了距今五千多年的炎黄时期，才进入了低级生态文明时代。随着民族生存繁衍，不断与周边村、部落相融合，文化也逐渐丰富起来。距今约六千年左右，其核心“道”随着伏羲氏“一画开天”而发生并长成为民族文化的深厚根基。

(2)体心合一、生命本体。文化传统是体，包罗万象，也可称之为中华民族感悟自然、创造历史的现实生活实践，即人化的自然；而道统则是文化传统之核心，是统摄文化传统的灵魂。笔者认为，中华文化是体，道是心；中华文化传统是体，道统是心。它们是生命本体，像人的生命成长过程一样永远不可分开。这与西方文化不同，西方文化有传统但无道统，因为其传统是阶段性的、否定之否定的，所以把西方文化传统论放在中国文化身上并不合适。

(写于2022年11月25日)

科学研究之二律背反

笔者认为，人类的精神活动是宇宙生命本体生生不息创生之最高产物，这对于中华民族而言乃是自古已然的信念，但对于西方民族来说，由于他们站在宇宙万物皆为实体的视角看待之，因此便走上了一条分而论道的道路，对人类的精神心理活动也采用了科学思维以及分而探究的方法。笔者曾说过，西方人用分而论道的方法，研究所谓无生命的物质领域是取得了系列成果的，物理学、化学、天文学甚至生物科学等都取得了丰硕的成果。但惟独在人的精神心理活动面前止步不前、难有作为，而正是人的精神心理活动才是宇宙间最神秘、最深奥、最不可思议的领域。西方人运用自然科学的方法研究探索，似乎有所建树，但细究起来完全经不住辨驳，只能一个个被证伪，为什么会出现这种情况呢？笔者认为有如下三点理由：

(1)西方人认为上帝是全能的,而人类的精神心理活动也是上帝创造的实体。上帝本是人的精神的人格化,但他们却认为,人的精神与上帝是两分的,而他们自认为是上帝的选民,代上帝立法,靠的就是他们发明的逻辑学和科学理性,并认为这些也是全能的。他们从来不认为自己的思维活动就是人类精神活动的有机组成部分,世界虽大,终有界限,但宇宙的真相是无边无界、无始无终的,他们所遇、所见的万千事物虽是有限的,但都是宇宙生生不息的长河中的关节点,是有限与无限的有机体。他们抛开这些事物的无限性,只注意其有限性,就陷入了无止境的相对真理的探索中,永远也达不到绝对!

宇宙是无限生命本体,它的真相就存在于人的生命中。人类力求研究探索宇宙精神就是研究探索自身的精神,西方人试图以自己发明的科学理性研究探索宇宙的本质,就是要以有限的方法求证无限存在的本质,要以自己发明的精神力量揭开自身精神的秘密,这是难以逾越的悖论;而如果他们也认为世界是无限的,他们发明的科学理性具有无限的能力,那么二者合一,世界本原的答案就在科学理性中。可事实并非如此,这与西方人的世界观、方法论不合!因为如若以思维作为工具探索精神、思维,就等于事先预设了思维、精神本身已经被认知了,或者说探索思维、精神之奥秘的工具即思维或理性本身就是欲求索之物,这像永动机一样绝非可能!

(2)西方人只相信“有”是真实的,“无”是荒唐的虚妄,但事实也非如此！笔者曾写过一篇小文,对老子的“知其白,守其黑”谈了自己的看法。这“白”与“黑”的关系与“体用关系”是一致的:人们看到的自然大千事物,无不是动态的、生生不息的现象世界,这些东西从何而来?最后归于何处?中国先哲给出了答案:它们来自大道,又归于大道,这大道就是“体”,即老子所说的通体澄明的“黑”,它是生命存在的状态,也是“无”“静”。科学不能达到大道生命的本真,只能在现象实体界游走;也不能达到生命大全,只能对其组成部分分而论之。当科学自以为无限接近生命本真时,它早已逃之夭夭了。因此,科学研究现象实体之当然,发明了系列相对真理,但追问最终的所以然时,它遇到了不可解的难题,即“黑”是什么。它绝不是海德格尔所说的白天可以看见的星星,因为星星也是“有”,而“黑”则是“本”是“体”,是大全之道。所以“知其白,守其黑”正是对宇宙生命本体的真实写照！

毋庸讳言,科学可以复制生命(无论是低级的还是高级的抑或是人的生命),但那不是创造生命,更不可能创造出灵肉合一的人。在人的生命中,精神、心灵是一个无限扩张的“黑洞”,人们想接近它、研究它,却不知早已消融于其中了。其实,复制生命是以生命单元为单位,如果那生命单元一旦被破坏(实验过程的失败等),任何高超的理论技术也难以复原,因为作为生命单元的细胞已经死了。复制生命尚且如此,更遑论创造生命了。

(3)自从人类诞生以来,便创造出生产工具而生存发展起来,人与自然之间多了一个工具(生产工具、兵器、实验设备等)而直接建立起一种新型关系。在这个关系后来的发展演变中,人与工具孰主孰次出现分途:一种是始终以人为本,工具为用,各种工具为人的需要服务;另一种则受工具的制约,无论是铁制工具时代还是风能时代,抑或是资本时代(金融资本、技术资本或知识资本等),人都被异化为一种特殊的工具。资本来到这个世界,科学技术繁荣发展起来,西方人便被彻底异化为一种特殊的工具,但他们明白,虽然科学因其陷入不可避免的悖论而有局限性,不是万能的,却是有大用处的。他们像跪拜上帝一样甘当科学的奴仆,并依仗科学技术耀武扬威地走向世界,意欲要所有非西方民族都匍匐在他们的脚下,这与中华民族做人做事的理念是完全背道而驰的!

中国人也明白,科学之大用在强兵富国,有利民生福祉,但它也有伤害,即伤害自然和人类的生态文明。中国人面对科学技术始终认为,人类是主体,科学技术是工具,它要为人类福祉服务,而不是凌驾于人类之上为所欲为!因此,中国人接受了科学并清楚它的可用性和局限性,必要扬正抑邪,革弊开新。正是有了这两点,中国的科学技术发展才有了突飞猛进,在构建人类命运共同体的伟大事业中贡献正能量!

(写于 2022 年 12 月 12 日)

“文化自信”是每一个中国人应具备的基本素养

近几十年来，笔者关注中国学界的思潮与动态，感悟一些道理，写成文字，出版了几本书，在刊物上发表了几篇文章，可能受到了学界某些学者的注意，笔者在一些刊物上也注意到了这些回应。应该说，大多数回应都是正面的，有些学者也修正了他们先前的一些观点，笔者深感欣慰！但有些学者似乎对站在中华民族的立场上，以中华文化为主宰所说的一些话、所写的一些文字很不以为然。他们看到一些文字很受刺激，于是大发雷霆。本来笔者对坚持“中国哲学”的主体性很赞赏，但没想到的是，这位学者回过头来便斥之曰：“坚持‘中国哲学’的主体性，绝非固步自封、狂妄自大，张扬一种狭隘的民族主义。”对这些词汇，相信很多读者很熟悉。每当中国人站出来捍卫自己国家主权、民族尊严时，美西方反华势力就会跳将出来，声称：“中国人狂妄自大、煽动民族主义！”现在这样的说法竟然出现在国内学界个别学者口中，太令人不可思议了！

现在国内就有一些学人，只许美西方肆意贬损中国文化，狂妄吹嘘西方文明，他们觉得这很自然，但只要中国学人客观公正地宣传中华文化，高扬中华文明，他们就很不自在。看来也是，一个习惯当了徒弟、儿臣的人，怎么能允许向他们的“师傅”“哲学王”挑战呢？这些人总在那里嘀嘀咕咕：什么文化“自信”？分明是文化“自大”！什么中国文化，它早已死了！什么与西方哲学平起平坐，没有资格！今天很多国内学者刚刚有所转变，说了真话，有的人就迫不及待地跳出来打压、斥责，真有些过分了！其实，有的学者要借鉴西方哲学范式，创新中国哲学范式，撰写中国哲学（史），国人都在翘首以盼，真希望能够早日见到具有中国风格、中国气派、中国真精神的中国哲学（史）！

（写于2023年2月10日）

中国哲学之问

一

到底有没有中国哲学？有人说“有”，有人说“没有”，也有人说“只有中国的哲学，从没有中国哲学”，还有人说“中国只有思想（史）从没有什么中国哲学（史）”。一个简简单单的问题，在近百多年的中国学界，被搞成了如此复杂纷繁的命题。其实，中华民族自诞生之日起，就萌生了自己的学问。如果用对宇宙的看法或一门学问界定，那中国哲学已有泱泱五千多年的历史，远长于西方哲学及其历史。如果以西方哲学范式为惟一标准，那中国自然不存在那种哲学；不过，中国有比西方更高明的学问，那就是“中华道学”，它视宇宙为生命本体，即活生生的自然；而西方哲学区区三千多年，视宇宙为实体组合而成的无生命有限体,因此,它需要一个虚幻的上帝作为精神依托。所以,在西方人的精神世界里,表面的自大傲慢和凶恶的内里,其实是自卑、自虐、自残的两面。这与我们中国人表里如一、灵肉合一、天人合一的精神境界迥然有别。中华民族从来都是以平等互尊、仁爱和平、协和万邦之气度格局对待世界平等待我之民族,这与西方人力行"弱肉强食"的丛林法则不知高尚多少!

二

上文提出一个在中国学界争论百余年的命题,即到底有没有"中国哲学"。对此,笔者给出了自己的答案。现在,笔者接着提出与此有关的另一个问题,即明显就是一个伪命题,它却能长期在中国学界争论不休,原因何在?笔者想谈谈自己的看法,以与学界同仁商榷。

翻开中国维新运动之前的历史,并无中国有无哲学的争论;而维新运动以后,特别是 1915 年在中华大地上由一批留学美西方的青年学生掀起了新文化运动,可以胡适为代表。这位美国实用主义哲学家杜威的得意门生,回国后便在国内传播美国哲学及美西方文明,而反击、否定中华民族、中国文化、中华文明。这位所谓的新文化运动的"真正旗手",其一生都有哪些言行呢?笔者列举如下:

第一,中国传统文化已经死了,其典籍只能做史料,如建房之砖瓦石料使用。

第二,中国哲学无范式,只能引进西方哲学范式,填入中国思想史料,才能建构现当代中国哲学。

第三,紧紧追随西方学术发展。20世纪30年代末西方人曾发生关于哲学与思想的讨论,声称中国只有思想没有哲学,胡适紧随其后,在国内不假思索地提出中国只有思想(史)而没有哲学(史)的观念。

第四,中国的落后挨打"不是帝国主义侵略造成的,而是中国的文化腐朽落后造成的"。

第五,"中国一切不如人(主要指美西方那里的人——笔者注)""中国传统的基本和显著的特征是残忍、懒惰和压抑个人"等。

其实胡适说的话比这要多得多,笔者仅摘录上述5条,就足以说明问题了!就足以使人明白:直至今天,学界某些学者依然丑化、侮辱甚至谩骂中华民族、民族英雄、民族文化,公然否定中国道路的优越性,否定中国特色社会主义制度的先进性的原因了!

"中国传统文化死了""中国没有哲学"或曰"中国只有思想没有哲学""中国没有哲学范式"等这些胡适从西方贩运过来的伪命题,不是至今还有人奉为圭臬吗?中国哲学就要问问这些人,你们有什么资格做出此类论断?你们可以不喜欢不赞成中华文明、中国文化,但你们不可以羞辱她、谩骂她;你们可以到国外拜认新主人——哲学王、师父,带着自己的"投名状"去追随他们,去融入你们所谓的"哲学王、师父们"虚构的"世界哲学潮流中去",中国哲学自有自己的源头活水，她要比西方哲学更高明、更伟大！

三

笔者前面提出有无中国哲学的命题，并挖掘、剖析了其根源，其实这个问题早该得到解决。可是，近日笔者在《新华文摘》读到一篇文章，其内容令人震惊，文章的题目是《自我、他者与世界——重启“天人”之思》（以下简称“《重启》”）。光看这个题目就觉得其西化意味颇浓，下面笔者梳理评论如下，分三个方面。

（1）《重启》文章高举起后现代主义西方哲学的理念，投射进厚重的中华文明，此方法被国内学界的一些学人多次使用过，今天此文“重启”并不陌生，这就是“解构与建构”的认知和实证的方法。笔者认为，此方法源于西方文化又反用之，有其相对的合理性，因为西方文化是以实体为本位的。也就是说，在西方人的认知世界中，世界是一个由无生命的实体（精神的与物质的）组合而成的结构，它是可分解又可建构的。西方后现代主义者利用“解构与建构”的方法对产自西方现代主义的哲学进行解构，消除其不合理性，再按照他们设想的后现代主义图式“建构”新哲学。但是他们成功了吗？当然没有！反之，西方社会正在衰落，其理性的局限性正在凸显，其哲学正在终结，这是因为他们发明的现代主义文明无法解决自然生态文明所面临的严重问题。

世界文明发展至今,以道为本的中华文化迸发出强大的生命力。中华民族以其无与伦比的生机活力为世界奉献出崭新的治世济民的新方法、新方案。中华文明之所以能做到这一点,就在于它的生命活力。这种生命活力是与宇宙生命本体完全合一不二的共同体。如果运用“解构与建构”的方法解构自然生态文明,再建构一个所谓的新世界文明,无异于把一个活生生的人解剖(解构)成碎片,然后再拼凑(建构)起来,人们可以想象那会是一个什么东西?!而《重启》这篇文章居然就想这么干,也确实这么干了!

(2)《重启》其文从中国传统文化中的“天人”关系切入,但它是如何对“天人”关系“解构”的呢?

其一,它必须将以生命为本体的中华文化转换成西方哲学以实体为本位的机械整体,即将生机本体的“天人”关系转变为实体性的“天人”关系,以此类推,并用“客观的”“科学的”内容纳入到西方哲学体系中。这样,它就可以毫无顾忌地把中国传统哲学思想范畴,如天文、天道、天理、天命、天然、天性、天伦、天职、天年、天人等,与西方宗教“此岸”与“彼岸”这“两个世界”浑而论之,消弭了宇宙自然的生生之性,彰显了西方哲学的实体性、机械性。《重启》一文从头至尾做的就是一件事,即用西方哲学的概念逻辑范式,摘取中国哲学思想史料,“建构”没有中国魂的哲学。当然,《重启》一文的宗旨是要“解构”中国哲学思想,它是如何做到的呢?文章说:“笔者以自我、他者与世界'这组概念,来重新解读天人关系的现代形态,无疑受到近代以来的西方哲学的影响,特别是从笛卡尔的'我思故我在',经过康德、黑格尔、马克思、海德格尔等人,一直到列维纳斯、德里达、罗蒂、哈贝马斯、泰勒等学者思想的启发。"

从"我思故我在"的理性主义到"我在故我思"的存在主义,是近现代西方哲学非此即彼的发展路线,受此影响,《重启》文章试图对中西哲学思想组合在一起而"建构"中国哲学。但是,文章作者并未明白中西哲学是两大原创文化的核心,中国哲学是"有心统摄、合且通"的道本哲学(笔者称之为"中华道学"),而西方哲学则是"无心统摄、分且隔"的机械整体哲学。中国哲学心主天地万物,西方哲学只是一种工具。而文章作者将中国哲学解体剖心,将其碎片化,以便纳入西方哲学范式之中。所以,通读《重启》一文,笔者感觉全篇文章概念、观念混淆,思想、逻辑混乱,既不知其所云,也不明其宗旨所在,故难以做出全面评判。学界同仁可以阅读该文,通篇做出自己的评价。(文章详见《新华文摘》2023 年第 3 期"哲学版")

(3)笔者之所以说《重启》文章题目太西方化了,是因为如下两点:

首先笔者认为,在当今世界上仅有两大原创型文化即中华文化与西方文化,前者是以道为本的生命本体,后者是以实体为本位的机械整体。历史上,二者相互为用,推动了世界文化的繁荣与发展,这期间中国文化发挥了远较西方文化更加重要且长久的积极作用。而《重启》文章作者用“自我”“他者”撕裂了中华文明的生态本体性,用“自我、他者与世界”撕裂了人类生于斯、长于斯的宇宙自然的生态本体性,以置中华文明于已死的状态,有利于西方哲学解体剖心、碎片化之,用西方哲学范式“建构”中面西魂的中国哲学,这其实与胡适提出的“研究问题,输入学理,整理国故,再造文明”是一脉传承的。既然问题已提出,学理已输入,国故已整理,剩下的就是“再造文明”了。

其次是如何再造文明。文章作者对“自我”“他者”“世界”进行了诠释:“‘天人’关系问题,正是中国古人用汉语表达并因而具有独特含义的人与世界的关系问题。而人与世界的关系,或天人关系,恰是从具体生活实践的现象学解释学意义的‘自我、他者与世界’的关系得到开显并最后概括出来的。在‘自我与他者’之间,将有越来越多的‘你’生成,自我与他者的游戏,将成为我你他相互区分、相互转化的游戏;那时的‘世界’也将不再是被人为割裂、分别占有的世界,而是更接近其自在自然本性的,被人类共同拥有、照护和欣赏的世界。”这段结论性的文字,笔者看到的不是现实生活实践,而是西方现象学解释学的意义。此其一。其二,除了只看到中国古人用汉语表达的“天人”关系问题,其他都是从概念到概念的文字游戏。其三,天地万物生生不息的自然之道,被人为设计成概念“构架”而有“你”的生成,自然之法被撕裂成人的游戏。自然本是人类家园,人居其中,天理使然;人分种群,各居其所,自然而然,非人为所致;人类命运共同体乃人类所向,是所谓"各美其美,美人之美,美美与共,天下大同",此言甚确,此理确真,其至善矣!

四

最近,笔者浏览了一些学者的文章,多是研究马克思主义哲学思想的。看了这些文章,笔者陷入深深的沉思。因为这些文章远离中国革命和建设的实际,更没有与中国传统文化相结合,走的仍然是从概念到概念的文字游戏,笔者难以苟同。

笔者在此想探讨一下马克思主义中国化问题,以与学界同仁交流共勉。拟分三个小题目:(1)马克思主义为什么要中国化。(2)马克思主义如何中国化。(3)马克思主义中国化的历史使命。

(1)马克思主义为什么要中国化?笔者认为,有三个理由:一是马克思主义原产自西方世界,来源于德国哲学、英国政治经济学和法国空想社会主义,也是经由马克思对上述三个来源进行革命性改造、发展后的哲学、政治经济学、科学社会主义三部分组成的。虽然它的科学性毋庸置疑,但是与中国国情水土不服也是事实。二是马克思主义的辩证唯物主义和历史唯物主义虽然与中国生命本体辩证法有契合之处,但是仍需经过中国人民历史实践的检验而有创造性的转化方可,这一点已被中国人民解放事业的成功和社会主义建设事业的辉煌成就所证实。三是中华道学才是中华文明的核心,其他一切外来的先进思想理论和文明成果都是中国人民可资利用、发展、创新的工具而不是灵魂,中华民族正在从事的新时代建设中国特色社会主义的伟大事业,正是要海纳百川、为我所用,这才是正理、正道!

(2)马克思主义如何中国化。早在20世纪初,国内学界某些学者或者拿西方马克思主义说事,以期在中国走修正主义路线;或者拿苏俄布尔什维克主义说事,以期在中国走教条主义路线。而在中共党史上,也都有人循此两条路线走过,但无一例外全部失败了！只有毛泽东思想路线成功了,其奥妙就在于,毛泽东把马克思主义科学原理与中国革命和建设的实际相结合,实现了马克思主义在中国大地上的转化和发展,即马克思主义中国化。

具体来说,毛泽东思想的成功在于两大特点:一是中国人民的主体性——以我为主、独立自主的原则和人民群众创造历史的群众路线;二是以中华文化—中华文明为主宰的方针,即实事求是的思想路线。

毛泽东是中华文化陶铸的优秀领袖,他有包容开放、海纳百川的博大胸怀,有上天揽月、下海捉鳖的超人气魄,有倚天挥剑裁昆仑、追求共产主义世界的伟大理想。因此,他才能吸纳世界先进的思想理论,继承、发展、创新中华优秀传统文化,作为工具为自己的理想服务。他把马克思主义作为中国共产党指导思想的理论基础,当作“望远镜”和“显微镜”，巧妙地把马克思主义的阶级分析、阶级斗争、无产阶级专政以及暴力革命等学说创造性地转化为中国革命斗争和经济建设的党的领导、统一战线、武装斗争三大法宝，转化为以工人阶级为领导、工农联盟为基础、建立农村革命根据地并实行人民民主专政的国家制度，等等，这些都为我们树立了马克思主义中国化的光辉榜样。

(3)马克思主义中国化的历史使命。这个问题已经不言自明。党的十八大、十九大、二十大都对传承、发展、创新中华优秀传统文化做出规划，指出方向和方法，这就是：马克思主义中国化必要关注时代性、民族性，要把马克思主义基本原理同中国具体实际相结合、同中华优秀传统文化相结合，运用马克思主义的立场、观点和方法观察研究新时代中国建设的重大问题，实现中华优秀传统文化的创造性转化和创新性发展，实现时代性与民族性的有机统一。要实现这一宏伟奋斗目标，中国学界的某些学者必要走出学院高墙，走出象牙塔，睁眼看中国、看世界，投入到火热的人民群众创造历史的洪流中去。只有这样，马克思主义中国化才会不断涌现巨量成果，才能做出有益于国家、民族、世界文明发展的重大贡献！否则，趴在马克思主义的本本中，脱离实际，脱离中华文化，拿着西方哲学范式，照葫芦画瓢，拿出来的东西只能于国无利、于民无益、于世无为！

（写于2023年9月16日）

复古与复兴

最近笔者看了一些文章,都提到了“复古”这个词,有的文章干脆把中华文化“复兴”与“复古”混为一谈,故本文就“复古”与“复兴”两个概念做一辨析,以正视听。

何为“复古”? 何为“复兴”?

“复古”是要恢复到古代去,《现代汉语词典》(第7版)说:“恢复古代的制度、风尚、观念等。”这个定义基本上涵盖了社会的方方面面。所谓“复兴”,笔者认为,就是对中华优秀传统文化实现“创造性转化和创新性发展”,《现代汉语词典》(第7版)说:“衰落后再兴盛起来。”也是指国家社会全方位的“再兴盛”。如果把二者对比来看,“复古”与“复兴”是完全不同的观点。所以,复古是倒退,原产自西方,是启蒙派移植到中国来的;复兴是进步,是近百多年来西方列强侵略中国,以魔乱道,以恶欺善,置中华文化于水火,此其时,中国共产党领导中国人民奋起反抗,浴血奋斗,最终完成了振兴中华、复兴中华文化的历史壮举!

中华文化不存在"复古"的基因。笔者多次强调,中华文化是以道为本的生态文化,乾元资始、大化流行、氤氲化生、生生不息是其演变的脉络,这与西方以实体为本位的机械整体文化是性质不同的两大原创型文化。因此,在中国漫长的历史中,从不存在"复古"运动,只有继承发展、肯定之肯定的渐进演变发展过程。而反观西方社会历史,是一个阶段性、否定之否定的突变过程,因此在西方历史中存在"复古"时期并不奇怪。

有人说,春秋时期孔子曾提出"克己复礼"的主张,这个"礼"就是周礼,这不是"复古""倒退"吗?清末康有为、梁启超就公开提出"复古"主张,后来的袁世凯、张勋搞过封建复辟,也是"复古""倒退"。但我们看到,无论是孔子的"克己复礼",还是康、梁的"复古",抑或是袁、张的"复辟",成功了吗?都没有。有的停留在观念上,有的只是短命的闹剧。这表明,在中国大地上并不存在"复古"的土壤和社会条件,有的是"苟日新,日日新,又日新"的维新活动。比如,封土建家(诸子析产)—封土建族(方国)—封土建侯(世卿世禄)—封土建政(郡县制度),中国历史经历的这四个时代是不断演进的时代,是社会不断走向更高阶段的时代。

中华民族是一个性本善的民族，当外敌来到家门口时，仍以礼相待，搞贸易，促交流，直到这些西方恶魔玩阴的、耍横的，才引起国人的警觉，但为时已晚，我们的冷兵器打不过西方的坚船利炮，中华民族落后了，挨打了！遂激起中国人民的起而抗争、奋力拼搏，从而有了对民族振兴、文化复兴的强力诉求！

1840 年鸦片战争以来，西方列强侵犯中国 100 多年，中国人民抗争了 100 多年。在这 100 多年中，中华民族的振兴与中华文化的复兴是一而二、二而一的有机关系。没有民族的解放独立，就不会有民族文化的复兴；而没有民族文化的复兴，民族的独立解放便失去灵魂的支撑。所以，中华文化复兴是一场自我革命，与所谓“复古”“文化复古”毫无关联。党的十八大、十九大、二十大提出“文化自信”，是从根本上实现中华优秀传统文化的创造性转化和创新性发展。14 亿中国人民坚定对民族文化的自信，正是要在传统文化的根基上重建民族文化的家园，这与“文化复古”完全不搭界！

（写于 2023 年 9 月 26 日）

中国是农业社会吗?

一

1840年鸦片战争前,中国的士大夫群体并未给古代中国社会是个什么性质做出明确定位。鸦片战争后,西方文化大举入侵中国,以西方中心主义为原则而把西方社会定性为工商社会,把其他亚非拉社会都定性为农耕社会、游牧社会、渔猎社会等。西方国家还把自己的工商社会定性为动态进步的社会,属于蓝色海洋文明,其他社会文明不是属于大河文明就是属于黄土文明,而海洋文明高于优于其他性质的社会文明,从而更进一步确认其他社会性质的社会都必然同归于工商社会或海洋文明。

20世纪初,国内留学西洋的某些学人毫不怀疑地把西方人的这套说教奉为圭臬,搬到国内来,又毫不怀疑地奉其为真理，甚至流传至今！而国内某些教文史哲的教授、专家、学者，无论是在课堂上还是在演讲中，都把这一套毫不怀疑地套在中国社会身上，张嘴闭嘴就说"中国是农业社会"，以至于年轻的学子们都把它当作现成的正确结论。殊不知，这是错误言论，害人害国！

二

学过世界历史的人都知道一个基本的历史事实，世界上曾存在四大文明古国，即古埃及、古巴比伦、古印度、古中国。前三个古老文明都已消亡，惟独中国从未间断，直至今天。而通过考古发现，古埃及、古巴比伦、古印度都是农业社会，他们也有手工业、畜牧业、渔业等，但只有农业关涉民生，其他产业或专门服务于神（如手工业），或未与农业融为一体而独立成业（如游牧业等），因此最后都走向衰亡。而我们中国从踏进文明门槛的第一步，就是建立在以家庭为本位、农工商牧渔交融一体而成的生态文明，最后演变成以国家为本位的生态文明——中华文明！中华文明具有强大的生命力和生生不息的强大韧性，中华民族走过的五千多年的文明历史足以证明这一点。英国哲学家罗素说过："虽然中国与埃及、巴比伦具有自然与经济环境的类似性，但是，双方在精神方面却极少共同的特征。那些把任何事均诉诸经济原因的人，将很难用同样的态度解释中国与埃及、巴比伦的不同。"罗素比某些中国学人略高一筹的地方，就是他没有照搬西方的那套结论，而是提出了疑问，只是他没有回答当然也不可能回答为什么会有不同。一百多年过去了，今日之中国远比罗素来中国那个时代发现了更多的文史考古资料。笔者真希望国内的某些学人能跳出西方中心主义的窠臼，坦坦荡荡地为中国社会定性，还中国历史以真相！

（写于2023年11月3日）

生态文明与机械文明

世界上没有哪一个民族或国家仅仅依靠单一的产业可以持续生存发展下去。原始人类未挣脱自然生存状态，尚处于天人混一的生活样式，没有经济产业门类的划分，人们没有社会生产的分工，狩猎、捕捞、采摘、简单的种植都来自自然，大家共同劳动，共同享受成果。但是，疾病、饥饿和自然灾害常常打乱他们的生活，迫使他们不得不经常迁徙到另一个地方居住。进入文明社会后，经济产业门类有了划分，社会有了分工，农工商牧渔五业俱全，专门从事农业、手工业、商业，畜牧业、捕捞业的分工明确，最终又出现了脑力劳动者和体力劳动者的分工，形成了国家机器中的统治者和被统治者。如果我们仔细研究文明世界各个民族和国家的社会结构，可以清晰地划分出两大经典的文明类型：生态文明和机械文明，前者的典型代表是中华文明,后者的典型代表是西方文明。在工业革命以后,西方国家开始向全世界扩张侵略,实行了惨无人道的杀掠政策。世界上大多数国家因此基本属于机械文明或类机械文明类型。有的靠农业生产、出口贸易换来其他生活用品,有的依赖石油、金属等矿产资源交换生产生活用品,这与古希腊、古罗马和近现代以来的西方构成经济政治依赖关系相关。近代以来,中国也曾遭受西方列强的侵略、殖民统治,但由于中国人民的坚决抵抗,并未完全失去民族独立,最终推翻三座大山,赢得了独立自主,人民的解放。笔者认为,这在很大程度上归因于几千年来形成的中华文明的强大韧性,这是一种不同于西方并高于西方的生态文明。它具有文明体中内生的产业门类划分与和谐共生的社会分工。这样的社会文明形态以道为本,生生不息,无论遇到多大多深的艰难险阻、天灾人祸,总能够挽大厦于将倾,化腐朽为神奇。今日之中国,立足世界,敢于担当,提出人类命运共同体的战略构想和价值观,擘画中国式现代化道路和“一带一路”倡议并具体落实,创造历史,造福人类。这些都是中华民族高超独特的智慧和无与伦比的胆识气魄的结晶!

(写于 2023 年 11 月 6 日)

情与法

序

在人类历史和当今世界上，情与法是最难处理的一对关系范畴。何为情？大千宇宙，亿万事物，两两相对，总脱不了一个“情”字。人看不到、听不着、嗅不了、味不觉、触不能，这样一个无色、无声、无嗅、无味、无觉的东西，人只有一个机能可感悟到它，就是“心”。何为法？有两种：一为自然法，另一为人为法。前者源于上古之民俗风情，中国先民称之为“礼”，经人们的不断修正，条分缕析，编撰为成文法；后者源于文明时代的阶级社会，统治者为了统治压迫被统治者，根据自己的需要，编撰各种成文法。这两种法都离不开情，只是前者情法相融，一以贯之，道由情出，所以这种法可称之为“道本法”；后者情法两分，不过此法已融入统治者的意志，这种法可称之为“人为法”，作为法律本身，情已不那么重要了。

但在执法过程中，无论是“道本法”还是“人为法”，都不可能彻底抛开情感的作用。因为执法者也是人，是人就有七情六欲，只是“道本法”承认道（情）的作用，而“人为法”则不承认情感的作用，尽管他们经常受着私情的严重干扰而亵渎法律的尊严。下面，本文仅就两大具有代表性的法系即中华法系和西方（包括英美法系和西欧大陆法系）法系，谈谈自己的看法。

一

中华文化是当今世界上仅有的两大原创型文化之一，最基本的特征是其从踏进文明时代的第一步，就已经创生了以家庭为本位、农工商牧渔五业有机融合的生态文明，虽然那时的中国还处在低级生态文明阶段，但它像一只麻雀一样五脏俱全，具备了向中级、高级生态文明继续创生发展的内生动能和强大韧性。随着社会的发展，与其相适应的法律建设也逐步完善。中国先民很早就注意到了“礼”在人们生活中的重要作用，而这个“礼”具有规范人们内心意向和外在言行之两个功能，内则养德以明本心之善端，外则修法以为行为之规矩，做到德法不二，知行合一。

正因如此，孔子曰：“礼之用，和为贵。”从齐家到治国到平天下，总是以“礼”为本：家有家“礼”，从中衍生出家规;国有国“礼”,从中发明出国法。孔子又曰:“一日克己复礼,天下归仁焉。为仁由己,而由人乎哉。”“夫礼者,先王以所以承天之道,以治人之情。”孟子曰:“求其放心。”“存其心,养其性,所以事天也。”这个天就是“民”,所以孟子说:“民为贵,社稷次之,君为轻。”荀子隆礼,主张教化、明法。到了韩子,则打出法家的大旗,提出隆法,法术势交互为用,并提出中有心主的观点,强调中央集权。笔者顺着他们的思想观念,梳理了五条中国传统治国理政的要点:

第一条,以家—族—侯—政为发展主线,顺其自然历史过程,创生大一统封建制的国家形制,诸子析产制(大一统封建制创生的胚胎)—封土建族(大一统封建制创生的胚芽)—封土建侯(大一统封建制的发展)—封土建政(大一统封建制的成熟)。所谓大一统,“大一”即道;“封建”即治人以情,道由情出,故大一统封建制就是以道为本的国家形制。

第二条,中有心主,即传统民本集中制的政体。家定于一则兴,国定于一则强,天下定于一则安。民本集中制关键是“民本”,民贵君轻,天子帝王要以“天视自我民视,天听自我民听”为治国之要。“心主”就是孟子所说的存养心性以事天(民)。

第三条,格物致知,修心养性,正心诚意。这三句话从本原的意义上说是永恒的,物、知、心、性、意本于人性之善,格、致、修、养、正、诚应是人的本分,更是执政执法者的基本功夫,它与修身、齐家、治国、平天下是互为内外表里的关系。所谓修养之道，就是通过慎独、斋静工夫，将私欲、私情消灭于萌芽状态，以换来人间的朗朗乾坤。

第四条，中国传统的行政法规是当年世界上最先进、最系统的法律体系，笔者粗略地统计并列举了以下16个条目：定制、明策、任官、责事、纳言、擢黜、考核、俸禄、戒奢、节俭、勤政、恤民、养兵、察奸、辨伪、丁忧。为了选拔优秀人才，从汉朝的荐举制、魏晋南北朝的九品中正制到隋唐的科举制，形成了远较西方公平公正的选贤任能制度。不难看出这一套行政法规，法中有情、情中有法，体现了中国几千年古已有之的人文精神！

第五条，有学者说，中国法律体系重刑法，轻民法，这是极大的误解！中国历史上有刑事诉讼法和刑法，其中很多条款都包含着德治意蕴，有些较大的民事纠纷的确是通过刑事诉讼法和刑法解决的，但是不要忘了，中国是一个生态型社会，乡村自治古已有之，德高望重的乡绅长老根据乡规民约对一般民事纠纷当时当地就可解决，没有必要单独制定民法，这不仅少了好多法律程序，对乡村建设、凝聚民心、维护公序良俗也大有裨益。当然，近代以来，西学东进，中国传统的社会结构被打破，民法应运而生，此是后话。

二

与中华文化一样，西方文化也是当今世界上两个原创型文化之一。不过,与中国文化创生的是以关系为本位的生态型文明不同,西方文化产生的是以实体为本位的机械型文明。西方文化的这一特征在其治国理政方面与中国明显不同,特别是情与法的分离。西方法律早在古希腊早期就与氏族社会实行的自然法基本切断了联系而走上了"人为法"的理路,他们认为并要求立法与执法都是纯粹理性化过程,不应掺杂情感的因素,也就是要远离道德,道德的问题应让上帝(宗教是其代上帝言的机构)去教化。虽然立法机构与执法机构也都要受到道德的监督,但是执法过程必须是纯粹法理性的。可是,在现实性的执法实践中能做到吗?

(1)中世纪在教会专制统治下,西方人标榜"在上帝面前人人平等",进入近现代以后,西方人把这句话改了两个字,叫"在法律面前人人平等",以彰显所谓理性自觉、人性自由、人权平等。这些真的像他们所说的吗?从西方全部历史去看,古希腊、古罗马,奴隶主和奴隶平等吗?非也!奴隶只是生产工具,他们从不受法律保护。中世纪的教会,领主阶级与农奴阶级平等吗?非也!农奴只有半个人身自由,那半个属于教会领主,他们终生都要为教会领主们服役,基本不受法律保护。近现代资本社会,工人阶级和资产阶级平等吗?黑奴与其主人平等吗?皆非也!在资本控制下,工人只有自由出卖自己劳动力的权利,黑奴则基本上与奴隶一样,不受法律的保护,更不要说北美洲原来的主人印第安人被驱赶、被屠杀,没有丝毫人权可言!这就是西方人鼓吹的"在法律面前人人平等"的虚伪和残忍，这还是纯理性的法吗？分明是邪恶的私欲、资本的贪婪、兽性情欲的发泄！所以，西方人排斥情感，追求所谓纯粹理性的法律诉求，是彻头彻尾的谎言！

(2)再看今天，就以自诩为世界自由民主人权灯塔的某西方大国为例：枪支泛滥，乱杀无辜；警察执法，对少数族裔另眼相待，黑人被杀，涉事白人警察少判或不判；种族主义猖獗，盎格鲁撒克逊种族主义横行，政府无所作为；在国际上，大搞霸权主义，推行丛林法则，霸凌弱小，甚至大开杀戒；监狱虐俘，惨无人道；为了资本利益，到处挑事，大打代理人战争；滥印钞票，搜刮别国甚至其友邦的财富；干涉别国内政，私卖军火，谋取资本利益最大化……这哪里是什么自由民主人权？分明是恶霸作风！哪里有什么法律规则的味道？有的是以其国内法凌驾于国际法之上，以其自编自导的规则代替国际公认的游戏规则的霸道作风！事实上，以上述某大国为首的西方人不是排斥情感道德立法执法，而是从来就埋藏祸心，以其私情私欲立对己有利之法，以其恶意偏执执于己有益之法，而他们排斥的是世界人民通行公认的道德与法！

三

笔者的几点看法：

(1)中华法系与西方法系(包括大陆法系和英美法系)是当今世界上举足轻重的两大法系。就其法理来说，中华法系源于“礼”，可称之为“礼法”，即“自然法”或曰“道本法”；西方法系特别是大陆法系认为：“是有一个根本理性存在着的。法就是这个根本理性和各种存在物之间的关系，同时也是存在物彼此之间的关系。”（孟德斯鸠《论法的精神》第一卷第一章）“理性法”后来演变为“人为法”。中国传统的“道本法”是中国先民在长期、稳定的定居生活中悟道得道的“法”，老子曰“道法自然”，远古时期的“礼”就是风俗习惯，是自然形成的，因此中华法系的一般精神从未有过根本性的改变，只是随着政治体制的变化而与时俱进、继承发展。西方也曾有过“自然法”，但随着社会发生变革，切断与氏族社会的联系，进入阶级社会，于是有了奴隶社会法、封建领主社会法、近代资产阶级法和现代资本阶级法，这就是西方法系变革的几个阶段。所以马克思说，法是统治阶级意志的表现，今天美西方社会的法就是资本利益集团意志的表现，所谓“人为法”就是不同历史阶段的统治阶级制定的“法”。

（2）前面说过，中华法系是情法相依的法系，是建立在民本基础上的“道本法”。因此，从根本上说，它应该是“民本法”，是维护社会安定、公序良俗、保护国家安全和百姓生产生活的法律规范，这是中国数千年推行“道本法”而不改其本的初衷和目的。至于说有些昏君、贪官蓄意破坏法理，渎法谋私祸乱纲序，其乱在人而不在法。

至于西方法系，西方人是公然表白他们的“法”就是为统治阶级服务的。虽然今天他们高喊“自由民主人权”“法律面前人人平等”，但他们实际做的是时时处处为资本利益集团服务，这是他们立法执法的动机和目的，法理掺杂着私情。所谓“人为法”“客观法”，不过是谎言和欺骗而已！

（3）无论怎么说，世界上的八大主要法系能够延续至今并继续发挥作用，必有其长处，都值得参考和借鉴。特别是西方法系，无论是大陆法系还是英美法系，其具体的立法程序、法律条款及其执法过程，都可以经过创造性改革，为己所用。现代中华法系是民族性与时代性相结合的产物，我们继承发扬民族性的优良传统，但绝不是走老路；要走在时代的前面，但绝不照搬其他国家的版本，要走新时代中国法学建设自己的路子！

（4）毛泽东说过：“政治路线确定之后，干部就是决定因素。”那么，这句话也可以用在这里，即立法执法队伍的建设绝不能忽视。中华法系情法合一，这对司法队伍的素质要求比其他国家的执法人员更高更严。前面说“格物致知，修心养性，正心诚意”这十二个字，关键是养成刚正不阿、执法为民、全心全意为人民服务的精神操守。要做到这一点，就必须摒除私欲、私情以至私念，克己奉公；在熟悉掌握现行法律的基础上，了解中国法学史，深谙其精神实质，深入掌握国情、民情、社情、世情，为建设中国式法学现代化不懈努力，贡献力量！

（写于2023年11月30日）

参考书目

1. 朱熹注:《周易本义》,上海古籍出版社 1987 年版。

2. 杨伯峻译注:《论语译注》,中华书局 1980 年版。

3. 朱熹集注:《四书集注》,岳麓书社 1987 年版。

4. 杨伯峻译注:《孟子译注》(上、下),中华书局 1960 年版。

5. 章诗同注:《荀子简注》,上海人民出版社 1974 年版。

6. 陈鼓应:《老子注译及评介》,中华书局 1984 年版。

7. 曹础基:《庄子浅注》,中华书局 1982 年版。

8.《中国哲学史资料简编》,中华书局 1963 年版。

9.《中华国学经典精粹》,北京联合出版公司 2021 年版。

10.《中外比较文化教学丛书》,中国文化书院,1987 年。

11.《二十世纪西方哲学译丛》,上海译文出版社 1986 年版。

12. 侯外庐、赵纪彬、杜国庠、邱汉生等:《中国思想通史》,人民出版社 1956—1960 年版。

13. 司马迁:《史记》,甘肃文化出版社 1999 年版。

14. 范文澜:《中国通史简编》(修订本第二编),人民出版社 1964 年版。

15.《新华文摘》2021—2023 年各期“哲学版”。

后 记

大道生生，生态宇宙；天地氤氲，万物葱茏；大化流行，道创人心；人法自然，道化生活。至善哉！至真哉！至美哉！至爱哉！皆本于道，源于天，贵于民。故孔子曰："大道之行也，天下为公。"亦曰："吾道一以贯之。""知其不可为而为之。"所谓"一以贯之"，当年是指"横向贯华夏，纵向通古今"之谓也；今则指"横贯世界，纵向未来"也！

宋代张载曰："为天地立心，为生民立命，为往世继绝学（笔者改为"道学"。因笔者认为，中华道学从未决绝，泱泱乎五千余载），为万世开太平。"是为"天下为公"擘画的宏伟蓝图！

革命先行者孙中山先生于1923年在中国国民党恳亲大会上题词："革命尚未成功，同志仍须努力。"（这两句话为后来提炼而成）

中国人民的伟大领袖毛泽东曾在1935年冬天作《念奴娇·昆仑》，其中有"太平世界，环球同此凉热"之语句，后在《一九四九年新年献词》中坚定地说:“将革命进行到底!”

在中国共产党第十八次全国代表大会上的报告中,明确提出了“倡导人类命运共同体意识”,习近平总书记又在2013年提出了彪炳史册的“一带一路”倡议,均是落实中华民族千年理想的历史实践!这再次表明,中华民族自古至今追求美好理想的一贯诉求和坚定信念,并有为此艰苦奋斗、不获全胜决不罢休的强韧意志。

中华民族要振兴,而且必定振兴;中华文化要复兴,而且必定复兴;中国要实现统一,而且必定能够实现统一!这是自然历史的规律,是不以任何国家、政治势力和个人的意志为转移的历史大势!

笔者曾立下誓言:“要对中华传统文化进行一番正本清源的工作;对20世纪初新文化运动以来的中华思想学术做一番拨乱反正的工作;对盘踞在中华大地上的西方思想学术霸权做一番彻底纠正的工作。”近30年来,笔者出版了6本学术专著,发表了6篇学术文章,在学界引起了较大反响:一些“中面西魂”的学术思想逐渐消弭,一些西方哲学思想被清算,从学理上纠正了某些“西方中心主义”谬论。当然,笔者也清楚地看到,中华文化的复兴确实是一场革命。就如孙中山先生所说,革命尚未成功,同志仍须努力;就如毛泽东同志所说,一定要将革命进行到底!幸运的是,今天,以习近平同志为核心的党中央,正在领导中国人民进行一场民族文化复兴的伟大历史实践。笔者坚信，中华民族振兴、文化复兴的全面胜利不远了，曙光就在前头！

李尚武

癸卯年季秋十二月初一

于秦皇岛市在水一方社区养心斋